DIFANG LIFA XUE

地方立法学

主　编◎谢　勇
副主编◎李　锦　欧爱民

法律出版社
LAW PRESS·CHINA
北京

目　　录

第三编　地方立法过程

第四编　地方立法技术

关于当前地方立法实践中迫切需要解决的突出问题

（代序）

我国作为统一的单一制国家，为了适应地域广阔、地方传统文化习惯差异以及各地经济社会发展不平衡这一基本国情，按照宪法确定的“在中央的统一领导下，充分发挥地方的主动性、积极性”原则，确立了统一而又分层次的立法体制。在此立法体制内，“不与上位法抵触”是地方立法总体的、首位的要求；在此前提下，为了保障上位法的规定或精神在地方落地，能与地方治理实际相吻合，要求地方立法的条文能够实际操作。

但从地方立法实践来看，由于对立法“特色”的理解停留于表面，片面追求立法名目的“特色”，导致了一些地方制定的地方性法规可操作性不强，造成了立法资源的浪费，需要引起重视，在立法工作中加以改进。

具体来说，当前地方立法实践存在以下突出问题：

一是简单地将特定的对象独立出来，重复立法。立法实践中，有不少法律规范调整的对象是已经通过宪法、法律、行政法规等上位法予以了具体规定的，而一些地方仅仅因为某个资源或某类事务“本地有外地没有”，为了体现重视、以示特色，便抢着立法，通过地方性法规的方式再次予以规范，以为这就是“特色”。例如，在已有《环境保护法》的前提下，对当地“某山某水”的环境再次用地方性法规的方式进行保护，在已有《文物保护法》的前提下，对当地“某园某址”的文物再次用地方性法规的方式予以保护，在已有《非物质文化遗产法》的前提下，对当地作为非物质文化遗产的“某事某业”再次用地方性法规保护。由于上位法已经比较具体详细，下位法不能与上位法抵触，又由于对上位法的“留白”缺乏系统深入研究，所以这些地方性法规大量重复上位法的内容，只是在法规标题上有地方特色，其法规的核心内容与上位法、与邻近地方的类似法规相比大同小异，并没有什么“特色”。中共中央党校教授封丽霞的调查统计显示，在一些地方性法规中，与上位法重复的条文“占到全部条文的三分之二左右，有的甚至占到地方立法内容的80%～90%”。[1] 这些地方立法并不能在上位法的基础上促进当地实际问题的更好更快解决，浪费了有限的立法资源。

二是未将上位法细化，可操作性差。地方性法规未与上位法有效衔接，未能结合本地实际对上位法的规定作出具体的细化，“宣示性”“倡导性”条文多，对于违反法律规定的具体法律后果缺乏明确规定，由此导致地方治理中贯彻上位法的规定主要依靠政府尤其是政府各个部门的红头文件，地方性法规在地方依法治理实践中发挥的作用不大。四川省社会科学院教授李红军对全国18个城市的司法机关在判决书中适用地方性法规的情况进行了统计，得出的结论是：总体上看，地方性法规被法院判决书引用的情况很少。一是地方性法规被引用的频次极低，仅占全部样本判决书引用法律、法规总频数的0.19%；二是被引用的地方性法规不多，只占全部样本地方性法规的39.13%，大部分地方性法规未进入司法适用。[2]

要解决这些问题，需要正确看待地方性法规的“特色”，走出为了立法而立法、为了“特色”而“特色”的误区，增强地方性法规的针对性和可操作性，提高科学立法水平，从而体现地方立法的真正价值。为此，在具体工作中应该关注以下几点：

1. 认真衡量地方性法规制定的必要性和可行性。

有的地方有一种错误观念，以为将某种对象写入法律就自然会被规范，从而片面追求地方性法规的多而全，没有意识到立法只是一方面，还需要执法、司法的跟进，而这都需要投入政府资源，执法、司法无法到位就会让法规成为空文，损坏法律的权威。因此，在制定地方性法规前，要充分研究这一地方性法规制定是否必要、时机是否成熟、行政与司法资源能否配套。

2. 准确把握地方性法规应有的“特色”。

地方立法的“特色”，主要不应是指调整对象本身有什么与众不同，而应该是指在地方治理过程中，各地方立法机关根据不同地方实现治理的特定需要，相对集中使用管理资源而形成的特定的法律规范和法律机制。简言之，一个地方在立法上的“特色”，主要不是指立法选择的调整对象本身有什么特色，而是指该地方立法在分配管理资源的方向和力度上形成了某种区域特点。例如，湖南要就张家界立法，其特色不在于张家界这一世界范围内独一无二的自然遗产本

---

〔1〕 封丽霞：《中央与地方立法关系法治化研究》，北京大学出版社2008年版，第450～451页。

〔2〕 李红军：《地方立法的司法态度——基于18个城市地方法规判决书引用现状的实证分析》，中国法学会立法学研究会2016年学术年会会议论文，广州，2016年，第427页。

身,因为已经可以依据《环境保护法》《水污染防治法》《森林法》《自然保护区条例》等法律法规对张家界进行保护,再制定地方性法规应该是湖南地方立法机关基于地方经济社会发展的具体需要,向该区域的治理相对集中地投入管理资源,并因此而形成的特殊措施、特殊机制、特定优势等“特色”。

3. 地方立法应该更加关注法律规范可操作、真管用,让地方性法规在地方治理中真正“使得上劲”。

在一元多层立法体制之内,地方立法本质上是实施性立法,这就要求地方立法机关必须正视管理资源的有限性,必须关注有限管理资源的合理高效配置。因此,要从管理资源优化配置的角度理解和把握地方立法“特色”,引导地方立法自觉把科学立法的关注重点放到管理资源的科学配置上,从而提高地方性法规的可操作性,真正解决实际问题。应该通过地方性法规将“管理资源”,如人、财、物等硬资源,以及简洁有效的程序设计、合理易行的法律行为模式、稳定可靠的组织权威或群体压力等“软资源”配置到地方性事务的处理上去。

4. 自觉运用“入法—定向—设标—明责”立法技术,切实做到“不抵触、有特色、可操作”。〔1〕

在我国统一而又分层次的立法体制之内,为了保障法制统一,实现因地制宜,有效发挥地方立法在地方治理中的作用,实现各层级立法的无缝对接,保证上位法规范真正落地,各级立法机关应该认真总结,自觉运用我国业已成熟的特色立法技术,即“入法—定向—设标—明责”法律规范技术,既明确下位法不得抵触上位法的红线,又保障下位法必要的自主立法空间。将某个行为纳入法律调整的范围,就是“入法”;法律规范对此行为的基本态度,是许可还是鼓励、命令或者禁止就是“定向”;将这一基本态度进一步具体化为某种管理措施或者责任形式,就是“设标”;再进一步明确违反法律规定的具体法律后果,就是“明责”。在一元多层立法体制下,中央立法机关在草拟法律规范时就应该注意,对那些虽然需要纳入法律调整,但暂时不必全国统一的事务,可以先在“入法”层次立规,而将“定向”“立标”等层次的规范制定工作留给各个不同地方因地制宜;对于那些需要进一步表明中央立法机关管制取向,但还无须统一具体管理标准的事务,上位法可以在“定向”层面立规,而向地方立法机关放开“立标”“明责”层面的立法权;对于那些需要进一步统一行为标准,但无须统一规定违法后果的事务,则可向地方立法机关开放该法律规范“明责”层面的规范权。相应

---

〔1〕 参见谢勇:《概念的成长:破解地方立法“不抵触”“有特色”的理论困境》,载《求索》2017 年第 12 期。

地，地方立法应该认真研究上位法在“入法—定向—设标—明责”的立法结构中已经做到了哪个层次，对于上位法已经完成“入法—定向—设标—明责”任务的，则无须就此重复设置条文，对于尚未完成、尚有立法空白的，可以在此结构范围内进行逐层细化。这样，地方立法与中央立法之间有效对接，不仅节约立法资源，防止重复立法、交叉立法，提高立法效率，而且能够促使地方立法切实反映地方实际，更好满足地方依法治理需要。

谢　勇

2018 年 8 月 20 日

第一编　地方立法原理

第一章　地方立法概述

第一节　地方立法的概念与分类

一、地方立法的概念

概念是人类心智或思维的产物，是概括事物本质而提炼的基本范畴。一般而言，地方立法的认识和研究，宜从阐明地方立法的概念着手，以求得理解与掌握地方立法的方方面面。

值得注意的是，尽管地方立法已成为广泛存在的社会事实和现象，但在多数西方国家，较少有直接阐述地方立法之内涵的努力与尝试。盖部分原因在于，既然地方立法系属地方立法权之行使，那么学界关注的焦点就是如何界定地方立法权之性质与内容。此外，概念之释义需以形成公认的概念为前提，而在域外的实践中，地方立法尚未形成固定不变的概念指称。

在我国，地方立法种类繁多、层次丰富，具有特定的指称，通常是指相对于中央立法的立法形式，其外延至少包括一般地方立法、民族区域自治立法和经济特区立法等。而且，不同类型的地方立法又有不同层次的区别。例如，一般地方立法存在省级地方立法和“设区的市”地方立法两个层次，而同一层次的省级地方立法，又包括省、自治区、直辖市人大及其常委会所制定的地方性法规，以及其同级政府所制定的地方政府规章。

作为一个组合词，“地方立法”是由“地方”与“立法”两个词项构成：“立法”是整个概念的中心，“地方”则构成对“立法”的重要限定。因此，地方立法的概念释义，除应释明“立法”的含义外，还需揭示“地方”的限定性意涵。

首先，究竟何为立法？学界对此的界说众说纷纭。有的是从立法性质出发，认为立法既是一个过程，又是一个结果。又或者，在性质上将其视为有别于行政和司法的活动以及该活动的产物。[1] 在此意义上，周旺生先生下过如此定义："立法是由特定主体，依据一定职权和程序，运用一定技术，制定、认可和变动法这种特定的社会规范的活动。"[2]有的则从立法之范围入手，将狭义之立法界定为"国家立法机关按照立法程序制定、修改或废止法律的活动"，[3]而广义之立法则指有关国家机关依据法定权限和程序，制定、认可、修改或废止各种具有不同法律效力的规范性文件的活动。[4]

若依立法的范围而定，自然以广义之立法为佳，因为狭义的立法概念过于强调国家立法权的专属性，而忽略当前立法实践的复杂性和多样性。在传统的观念中，立法权系国家主权的集中体现，为国家主权者所掌有。在西方三权分立的政治体制中，立法权与行政权、司法权彼此分立，且相互制约。随着垄断资本主义的发展和社会福利国家的出现，行政法规或规章等立法形式逐渐成为国家法律体系中的重要组成部分。行政法规或规章的立法形式，被视为行政立法权行使之后果，而非狭义国家立法权之产物。

若以立法的性质而观之，无论是"过程说"，还是"结果说"，抑或是"活动说"，均可成立。从动态发展的角度来看，任何立法都表现为一个时间上的连续体，经过绵延不断的活动或事件，从立法规划到法案草拟，从审议、表决等立法程序再到法律案的公布实施。从静态结果的角度来看，立法之产物最终会落地为一般性的法律规范，冠之以适当的立法名称，并以书面的规范性文件为载体形式。无论是名之为宪法、普通法律，还是行政法规、政府规章，抑或地方性法规等，皆可称为立法。而从职权行使的角度来观察，立法又是立法权运用或行使之活动，不仅体现立法者意志活动之过程，而且体现为立法者意志之产物，因此得与"过程说"和"结果说"相融洽。或因为如此，"活动说"已逐渐成为我国学界之通说。

其次，"地方"构成对中心词的限定，并成为界定"地方立法"概念的关键所在。"地方"总是相对而言的：在单一制国家，它相对于中央而存在，构成中央统一领导下的地方行政单元；在联邦制国家，它是先于国家而存在的地方实体，并与国家形成契约式的分权关系。因此，"地方"的内涵不可避免受到国家结构形

〔1〕 参见周旺生：《立法论》，北京大学出版社1994年版，第46～47页。
〔2〕 周旺生：《立法学教程》，北京大学出版社2006年版，第60页。
〔3〕 《法学词典》编辑委员会编：《法学词典》，上海辞书出版社1984年版，第217页。
〔4〕 参见石佑启、朱最新主编：《地方立法学》，广东教育出版社2015年版，第15页。

式与宪政分权关系的影响。

“地方”对地方立法的限定性，至少包含以下3个方面的内涵：

1. 地方立法主体的限定。地方立法的主体范围是特定的，在我国尤为如此。在绝大部分实行地方自治之国家，地方自治团体具有公法人的资格，就自治事项享有自主决定权，亦即地方自治立法权。例如，在日本，都道府县和市町村，皆为普通的地方公共团体，皆可依照《地方自治法》之规定，就自治事务享有条例制定权。〔1〕 与此同时，在这些国家，并非所有的地方单位均有相应的地方自治立法权。以美国为例，除地方自治团体外，还存在所谓的“县”(county)、“镇区”(township)等准自治团体，后者仅可行使非常有限的准立法权。〔2〕

在我国，享有地方立法权的主体范围则更为有限。受政治传统与意识形态的影响，中央权威之下虽然存留地方分权的空间，却拒斥普遍意义上的地方自治，故地方立法权与传统意义的地方自治立法权截然有别。基于宪法分权以及《立法法》所规定的立法分权，地方立法权显然是国家立法权的派生，其权属亦由法律规定所赋予。当前享有地方立法权的主体，主要有省级地方人大及其常委会，省级地方政府，设区的市（包括省级政府所在的市，经济特区所在地的市，经国务院批准的较大的市）人大及其常委会，设区的市人民政府，自治州人大及常委会，自治州人民政府以及行使民族自治立法权的民族自治地方人大。

2. 地方立法权限的限定。与地方立法主体范围相适应，地方立法权限通常亦有限定。这一限定事实上是与联邦与州、中央与地方之间的分权关系密切相关的。在联邦制国家，宪法所定的立法分权模式主要有三种：一是联邦权力明确列举，州权作为保留权力予以概括规定；二是联邦与州的权力分成几个层次，涉及联邦的权力，予以列举，未涉及的权力归属于州；三是对联邦的权力范围与州的权力范围均予列举，再规定剩余权力的归属。〔3〕 从字面的规定来看，州立法权具有相对于联邦立法权的优越性，而事实上，大多数联邦制国家的联邦立法权都要比州立法权多得多。以德国为例，尽管《基本法》有关于州立法权推定的规定，〔4〕但立法的中心和关注点均集中于联邦立法层面，各邦的立法权仅能涉及

〔1〕 参见万鹏飞、白智立主编：《日本地方政府法选编》，北京大学出版社2009年版，第31页。

〔2〕 参见张正修：《地方制度法理论与实用》，台北，学林文化事业有限公司2003年版，第155～156页。

〔3〕 参见杨利敏：《关于联邦制分权结构的比较研究》，载《北大法律评论》（第5卷第1辑），北京大学出版社2002年版，第28页。

〔4〕 《德国基本法》第70条规定：“本基本法为赋予联邦立法之事项，各邦有立法之权。”

文化权、警察权和地方自治等方面的权力。[1]

在单一制国家,地方立法权的限制则更为明显。因为单一制的本质决定了地方立法权不是原始取得的或固有的权力,而是一种委托、派生的权力。[2] 为达成中央集权与地方分权的平衡,各国均根据一定标准来构筑相应的立法分权体系。在诸多标准中,以“重要程度”和“影响范围”较为常见。前者以立法事项的“重要程度”为根据,后者则以立法事项的“影响范围”为准绳。各国有关中央与地方立法权限划分的规定,均在某种程度上采用了上述两种划分标准。[3] 但是,不论在何种标准之下,地方立法的空间是逼仄的,要么所规定的是相对不那么重要的事项,要么所规范的事项属于地方性的事务。

3. 地方立法效力的限定。作为一种法律规范形式,地方立法具有法定的效力。法律效力,是指法律的约束力,即人们应当按照法律的规定行为,且必须服从法律的规定。[4] 法律效力存在四个维度,即对人的效力、对事的效力、空间效力和时间效力。地方立法在法律效力的不同维度上,具有一定的限定性。例如,从对事的效力来看,地方立法所欲规范的事项具有一定的地方性,这就决定了地方立法的规范对象不能超越本行政区域的限制。也就是说,不同主体在不同区域内所从事的相同或相似的法律行为,因为不同的地方立法而受到的法律拘束可能是不同的。

地方立法的效力限定集中体现在空间效力的限制上。依据凯尔森之见,集权与分权的主要区别是,各自所创设的规范效力不同:集权意味着,所有的法律规范在其覆盖的整个地域范围内均有效,而分权的法律秩序仅由具有不同地域效力范围的法律规范所组成。[5] 地方立法作为分权的结果,其效力必定受制于空间的限制。以美国为例,赌博在大多数州均为非法行为,但在少数州的部分城市,如内华达州的拉斯维加斯、新泽西州的大西洋城,均因地区性的赌博合法化法案而成为蜚声世界的“赌城”。在我国,澳门特别行政区因其传统以及高度自治的缘故,博彩活动得以合法化而被称为“东方拉斯维加斯”。

综上所述,我们不仅领悟到地方立法所具有的立法实质,而且可以把握住地

〔1〕 参见[德]何意志:《联邦德国的立法体制和程序》,载《行政法学研究》1995 年第 3 期。

〔2〕 参见陈端洪:《立法权结构概论》,载《政法论坛》1993 年第 6 期。

〔3〕 参见封丽霞:《中央与地方立法权限的划分标准:“重要程度”还是“影响范围”?》,载《法制与社会发展》2008 年第 5 期。

〔4〕 参见沈宗灵主编:《法理学》,北京大学出版社 2009 年版,第 307 页。

〔5〕 See Hans Kelsen, *General Theory of Law and State*, Oxford University Press, 1949, p. 304.

方立法的“地方性”限定，进而为地方立法作出一个完整的定义：地方立法是由合格的地方立法主体，根据其法定或委任授权的立法权限，经由一定的程序或过程，制定、认可或变动适用于本区域内的规范性法律文件的活动。

二、地方立法的特征

（一）地方立法的辅助性

“辅助性”（subsidiarity），就字面意义而言，有协助或帮助之意。在西方语境中，辅助性原则作为一个重要的社会哲学与政治法律原则，发挥着极其关键的作用。作为社会哲学原则，辅助性原则起源于基督教传统的社会学说。它强调，全部社会活动的真正意图，是去帮助社会的个体成员，而非试图摧毁或消灭他们。[1] 因此，“辅助性”蕴含了分权的意涵，试图为国家或政府的干预施加一定限制。在政治法律的领域，辅助性因对分权与自治的强调，而被视为真正的联邦制政府所必要的关键特征。[2] 在此意义上，辅助性原则旨在通过激励地方化的决策和治理，以促进公民参与和宪政民主。[3] 此外，作为欧盟法的一个重要原则，辅助性原则（又称从属原则），是指欧盟应在条约所授予的权力和制定目标的界限之内采取行动，亦即当且仅当各成员国无法单独实现欧盟所倡议的行动目标时，且所倡议的行动规模和影响范围最好由共同体处理时，欧盟才能采取行动，并且其任何行动不能超出《马斯特里赫条约》所规定目标的必要行动限度。[4]

辅助性原则具有多重面向，因此地方立法的辅助性亦有多种可能的含义。地方立法的辅助性是在与中央立法的对应关系中显露出来的，因此其含义与不同的国家结构形式紧密相关。在联邦制国家，辅助性原则所确立的分权通常以地方权力为中心，联邦权力系由宪法所明确授予并限定的，拘囿于宪政体制对国家事务的设定。一般而言，国家剩余权力的分配，理论上均留置在地方自治团体的手中。地方立法的辅助性主要体现在，地方立法不能介入本质上属于中央立法的领域，并在某些共通或平行事务的干预上，往往因中央立法的先占地位而丧

---

〔1〕 See Michelle Evans and Augusto Zimmermann ed. , *Global Perspectives on Subsidiarity*, Springer, 2014, p. 1.

〔2〕 Ibid. , p. 185.

〔3〕 See Michael Longo, “Subsidiarity and Local Environmental Governance: A Comparative and Reform Perspective”, *University of Tasmania Law Review* 18, 1999, p. 225.

〔4〕 参见［英］弗兰西斯·斯奈德：《欧洲联盟法概述》，宋英译，北京大学出版社 1996 年版，第 75 页。

失立法调整的可能性。而在单一制国家,传统上以中央集权为先,今多有地方分权,但地方权力居于从属地位无疑。这就决定了,地方立法在国家法律体系中处于辅助性的地位,亦即地方立法虽是国家法律体系中的重要组成部分,但其效力位阶明显低于中央立法,且不得与上位法相抵触。

因此,地方立法的辅助性与地方立法权的分权配置紧密相关。在国家治理的视域中,地方立法是地方治理的重要方式和有效途径,对于拥有广袤疆域的大国尤为重要。我国地区发展的不均衡态势以及各地之千差万别的社会、经济和文化条件,使地方立法不仅必要而且必需。地方立法的辅助性就此表现为两个层面的特征:(1)地方立法的从属性。这也是法制统一原则的基本要求,即地方立法必须以不同宪法、法律、行政法规相抵触为基本前提。因为地方立法的这种从属性,以至于有学者将地方立法权界定为从属性立法权。[1] (2)地方立法的补充性。在中央立法的主导格局下,地方立法虽然数量繁多,但功能与作用相对受限。就实施性地方立法而言,其功能在于"因时因地制宜",就如何执行上位法的相关规定进行积极的实践;至于自主性地方立法和先行性地方立法,其作用在于依法处理地方性事务,或为中央立法积累宝贵的经验教训。

(二)地方立法的地方性

地方立法的地方性,首先体现为它是地方性知识的结晶。吉尔兹曾观察到:"法律,与英国上院议长修辞中那种密码式的矫饰有所歧异,乃是一种地方性的知识:这种地方性不仅指地方、时间、阶级与各种问题所言,并且指情调而言——事情发生经过自有地方特性并与当地人对事物之想象能力相联系。"[2]法律既然为地方性知识,那么,产生法律的立法就不仅是与地方性知识相关联的过程,更是生产地方性知识的过程。在此意义上,无论是中央立法,还是狭义的地方立法,皆是如此。

其次,它的地方性主要体现在"地方"的限定性条件和因素上。如前所述,地方立法的主体只能是地方国家机关。即使某些重要的地方性法规,如自治区的自治条例和单行条例,需报经全国人大常委会批准方能生效,但其制定主体只能是自治区的人民代表大会。而由中央国家机关制定的、旨在解决地方问题的法律法规,如全国人大先后制定的香港、澳门特别行政区基本法,因立法主体的

---

〔1〕 参见侯炳伟:《论地方立法权》,载《当代法学》1987年第2期。

〔2〕 [美]克利福德·吉尔兹:《地方性知识——阐释人类学论文集》,王海龙、张家瑄译,中央编译出版社2000年版,第273页。

性质不同，自然不得归类为地方立法的范畴。地方立法权限是有限度的，其任务是解决地方问题，尤其是注重解决中央立法不能或不便解决的问题。[1] 这种立法权限的限度不仅是内在的，而且得到了法律的明确认可。我国《立法法》就明确规定了地方立法权的权属范围和规范事项范围。与此同时，地方立法的效力也是有限度的，仅能及于本行政区域内。任何超越特定地区的人或事，除非存在某种实质性的关联，否则不可能适用该地区的地方性法规。

最后，它的地方性还表现为立法内容与形式上的地方特色。杨尚昆同志曾经说过，地方立法"要从地方的实际情况出发，认真总结本地区自己的经验，制定具有地方特色的地方性法规"。[2] 2002 年，全国人大常委会的工作报告进一步指出，"地方特色"就是"从本地的具体情况和实际需要出发，需要规定什么就规定什么，使地方性法规有针对性和可操作性，真正对地方的改革、发展、稳定工作起到促进和保障作用"。地方性法规的地方特色主要表现为形式体例和实质内容方面的特色性：前者坚持"小而精"为佳，切忌求全责备，贪多拼凑；后者以"务实"为要，从本地实际出发，实事求是解决地方立法中的难点或焦点问题，体现出"实用"二字。[3]

（三）地方立法的自主性

地方立法是行使地方立法权之产物或结果，系相关权力主体根据自身意志得自主决定相关事务。依其本旨，它必然具有一定的自主性。但是，这种自主性在不同国家存在不同的表现形式，并可依其程度有别而区分为强（strong）或弱（weak）的自主性。

强的自主性，可以视为地方自治的代名词。地方自治（local autonomy）的兴起，又与中世纪西欧社会所出现的商业城市自治密不可分。很显然，地方自治具有公共利益与公共意志的形成意涵，而且有促成地方居民的团结与自我组织的价值。[4] 地方自治被认为是联邦制的某种优越性："它可以保证一个权力下放的政府，使之对一个多元社会的不同需求更为敏感；它为公民参与民主过程提供了更多机会，并允许对政府进行更多的创新和试验；它允许各州为了流动的公民

---

〔1〕 参见周旺生：《立法学教程》，北京大学出版社 2006 年版，第 301 页。

〔2〕 唐莹莹、陈星言：《北京市地方立法特色及实现路径》，载《新视野》2012 年第 5 期。

〔3〕 参见胡正扬：《关于地方立法如何突出地方特色的思考》，载《湖南社会科学》2001 年第 1 期。

〔4〕 参见黄锦堂：《地方制度法论》，台北，元照出版公司 2011 年版，第 28 页。

而相互竞争,使政府更负责任"。[1] 在地方自治的语境下,无论是立法规范事项的范围,还是依法自主决定的程度,均较中央集权下的地方立法要更宽泛、更自由。

弱的自主性,可以说是地方积极性的另一表达。在中央集权的体制下,地方分权是必要的,但它并不等同于地方自治。两者之间的区别不仅在理念上,还存在于一定的制度设计之中。当然,这并不意味着,单一制国家就不存在地方自治的空间。从实际情况来看,不少单一制国家,如法国、日本等,近年来均着意于扩充地方自治的空间与范围。在我国,除民族区域自治和特别行政区的高度自治外,不存在一般意义的地方自治。我国地方分权的价值在于,促成本地居民对当地事务的参与,强化地方政府的责任感,充分利用地方官员的信息优势,推动制度创新和试验,缩减政府总体规模。[2] 在中央集权与地方分权的格局下,地方立法权是受控的,属于相对有限的地方自主权,其目的在于发挥地方的积极性和主动性,激发地方的发展活力。

三、地方立法的分类

地方立法的形式是多种多样的,具有一定的繁复性。依据不同的角度和划分标准,可以将地方立法区分为不同的类型。

(一)一般分类

1. 根据国家结构形式下地方立法地位的不同,可以分为联邦制地方立法和单一制地方立法两大类型。

一般来说,联邦制至少有两种形式:整合或集权型以及放权或分权型。[3] 前者的代表主要是德国,其分权模式接近于单一制国家的中央与地方关系,中央权力宽泛并在国家立法过程中发挥主导作用,地方立法权仅在少数领域,如警察权、各级学校教育、文化与艺术,广播媒体等事务中占有一定的主导权。后者的典范是美国,在联邦与州的立法权划分上,美国联邦主义依据两个明确而具体的操作原则:一是先占原则,在那些非由联邦行使不可的领域而联邦立法又空缺时,各州可以先行立法;二是重基层主义,即在立法权的行使上,中心放在州与地

[1] Greogry v. Ashcroft, 501 U. S. 452(1991). 转引自张千帆:《集权还是分权? 地方自治的成本—收益分析》,载《江苏社会科学》2009 年第 5 期。

[2] 参见王绍光:《分权的底线》,载《战略与管理》1995 年第 2 期。

[3] See Koen Lenaerts, "Constitutionalism and The Many Faces of Federalism", *American Journal of Comparative Law* 38, 1990, p. 205.

方政府，而非联邦政府。[1]

而在单一制国家，尽管可能存在一定程度的地方自治空间，但地方立法的权力仍是相对受限的。其与联邦制地方立法的主要区别在于：第一，地方立法一般而言，没有专有的或排他性的立法范围；第二，地方立法相较于中央立法而言，处于相对次要或从属的地位，且不得与上位的国家法律相冲突或抵触；第三，地方立法因不同地方建置而存在多层次或多维度，并因此形成层层监督的制约体系。

2. 根据地方立法主体的不同，可以分为地方立法机关立法与地方行政机关立法。

这一分类可以看成是地方立法权的水平分权形式。政府内部的分权，即立法、行政与司法分立，是宪政民主的应有之义与基本设计。在承认地方立法权的国家或地区，水平式立法分权是必要的，但亦存在一定的差别。在日本，地方公共团体的自治立法权，包括议会制定条例权和行政首长制定规则权；[2]而在我国，地方立法主要包括地方国家机关制定的地方性法规和地方行政机关所颁布的地方政府规章。地方立法机关是指地方民意或代议机构，具有以政治社群整体名义运作的合法性。世界各国的地方议会职权，一般而言包括一般立法权、行政监督权和准司法权等。[3] 其中，一般立法权是指制定、认可、解释、补充、修改或废止地方法规的权力。地方行政机关立法更为复杂，不仅存在作为行政官署所享有的规则制定之权，更有地方自治事项的部分立法权。例如，在我国台湾地区，地方行政机关除了委办规则、职权命令及行政规则之制定权外，更有制定自治规则的立法权。[4]

（二）特别分类

1. 根据我国宪法和法律规定的立法权限不同，我国地方立法至少存在四种类型：

（1）一般行政区的地方立法。根据2015年《立法法》所作的立法权限之规定，当前我国地方享有地方立法权之主体，已经扩容至“设区的市”之层级。至

---

〔1〕 参见［美］大卫·S. 克拉克：《政府结构的不同类型与立法权的配置》，陈端洪译，载《中外法学》1994年第6期。

〔2〕 参见杜钢建、刘杰：《日本地方自治的立法权》，载《小城镇建设》2000年第2期。

〔3〕 参见赖素如：《地方制度法施行以后地方立法权之研究》，中国文化大学中山学术研究所2003年博士学位论文，第147页。

〔4〕 参见赖素如：《地方制度法施行以后地方立法权之研究》，中国文化大学中山学术研究所2003年博士学位论文，第175页。

此，已形成省、市两级地方立法，以及内部分立的国家权力机关与行政机关立法之多元结构。值得注意的是，部分地方的立法机关，除了作为一般行政区划所享有的一般地方立法权外，还享有因其他权限地位而享有的其他地方立法权。

（2）民族自治地方立法。因历史传统与治理策略而形成的民族区域自治制度，是我国为了解决民族团结和国家统一问题而创设的基本制度。它允许少数民族聚居区设立民族自治机关，依法行使民族自治权，制定民族自治条例和单行条例。依照行政地位划分，民族区域自治地方有自治区、自治州、自治县三级。

（3）经济特区立法。改革开放之初，中共中央、国务院先后在广东省的深圳、珠海、汕头和福建省的厦门创办“出口特区”，在经济特区内实行特殊政策和灵活措施，并授权所在地省级人大及其常委会制定所属经济特区的各项单行经济法规，赋予特区在改革开放上更大的自主权。邓小平南方谈话之后，七届全国人大常委会再次以决定的形式，授予深圳特区立法权，以充分发挥特区立法先行先试和开拓创新的功能。[1] 从实践和法律规定来看，经济特区立法是一种授权性立法，是经济特区所在地的省、市人大及其常委会根据全国人大的授权决定而制定的地方性法规。

（4）特别行政区立法。“一国两制”的构想，不仅创造性地解决了香港、澳门回归的历史遗留问题，而且使我国内部存在两种不同的法律制度和法律体系。特别行政区立法虽然是一种地方立法，却是一种极其特殊的地方立法。以香港为例，除了制定法之外，香港原有的法律所包含的普通法、衡平法和习惯法仍然是香港地区立法的表现形式。特别行政区立法的独特之处在于：第一，它是相对独立的，是特别行政区高度自治之体现。全国人大常委会不能改变或撤销特别行政区的立法，只能根据规定将不符合基本法之规定的立法发回。第二，其性质可以是非社会主义的。这一点是特别行政区立法区别内地地方立法的一个关键性特征。

2. 依据地方立法的功能与宗旨不同，可以将我国地方立法分为实施性地方立法和创制性地方立法。

实施性地方立法，是为了执行法律、行政法规的规定，根据本行政区域的实际情况而作出的具体规定，其任务和宗旨是为了贯彻实施上位法的立法精神与

[1] 参见《深圳揭晓特区30年十大法制事件：靠法制三十而立》，载中国经济网：http://district.ce.cn/zg/201004/20/t20100420_21302719.shtml，最后访问日期：2018年7月5日。

原则规定。在实际的做法中，此类地方立法皆有较为明确的上位法规定，并往往以“×××实施办法”“实施××法办法”等文件形式命名。

创制性地方立法，可以进一步细分为自主性地方立法和先行性地方立法。自主性地方立法，也称为职权性地方立法，是地方立法主体依照法定权限和程序，就地方性事务自主制定的地方性法规。就表现形式来看，自主性地方立法要么没有对应的上位法，要么所涉事务具有典型的地方性，如规范事项是地方性的环境资源保护与文教卫生事务等，其名称多冠以“条例”“规定”等表述。先行性地方立法，是依据《立法法》第73条第2款之规定，就国家尚未制定法律或行政法规的非法律保留之事项所先行制定的地方性法规。先行性地方立法因其开拓性的制度试验，可以为中央立法积累经验，因而又称为试验性地方立法。

第二节　地方立法的地位与效力

一、地方立法的地位

地方立法是分权（decentralization）之体现。分权与集权互为对立之两端，且难免此消彼长。绝对的集权与分权皆不可取，理想的状态应是两者之均衡。集权与分权不仅受制于国家结构形式的基本要求，而且不可避免受到不同权力主体之关系的影响。

地方立法的地位如何，取决于分权之结构与性质。以联邦制为例，联邦制政府有两个普遍的特征：一是每个层级的政府在各自的权力范围内自治；二是各级政府的自主权都得到相应的政治保障。[1] 就其权力的法律关系而论，联邦制是地方自治的宪法化，并通过允许各州与联邦分享“主权”，从而为地方自治提供高度的宪法性保障。显然，联邦制的初衷是让各州与联邦分享主权，据此形成了“二元主权”的权力结构。受“二元主权”之权力体制的影响，地方立法权事实上与联邦立法权是平行、并立的，两者在各自的领地上具有不同层面的管辖权。在此观念下，地方立法权被认为是自治地方的“固有权力”，它先于国家立法权存在，并透过社会契约的虚拟机制将部分权力让渡给了国家这一利维坦。

---

〔1〕 See William H. Riker, *Federalism: Origin, Operation, Significance*, Boston, Little Brown, 1964, p. 11. 转引自张千帆：《主权与分权——中央与地方关系的基本理论》，载《国家检察官学院学报》2011年第2期。

与联邦制相比，单一制国家多采用传统的单一主权理论，信奉国家主权的不可分割性和最高性。人民主权原则要求一切权力归于人民，但人民行使主权的方式或直接通过复决过程批准宪法和法律，或通过选举议会代表制定法律。[1]在现代国家，代表公意的民选机构或代议机构事实上扮演着重要的主权者角色。单一制国家的权力体制和法律体系是一元化的，地方立法权来源于国家权力的授权或委托，并从属于国家权力。受此影响，地方立法的地位也是从属性的。它虽然是国家法律体系不可分割的组成部分，却只能居于次要的或从属的地位。按照法制统一原则的要求，地方立法不得与上位的国家法律、行政法规相抵触或冲突。

除了上述的整体地位外，地方立法本身是一个具有不同层级和位序的动态体系，其具体地位依赖于不同立法主体在国家体制中的地位与关系。从微观层面来看，多数单一制国家都存在等级明确的地方行政区划，不同层级之间的地方立法自有相应的法定地位，并形成一个逐层递归的垂直监督体系。另外，同一层级的不同主体的地方立法，如立法机关与行政机关之立法，亦往往因其相互关系而彼此存在监督与制约关系。例如，在我国，地方性法规的地位明显比同级政府的政府规章要高一些，并构成对后者的约束性条件。

二、地方立法的效力

法的效力乃法律规范的内在要素。断言一个社会规范系法律规范，实际上亦在断言其具有法的效力。为此，以哈特为首的分析法学派才会将法律的效力判准，亦即承认规则，视为鉴别法律的宗师规则（master rule）。

从概念上看，法的效力是指法规范对其所规范之行为的普遍约束力，但这种约束力是在规范的层面意义而言，即在“应当”的层面上言及，至于事实的层面是否实际拘束到相应的行为，则在所不问。因而，法律的实效性虽然对于法律效力存在一定的影响，但并非法的效力成立与否的关键。

地方立法作为一种规范性法律文件，显然具有法的效力，但是否具有严格意义上的法律效力，要视情况而定。例如，在我国，部门规章和政府规章，在行政诉讼法上并非法院必须适用的法律标准，而仅仅是可以参照适用的对象。而且，在实务上，尽管地方性法规的数量不少，但在司法的层面上能够直接作为司法裁判

〔1〕 参见张千帆：《主权与分权——中央与地方关系的基本理论》，载《国家检察官学院学报》2011年第2期。

依据的情况却并不太多。这些都导致地方立法的法效力处于相对有限的状态。

(一)地方立法的效力范围

法的效力范围是法的效力维度之一,意指法对什么人、在什么时间和什么空间有效。[1] 地方立法既为有效的法律规范,同样会产生法的效力范围问题,即对什么人、在什么时间和什么空间有效。

1. 对人的效力

一般来说,任何地方,不管其自治程度如何,均是国家统一不可分割的部分。而任何地方立法,就其地域范围而言,仅能拘束发生在本区域的事以及身处本地区的人。也就是,在地方立法所辖区域内,不论是本区域内的公民还是法人、中国人还是外国人(除有外交豁免权的人员外),均应一体遵守该地方立法所规定的行为要求。反之,对于超出该地域范围外的行为及其行为人,地方立法是没有约束力的。因此,对人的效力,绝大多数是以行为发生地作为根据的。

2. 时间效力

地方立法的时间效力,主要是生效时间与终止生效时间,及其对生效前之行为和事项有无溯及力的问题。

在生效时间上,基本上有两种方式:一是自公布之日起生效。这种情形实务中较为少见;二是最为常用的方式,即由立法文件规定某个预定的生效时间,待该条件满足后即刻生效。这种预定的时间规定,或者是约定经过多长一段时间,如 3 个月、6 个月等,或者是约定某个具体的未来时间节点。

终止生效的时间,则要更为复杂些,既有地方立法整体失效的情形,又有地方立法部分失效的状况。从实际来看,地方立法的整体失效主要存在以下几种情形:一是地方立法明确规定自身效力的终止日期。地方立法的这一条款,通常又称为"日落条款"(sunset clause),多见于地方政府规章的相关文件中。二是制定新的地方立法,在相关规定中明确废止与之相关的旧法。三是新法通过后,虽未明确规定废止相关旧法,但根据新法优于旧法之规定,旧法自然废止。四是地方立法是在一定的前提条件下制定实施的,当该特定条件消失时,条例自然终止。而地方立法的部分失效主要是,地方立法的部分条款显然构成与上位法的冲突或抵触,因抵触上位法而自然失效。例如,依据《立法法》第 73 条第 2

[1] 参见张文显主编:《法理学》(第 4 版),高等教育出版社、北京大学出版社 2011 年版,第 60 ~ 61 页。

款之规定，地方先行性立法，因国家制定法律或行政法规生效后，地方性法规同法律或行政法规相抵触的规定自然无效，制定机关应当及时予以修改或废止。

至于溯及力，依据现代法治之精神，地方立法原则上应不具有溯及既往的效力，但亦有例外，即如果地方立法之规定，更有利于保护公民、法人和其他组织的权利和利益，则可以溯及适用。

3. 空间效力

地方立法的空间效力主要是地方立法适用的地域范围。通常来说，地方立法的空间效力仅及于各自所属的管辖范围，如特别行政区基本法和法律，只适用于特别行政区的空间范围；民族自治条例和单行条例，则仅适用于该民族区域自治地区的空间范围。

（二）地方立法的效力等级

地方立法的效力等级与地方立法的地位紧密相关，并处于动态的规范体系之中。如凯尔森所言，这个动态的规范体系是一个法效力层层递归的等级秩序，不论是从最高的基础规范到宪法规范，还是从一般规范到个别规范，均存在一个逐级授权的递归过程。[1]

我国地方立法的效力等级，至少应从两个方面来观察：

从外部的关系来看，它被置于与中央立法相对的分权关系中。在这一分权关系中，地方立法的地位本身就来自中央立法的授权，并被视为中央立法的补充与执行，它的效力等级因此自然要低于中央立法的效力层次。

从地方立法的内部关系来看，由于地方立法的多种形式并存，不可避免具有一定的复杂性。

首先，从一般地方立法权的关系来看，根据《立法法》第 89 条之规定，地方性法规的效力应当高于本级和下级地方政府规章，而上级人民政府（主要是省、自治区人民政府）制定的政府规章效力要高于本行政区域内的设区的市、自治州的人民政府所制定的规章。至于不同层级地方性法规的效力，尽管《立法法》没有明文之规定，但从第 72 条之规定来看，省、自治区的地方性法规要高于设区的市的地方性法规。

---

〔1〕 参见［奥］凯尔森：《法与国家的一般理论》，沈宗灵译，中国大百科全书出版社 1996 年版，第 127～128 页。

其次，民族区域自治立法因其可以对法律和行政法规作出“变通规定”，效力层级变得更为复杂。从《立法法》第75条的规定来看，不同的自治条例和单行条例由不同的机关批准生效，足以证明在效力层级上，自治区所颁布的自治条例和单行条例，一般程度上要高于自治州和自治县所制定的自治条例和单行条例。但是，同条第2款又规定，自治条例和单行条例可依当地民族的特点，对法律和行政法规作出变通规定。由于不同自治地方所聚居的少数民族往往并不相同，因此不同级别的自治条例和单行条例就“变通规定”而言，理应由所在地方所聚居的少数民族特点而论定其效力。若以此为据，低级别人大制定的“变通规定”应优于高级别人大制定的“变通规定”。[1]

再次，经济特区立法同样具有一定的复杂性。一方面，经济特区立法不等于经济特区的地方立法。后者所依据的是《立法法》第72条第2款之规定，属于行使一般立法权所结出的成果。由于它属于一般地方立法的范围，其效力等级与“设区的市”的地方立法无异。另一方面，真正意义上的经济特区立法，是指《立法法》第74条所规定，由经济特区所在省、市人大及其人大常委会根据全国人大常委会之授权决定而制定的法规。由于经济特区立法系授权立法，其地位自然不同于一般的地方立法，而且就其性质而言，它还可依法对法律、行政法规、地方性法规作变通规定。而根据《立法法》第90条之规定，至少就“变通规定”而言，其效力等级与变通对象之规定应不分轩轾，仅其效力范围限于所在经济特区而已，不得扩张至其他地区。

最后，特别行政区立法的效力等级更加特别。特别行政区的立法权并不来自于《立法法》之规定，而是来自全国人大所制定的港、澳基本法。作为特别行政区的宪制性文件，它规定特别行政区原有法律，除同基本法相抵触或经立法机构修改外，予以保留。另外，立法机构有权制定、修改或废止法律。就其表述和形式来看，特别行政区立法之等级不同于一般地方立法，明显要比后者高出一格。不过，它也明显不具有中央立法的效力等级。毕竟，特别行政区立法仍然是区域性的地方立法，尽管其地位相对特殊；另外，作为其宪制性文件的基本法是国家层面的普通法律，并构成特别行政区立法之权力来源和基本依据，因此其效力等级应高于特别行政区立法。

---

〔1〕 参见石佑启、朱最新主编：《地方立法学》，广东教育出版社2015年版，第33页。

第三节 地方立法的功能与作用

一、地方立法的功能

功能是指事物或对象之于某一需求的某种属性。任何地方立法,作为人为的产物,均具有一定的目的或使命,例如,欲规范特定的社会关系或现象,保障和维护公民权利、社会公益等。这里所谈的地方立法的功能,正是指其相对于立法目的或任务所具有的一定属性。

(一)一般功能

作为立法过程之产物,地方立法具备普通立法之一般功能,即立法的指引、评价、预测功能。

1. 指引功能。所谓“指引”,是特定的行为要求所起到的行为导引或指示之功。同中央立法一样,地方立法往往通过相应规范为法律关系主体指示明确的行为模式,即可以做什么、应当做什么和禁止做什么的行为模式。作为高度概括的行为模式,地方立法所提供的行为指引是一般的、反复适用的指引。

2. 评价功能。所谓“评价”,是依据一定之标准,对特定事物或对象给出好坏、善恶、合法与否等结论之过程。立法具有惩恶扬善之功用,因此宜为评价社会行为之准则。地方立法亦不例外,它是不同社会判断特定行为是否合法、不法或违法的重要标准和依据。

3. 预测功能。所谓“预测”,是行为人预期他人之可能行为或反应,而事先筹划应对之策。在法治社会,法律是人们合理安排自身事务、推测他人行为的依据,具有重要的预测功能。地方立法同样向人们提供了一定的预测功能,它可以促进人们理性筹划日常事务,保障人类之间的正常交往与互动活动。

(二)特殊功能

除了上述一般功能外,地方立法因其特殊地位和性质,具有某些特殊的功能。但并不是说,这些功能为地方立法所独有,而是相较于中央立法的普遍性,以及限于法律保留原则之所囿,地方立法展现出更多的类似特质。

1. 管制功能

因经济危机之应对、社会福利国家之兴起,国家管制的发展与扩张已成潮流之势,现代管制国家正冉冉升起。虽然因政府失灵、经济滞涨,曾备受诟病,并反哺一波“去管制化”的逆袭,但管制终因在解决市场失灵、形成多元偏好、重新分配公共利益、实现集体意志和偏好等多方面的价值[1]而确立其自身地位。

国家管制形式多样,其中最主要的是行政权的扩大,以及独立管制机构的大量出现。在我国,国家管制固然重要,但“上有政策、下有对策”的现实,让人们无法低估地方管制的重要性。在允许地方制度创新和竞争的背景下,地方立法的管制对中国的地方治理有着正面的积极影响。

地方立法的管制功能是多方面的:第一,它可以强化地方政府部门的经济调控和市场管理职能,通过多重手段和政策工具,有效解决市场失灵的问题,尤其是各种垄断和外部性的问题。第二,它将地方共识所形成的经济、社会、环境和文化政策确立为地方立法的政策目标,借助各种行之有效的政策工具和实现方式,推动本地区的经济社会发展。第三,它能够利用接近基层和一线的信息优势,积极应对地方发展所面临的棘手问题和现实需要,有的放矢,破解地方发展的难题。第四,它还是社会资源和公共利益的再分配机制,能够集思广益、群策群力,实现社会公平公正,保障公民的合法权益。第五,它对政府权力的限制和约束,有助于防范政府失灵的发生,划定政府与市场的合理边际,确保地方政府的“有所为、有所不为”。

2. 引领功能

党的十八届四中全会决议曾明确提及,要建设社会主义法治体系,应发挥立法的引领和推动作用。但是,立法的引领作用究竟为何,目前尚未有公认的看法。

地方立法的引领作用,同时也是指它的引领功能。这里之所以用“功能”而非“作用”,是因为后者更强调立法活动在实际上对人的行为和社会的影响以及这种影响所产生的结果。[2]

有学者在论述地方立法的引领性功能时,直接将其与地方立法的社会作用相提并论,认为它“是指地方立法所实际发挥的有助于地方政治、经济、文化、社会以及生态等发展目标实现的作用”。[3] 以地方立法的社会作用来定义引领功能,虽然简单易行,却混淆了不同社会作用的差异。

---

〔1〕 参见江维萱:《桑斯汀的国家管制理论》,政治大学法律学研究所 2012 年硕士学位论文,第41 ~ 51 页。

〔2〕 参见朱力宇、叶传星主编:《立法学》(第 4 版),中国人民大学出版社 2015 年版,第 27 页。

〔3〕 朱茂磊:《试论地方立法的引领性功能》,载《安徽行政学院学报》2013 年第 3 期。

就“引领”的性质来看，它可以是开风气之先的潮流引领，也可以是行为和方向的指示和导引。从其功能定位来看，它接近于一般意义上的指引功能；但从性质定位来看，其行为指引更多是方向性的或原则性的。在此意义上，地方立法的引领功能主要是，通过结合地方实际，或在制度创新上进行了富有意义的探索，或为经济社会发展目标的达成和实现，作出了极为关键的制度安排。

3. 助推（nudge）职能

与经济学的理性人假设不同，行为经济学的基本预设是人的有限理性以及基于有限理性的思考和策划。在人类所作的诸多决策中，许多看似非理性的决定，实际上正是因有限理性而为之的结果。行为经济学看到了人的有限理性，积极倡导国家干预的必要，并提出自由父爱主义（libertarian paternalism）的观点，即在积极介入行动者决策的同时，又充分保障行动者的选择自由。[1]

与自由父爱主义或柔性父爱主义（soft paternalism）相一致的干预模式是助推（nudge）。所谓“助推”是指，既维护自由选择，又正确指引人们行为决策的倡议（initiatives）。在面临行为市场失灵时，助推通常是最佳的应对策略，它至少不会造成对他人的潜在伤害。[2]

助推是柔性的，而非硬性地、粗暴地对他人行为的干预和指责。它保留了行动者的选择自由，并允许在提供相应行为建议时实现行动者的正确决策。它不是目标的助推，而是手段的助推，并因此与手段式父爱主义（means paternalism）相适应。其最终目标是，创造一个选择的架构，最大可能地使行动者在理解不同选择的同时达成自身追求的目标。

随着国家治理能力和体系现代化的发展进程，地方立法正面临一个向助推型地方立法转变的过程。[3] 助推型地方立法提倡立法的弱干预，并将其干预限定在一定的限度内，既能实现国家治理又给公民自由留下了选择空间。随着助推型地方立法的发展和转型，地方立法将逐渐具备助推的功能。

二、地方立法的作用

如上所述，地方立法的功能与地方立法的作用看似重叠，却多有分野。前者

〔1〕 See Cass R. Sunstein, *Why Nudge? —The Politics of Libertarian Paternalism*, New Haven, Yale University Press, 2014, p. 18.

〔2〕 See Cass R. Sunstein, *Why Nudge? —The Politics of Libertarian Paternalism*, New Haven, Yale University Press, p. 17.

〔3〕 参见蒋银华：《国家治理视域中的助推型地方立法》，载《湖南社会科学》2014 年第 4 期。

是地方立法本身所具有的某种属性,后者则更多强调地方立法对个人和社会所产生的影响和效果。

1. 地方立法之于中央立法的作用。地方立法是中央立法的重要补充和完善,可以根据地方实际有效执行中央立法的相关规定,巩固和落实中央立法的制度和措施,为中央立法积累经验、创造条件并打好基础。中央先有立法的,地方立法可以结合地方实际情况,就如何落实中央立法规定而行动起来;中央没有立法的,可以由地方先行先试,从而为中央立法提供经验。邓小平同志就曾针对性地指示:"有的法规地方可以先试搞,然后经过总结提高,制定全国通行的法律。"〔1〕

2. 地方立法之于社会成员的作用。地方立法对于特定社会关系的调整和规制,可以保障和维护公民的合法权益,促进公共利益和集体福祉的实现,达成社会公平公正。与此同时,通过地方立法的公共参与和法制宣传教育,还可以增强区域内社会成员的民主法制意识,强化社会公众的主人翁意识及责任感,养成知法、懂法和守法的能力和素质。

3. 地方立法之于所在社会的作用。地方立法可以全方面、多角度推动所在地方的经济社会发展、生态文明建设,实现公共资源的公平分配,消除社会不平等状况,减少社会矛盾或冲突的产生,实现所在社会的和谐发展、可持续发展。与此同时,它有助于规范与限制政府权力,防范公权力滥用和"寻租"等腐败现象,进而有利于法治地方的建设与形成。

---

〔1〕 邓小平:《邓小平文选》(第2卷),人民出版社1993年版,第147页。

第二章　地方立法的历史发展

第一节　清末的地方立法

一、各省咨议局及其地方立法活动

谢振民先生曾云："就实质上之法律言，则吾国数千年来，已有所谓立法；如就形式上之法律言，则吾国之立法运动，实起源于清之末季。"[1] 盖因前者之谓立法，系垂于皇权羽翼之下，无独立性之可言，更与现代社会所言之立法，即由专职机关依职权和程序而为之迥异。在此格局下，形式意义上的地方立法更是"皮之不存，毛将焉附"。当然，倘若细致考察，则可以发现，即便是在大一统的皇权专制之下，实质意义上的地方立法仍然是存在的。至少在有清一代，地方长官能够在其权力范围内，以为政之名、行立法之实，对中央立法进行解释甚或变通。[2]

及至清末，因内忧外困，清朝统治者始打算"仿行宪政，大权统于朝廷，庶政公诸舆论"。[3] 在中央设资政院，"以取决公论"，在地方则设咨议局，以指陈通省利弊、筹计地方治安为目的。在创办资政院和咨议局的过程中，无论是宪政编查馆还是各省督抚在主观上都将两者视为议会式机构，如宪政编查馆在奏折中说："今资政院、咨议局已次第建立，为议院之基础矣"。[4] 东三省总督徐良与吉

---

〔1〕 谢振民编著:《中华民国立法史》(上)，张知本校订，中国政法大学出版社 2000 年版，第 30 页。

〔2〕 参见王志强:《清代的地方法规》，载王志强主编:《法律多元视角下的清代国家法》，北京大学出版社 2003 年版，第 62 页。

〔3〕《宣示预备立宪先行厘定官制谕》，载《清末筹备立宪档案史料》(上)，台北，文海出版社 1981 年版，第 44 页。

〔4〕 故宫博物院明清档案部编:《清末筹备立宪史料》(下)，中华书局 1979 年版，第 669 页。

林巡抚陈昭常则言:“今者咨议局将次成立,固已建设一省之立法机关。”[1]如是,清末各省咨议局的设立,类似于资产阶级地方议会的机关,是中国地方立法机关的最初萌芽,开创了我国地方立法的先端。[2]

根据咨议局章程所定,各省咨议局议员由复选制选举产生,并于1909年召开各省咨议局第一次常会。为了便于行使职权,各省咨议局均根据本省情况进行了一定的内部分工,如浙江咨议局内设有资格审查股、财政审查股、法律审查股、庶政兴革审查股、建议审查股,分别负责相关提案、建议的审查、讨论工作。

另据咨议局章程之规定,各省咨议局分别具有以下几方面职权:(1)立法权,即有权“议决本身单行章程规则之增删修改事件”,“议决本省权利之存废事件”;(2)行政监督权,有权“议决本省应兴应革事件”,“对本省行政事件及会议厅议决事若有疑问,得呈请督抚批答。本省官绅如有纳贿及违法等事,可指明确据,呈督抚查办”等;(3)财政监督权,即议决本省岁出入预算、决算事项,议决本省税法及公债、担任义务之增加等事件;(4)其他职权,如享有公断和解决本省自治会争议事件,接受本省自治会或人民陈请建议事件,申覆资政院、督抚咨询事件,选举资政院议员等职权。[3]

各省咨议局的诞生,改变了过去地方长官独断专行的局面,在旧式的封建专制社会掀起了一点民主的微澜。咨议局议员参政议政的意识较浓,积极性高,提出了大量的议案。例如,江苏咨议局首届常会总共收集议案184件,其中议员提出议案就多达98件,占得半数以上。在这一热潮之中,各省咨议局先后议决了不少重要的地方立法案。例如,在咨议局议事权力和组织运作规则上,浙江咨议局曾先后颁布了《关于咨议局议决权内之本省行政命令施行法》(它明确规定,凡涉及本省岁出入预算、决算、税法和公债、人民担任义务的增加、权利的废除等事件,不经咨议局的议决,巡抚不能公布施行)、《公布本省各种先行章程规则》。而在经济方面,各省咨议局也提出了不少振兴经济、革除弊端的议案,如浙江咨议局提出的办理灾款规则法案、修正厘捐革弊案,四川咨议局的剔除厘金积弊案、改革盐务案,山东咨议局的剔除税契积弊案,山西咨议局的剔除征收银粮积弊案,等等。

---

〔1〕《奏吉省创设行政会议处折》,载《时报》1909年7月15日。转引自梁彦:《清末的地方立法机关——咨议局及其立法初探》,载《法学研究》1988年第5期。

〔2〕参见梁彦:《清末的地方立法机关——咨议局及其立法初探》,载《法学研究》1988年第5期。

〔3〕参见梁彦:《清末的地方立法机关——咨议局及其立法初探》,载《法学研究》1988年第5期。

除了制定上述涉及立法、经济等方面的地方法规外,咨议局还仿效西方议会形式,形成了一套较为完整的正式程序:(1)提出议案。议员除对本省预决算事务无法提案外,可以在会上提出有关本省应革应兴、税法及公债等事件的议案。(2)审议议案,主要由咨议局内设的委员会、科或股等机构来进行。(3)议决议案,各省多仿照西方议会的"三读"通过形式进行议决程序。(4)公布,咨议局通过议案后,呈交督抚公布施行。若督抚不同意,需交本局复议。倘若两者分歧无法弥合,则交资政院决断。[1]

二、清末地方自治立法及其实践

清末地方自治思潮的形成与发展,主要源于西方资本主义政治文化和地方自治制度之影响,而其终极根源则在于中国民族资本主义经济的发展和资产阶级力量的成长壮大。[2] 他们中的杰出代表所得出的结论是,以地方自治为立国之本,可谓深通政术之大原,而最切中国当今之急务也。

然而,限于历史与立场之局限,清季地方自治之理念,与今日国家之地方自治,名虽同而实异。晚清时期的地方自治,实质是官治之辅佐。清政府 1909 年颁布的《城镇乡地方自治章程》总纲第一节"自治名义"如此写道:"地方自治以专办地方公益事宜辅佐官治为主。规定定章由地方公选合格绅民受地方官监督办理。"孔飞力先生对此的评论是:"清代发起人所理解的地方自治这一名词,既不是指代议政府,也不是指地方自治。它是官治的补充……它将在官治的范围之内存在,只是去完成官治不可能完成的任务。朝廷的意图自然是要明确正规的官僚界和地方利益集团之间的力量对比,即让前者控制一切实质性的职能,而只把余下的公务留给后者。"[3]

为此,清政府虽然确立了地方自治的政策,却在制度设计和进程上对之加以控制。1908 年,宪政编查馆在拟定预备立宪中,对地方自治的实施步骤作了统筹规划:第一年(1908 年)颁布城镇乡地方自治章程;第二年筹办城镇乡地方自治,设立自治研究所,颁布厅州县地方自治章程;第三年至第五年,筹办、续办城镇乡地方自治和厅州县地方自治;第六年,城镇乡地方自治一律成立;第七年,厅

[1] 参见《咨议局章程》,载《清末筹备立宪档案史料》(下),中华书局 1979 年版。转引自梁彦:《清末的地方立法机关——咨议局及其立法初探》,载《法学研究》1988 年第 5 期。

[2] 参见马小泉:《国家与社会:清末地方自治与宪政改革》,河南大学出版社 2000 年版,第 50 页。

[3] 孔飞力:《中华帝国晚期的叛乱及其敌人》,中国社会科学出版社 1990 年版,第 222 页。

州县地方自治一律成立。[1] 在制度设计上,1907 年,民政部奉旨拟定地方自治章程,并于 1908 年 8 月具奏并咨送宪政编查馆。同年底,清政府正式颁布《城镇乡地方自治章程》,并发布上谕,在全国推行地方自治。次年 3 月,颁布《自治研究所章程》,责令各省城及各府厅州县设立自治研究所,以“讲习自治章程,造就自治职员”。1910 年 2 月,复颁布《京师地方自治章程》和《京师地方自治选举章程》,《府厅州县地方自治章程》和《府厅州县议事会议员选举章程》。至此,地方自治制度初现雏形。

清末的地方自治分为两级,府厅州县为上级,城镇乡为下级。京师属于特别地区,以专门立法规范之。比较不同自治之规定,结论是:自治的级别越高,自治事项的范围越不具体,自治程度也不发达。[2] 若以城镇乡地方自治的范围为据,则地方自治的范围较为宽泛,包括教育、公共卫生、道路交通、农工商务、公共事业、慈善救济等方方面面的事务,颇有近代意义之地方自治的色彩。另外,地方自治职员的产生方式,也有一定的民主选举的况味。例如,城镇乡议事会议员,皆由本城镇乡选民互选任之。

地方自治制度一经确立,各省开始积极响应,照章筹办,先后设立地方自治筹办处,从事调查、选举事宜,尔后又开办自治研究所,培训自治人才,最后选举各级议事会、董事会等自治团体和自治职员,建立地方自治公所。根据统计和推测,在武昌起义爆发之前,各省府厅州县议事会、参事会大半已经建立,清政府筹办下的地方自治至少在组织形式上已经完成了既定的任务。[3]

在各省地方自治中,尤以上海地区的地方自治实践最为突出,它在规章创建、机构设置和机构职能分配方面都较为成熟。早在 1905 年,上海的士绅阶层就成立了地方自治机构“总工程局”,并在其存在期间,颁布了一系列的规则规约:总工程局简明章程、总工程局总章、议会章程、参事会章程、各区分办处章程、赞助员章程、巡警部章程。[4] 后在变为上海城自治公所期间,又颁布了议员互选议长副议长细则、选举董事会细则、议事会议事细则、议事会旁听规则、议事会

〔1〕 参见《宪政编查馆资政院会奏宪法大纲暨议院法选举法要领及逐年筹备事宜折》,载故宫博物院明清档案部编:《清末筹备立宪档案史料》(上册),中华书局 1979 年版,第 61 ~67 页。

〔2〕 参见刘寞:《清末“地方自治”法制的理性思考》,中国政法大学法律史系 2007 年硕士学位论文,第 25 页。

〔3〕 参见马小泉:《国家与社会:清末地方自治与宪政改革》,河南大学出版社 2000 年版,第 156 页。

〔4〕 《上海地方志》各项规则规约章程甲编总工程局章程,参见周松青:《上海地方自治研究》,上海社会科学院出版社 2005 年版,第 45 页。

文牍庶务等办事规约、董事会议事规则、董事会各项办事规约、分区办事规约、学务办事员办事细则、卫生项办理清道规约、道路工程项办事规约、道路工程项路政规约、征收公益特捐办事规约、征收各种车捐先行章程、征收广告税章程、贷还地方公债章程、规定食物店铺卫生规则、取缔戏园规则、管理渡船规则等。[1] 而在市政厅成为自治机构后，所颁行的地方自治法规有：改组市政厅暂行章程、议事会选举董事会细则、议事会议事细则、董事会议事细则、分区办事规约、市立小学校暂行章程、慈善团各种条约、征收车辆税简章、征收船只税简章，取缔各种车辆规则、取缔弹子房规则、地方公债贷还章程、市公报简章等。[2] 从上海地方自治法规来看，这些规定多半为自治机构的组织和议事规则、权力运作规则以及地方自治事务的管理办法等。虽然其多以章程、规则或简章为名，但究其实质，具有地方自治法规之效力，对相关规范事项具有一定约束力。

第二节　民国时期的地方立法

一、北洋政府时期的联省自治运动

联省自治之思想脉络，显然出自辛亥前后联邦论和地方主义之延续。[3]

清末的地方主义与地方自治的兴起大抵同步，系晚清政局应对一系列危机和困局所自发产生的。当清朝政府推行地方自治之制度时，各省之缙绅和社会名望俨然成为与中央朝廷分庭抗礼的另一股政治主导力量。他们不但使清末各省的地方主义更加具体而组织化，且被人认为是民国 9 年后联省自治运动的主要参与者。[4]

辛亥革命过程中，各省独立之事实，很自然地塑造了开国期间中国联邦政治的色调。而且，民初不少人对联邦主义的提倡与鼓吹，更助长了联省自治的舆论和气氛。例如，章士钊在《学理上之联邦制》中曾总结我国实行联邦制之优势如下："（一）组织联邦，邦不必先于国；（二）邦非国家，与地方团体相较，只有权力

---

〔1〕《上海地方志》各项规则规约章程乙编总自治公所章程，参见周松青：《上海地方自治研究》，上海社会科学院出版社 2005 年版，第 49 页。

〔2〕参见周松青：《上海地方自治研究》，上海社会科学院出版社 2005 年版，第 52 ~ 53 页。

〔3〕参见胡春惠：《民初的地方主义与联省自治》，中国社会科学出版社 2001 年版，第 100 页。

〔4〕See Jean Chesneaux, "The Federalist Movement in China", 1920 – 1923, in *Jack Gary ed.*, *Modern China's Search for a Political Form*, Oxford University Press, 1969, p. 98.

程度之差，而无根本原则之异；（三）实行联邦，不必革命，所需者舆论之力而已”。[1]

一般认为，联省自治最先由张继提出。其内涵包括两个层面：一是各省制定省宪，依照省宪实行自治；二是由各省选出代表，组成联省会议，制定联省宪法，借联邦制实现国家统一。1920 年夏，湘军将军阀张敬尧驱逐出长沙，谭延闿以湘军总司令之名义，于 7 月 22 日在长沙宣布湖南省自治，并着手创制省宪，为省自治与省制宪法活动迈开了第一步。当长沙正式宣布自治后，在京的湘籍领袖，如熊希龄、范源濂等立即通电以示支持，并约请梁启超为湘省草拟了一份湖南省自治根本法三十一条条文及说明书，以供参考。为了制定湖南省宪，湖南省先后成立了省制定省宪法筹备处和省宪起草委员会，并在 1921 年经过起草委员会的起草、省宪审查会的审查后，于全省总投票中获得 1800 万票而正式通过《湖南省宪法》。

《湖南省宪法》分序言和正文两部分，共 13 章 141 条。序言明文“湖南全省人民为增进幸福、巩固国基，制定宪法”的立宪目的，主要章节条文有：总纲第 1 条标明“湖南为中华民国之自治省”，第 4 条宣示“省自治权属于省民全体”；第 2 章“人民之权利义务”，规定人民所享有的权利和承担的义务，第 3 章“省之事权”，具体列举由省议决执行的权限；第 4 章“省议会”，规定省议会之组成、名额分配，议员资格、议员权利保障及议会任期、职权等事；第 5 章“省长及省务院”，规定省长的产生、当选资格、任期、职权，省务院的组成及职权等；第 6 章“立法”，规定法律案的提出、议决和公布程序；第 7 章“行政”，具体规定财政、教育、实业等重要行政事项；第 8 章“司法”，规定高等审判厅、检察厅的体制；第 9 章“审计院”，规定审计院的职能；第 10 章“县制大纲”，规定县长、县议会和县的自治权能；第 11 章“市乡自治制大纲”，规定市、乡为自治团体及其职权。

湖南省宪制定后，依其规定先后选举产生了湖南省议会和省长，并成立了湖南省自治政府。虽然就真正的自治而言，湖南省宪运动虚有其表，“省宪不合于用，迄未实行……所谓全民政治，一仍旧观，实际上则以武力维持政权”。[2] 然而，湖南省宪运动的进步意义在于，它不仅引入了直接选举和公民复决的因素，而且本身就是一项最好的政治教育。1922 年的湖南省宪，非但是联省自治运动

〔1〕《学理上之联邦论》，载《甲寅杂志》第 1 卷第 5 号。转引自李秀清：《近代中国联邦制的理论与实践——北洋军阀时期省宪运动述评》，载《环球法律评论》2001 年第 4 卷。

〔2〕陈恭禄：《中国近代史》，上海商务印书馆 1935 年版，第 752 页。

中第一个制定成功而被实行的省宪，也是当时破天荒出现的第一部被使用的宪法。既然它是一个急先锋，所以特别受人注目，因而也愈易于被人所批评。[1]

此外，南方诸省，如浙江、广东、江苏、江西、广西、贵州、四川、湖北、福建，均积极响应联省自治，或先后制定省宪，或公布宪法会议组织法，或由行政当局宣示制宪自治，或由专门人员起草宪法。然而，大多“雷声大、雨点小”，或有省宪之公之于众，却多因现实之故，窒碍难行。不过，联省自治运动并不独限于南方各省，北方的山东、河南、陕西、甘肃、山西乃至直奉战争战败后的东北，均有着自治运动和省宪活动。

二、南京国民政府时期的地方自治立法

南京国民政府名义上统一全国后，开始进入总理遗教的训政时期，以完成自治为训政时期最重要之工作。国民党第三次全国代表大会通过《确定地方自治之方略及程序以立政治建设之基础案》（1929 年 3 月），明确推进地方自治的四项原则：确定县为自治单位；制定地方自治法；选派人员筹备自治；地方自治之筹备宜逐渐推行，以自治条件之成就选举完毕为筹备自治之终期。

南京政府地方自治法的发展，以 1939 年 9 月颁布的《县各级组织纲要》为标志，可以分为两个阶段，即 1928 年至 1939 年新县制前的阶段，1939 年至 1949 年的新县制阶段。[2]

训政伊始，南京政府进行了大张旗鼓的地方自治立法建设，颁布了以《县组织法》为核心的一系列地方自治法律，主要有：《乡镇自治施行法》《区自治施行法》《县组织法施行法》《乡镇公民宣誓登记规则》《乡镇闾邻选举暂行规则》《乡镇坊自治职员选举及罢免法》《区乡镇坊调解委员会权限规程》《县参议会组织法》《乡镇坊自治职员选举及罢免法施行细则》，形成了较为完整的地方自治制度框架。

地方自治制度虽然已立，实践中却多流于形式。“自治的进展非常迟缓，其结果徒供土劣愚弄，而无若何的成绩。”[3] 至 1934 年，原来预定的县自治还政于民的目标并未实现，南京政府内政部“特就历年推行地方自治困难症结之所在，

---

〔1〕 参见胡春惠：《民初的地方主义与联省自治》，中国社会科学出版社 2001 年版，第 201 页。

〔2〕 参见曾绍东：《南京国民政府地方自治研究——以赣南（1939 ~ 1949）为中心的考察》，西南政法大学法律史系 2011 年博士学位论文，第 56 页。

〔3〕 冷隽：《地方自治述要》，正中书局 1935 年版，第 198 页。

并斟酌现在实情",[1]于1934年先后公布了《改进地方自治原则》《各省县市地方自治改进办法大纲》《改进地方自治原则要点之解释》,对地方自治法律进行了调整。

随着抗战的到来,南京政府为了整合全国的财力、武力和人力,动员广大民众抗战,实行孙中山的地方自治建国方略,解决"过去法令过于繁杂,不切实际需要,内容异常空虚"[2]等问题,于1939年对以县为单位的地方自治制度进行了重新设计,颁布《县各级组织纲要》。该纲要被视为"改进地方行政制度之重要措置,并为促进地方自治实施宪政之基本方案",[3]具有最高的法律效力,"本纲要施行后,各项法令与本纲要抵触之部分,暂行停止适用"。

为了配合新县制的推行,南京政府又先后颁布了《县参议会组织暂行条例》《县参议会选举条例》《乡镇组织暂行条例》《地方自治实施方案》《县参议会选举条例》等,形成了以《县各级组织纲要》为核心的地方自治法律制度。新制的主要内容包括:明确了县、乡镇两级自治团体法人地位;将县、乡镇的选举由直接选举改为间接选举;对自治事项进行了列举,明确地方自治的具体内容;实行新的财政制度。

《县各级组织纲要》颁布后,南京政府要求各省同步遵行,最迟于3年内一律完成。[4] 为贯彻新县制的实施,江西省于1940~1947年,根据本省的实际情况,先后完成了大量的地方自治立法,较为重要的法律就有30余部。根据其内容,可以大致分为实施计划、各层级地方自治规程、地方自治工作竞赛实施办法等。[5] 另外,广东省在此期间,也先后颁布了《省临时参议会组织条例》、《市临时参议会组织条例》、《县参议会组织条例》以及《乡(镇)组织暂行条例》,并陆续建立了省市县乡镇临时参议会、乡镇代表会等。[6]

随着地方自治的推行,民国时期各地的地方立法明显有所增长。以新疆地方立法为例,或可稍窥一斑。根据档案材料,民国时期,新疆地方立法数量较大,

---

〔1〕 谢振民编著:《中华民国立法史》(下),张知本校订,中国政法大学出版社2000年版,第724页。

〔2〕 李宗黄:《新县制之理论与实际》,中华书局1945年版,第7页。

〔3〕 行政院:《县各级组织纲要实施及考核情形》。转引自曾绍东:《南京国民政府地方自治研究——以赣南(1939~1949)为中心的考察》,西南政法大学法律史系2011年博士学位论文,第65页。

〔4〕 参见陈之迈:《中国政府》(第3册),上海商务印书馆1946年版,第94~95页。

〔5〕 参见曾绍东:《南京国民政府地方自治研究——以赣南(1939~1949)为中心的考察》,西南政法大学法律史系2011年博士学位论文,第71页。

〔6〕 石佑启、朱最新主编:《地方立法学》,广东教育出版社2015年版,第46页。

涉及社会发展各方面。例如,规范政府机关和官员行止的立法,有 1935 年《新疆省惩罚官吏贪赃条例》、1941 年《新疆省区村制组织章程》、1942 年《新疆省惩治公务员贪污条例》、1949 年《新疆省政府县参议员及县长选举办法》等;规范经济或财税行为的,有 1942 年《新疆省政府征收牌照税章程》、1943 年《新疆省田赋章程》、1944 年《新疆省新订契税章程》等;规范教育活动的,有 1938 年《新疆省小学暂行规程》、1939 年《新疆省小学校兼办社会教育办法》,1944 年《新疆省各级职业学校办理规程》等;禁烟的,有 1936 年《新疆省严禁麻烟实施办法》、1938 年《新疆省禁烟治罪补充条例草案》等。〔1〕 从形式上看,民国时期的地方立法主要有两类:第一类是内容比较完整、齐全的法律文件,主要为章程、条例、规程、规则等;第二类是实施和操作性质较强的法律文件,主要有细则和办法两种,其内容较为具体、可操作性强,多为中央立法的配套或实施,是地方立法的主要形式。

第三节 新中国成立以后的地方立法

一、地方立法权限的形成与发展

1949 年新中国成立以来,中央集权与地方分权之关系几经跌宕,并最终形成中央领导下的地方分权格局。作为分权的重要内容之一,中央与地方立法权限之划分亦多有变动。

新中国成立之初(1949 ~ 1954 年),虽然旧法统已废,而新法制并未确立,再加上解放初需实行军管之故,各地方均享有较大的权力,以处理本区域政治、经济、社会、军事等事务。根据《中国人民政治协商会议共同纲领》之规定,代表人民行使国家政权的机关为各级人民代表大会和各级人民政府。1949 年 12 月,政务院所通过的《大行政区人民政府委员会组织通则》第 4 条规定,各大行政区人民政府委员会可以拟定与地方政务有关之暂行法令条例,报告政务院批准或备案。1950 年,政务院颁布的《省人民政府组织通则》《市人民政府组织通则》《县人民政府组织通则》,分别规定省人民政府、直辖市、大行政区辖市和省辖市人民政府以及县人民政府有权制定与本区域政务有关的暂行法令条例,并报请上级人民政府批准或备案。

〔1〕 参见白京兰:《1933—1949 年新疆地方立法初探》,载《新疆社会科学》2010 年第 1 期。

上述规定在一定程度上调动了地方的积极性,也导致一些地方出现了分散主义的倾向,妨碍地方权力的健康发展。[1] 为了实现和巩固国家的统一,反对地方主义和分散主义,自1954年开始收回地方立法权限,确立中央的集权领导。1954年制定的新中国第一部《宪法》第22条明确规定,"全国人民代表大会是行使国家立法权的唯一机关"。除了保留1952年《民族区域自治实施纲要》所确立的民族区域自治立法权,其余地方的地方立法权限均遭缩减。其背后的逻辑是,随着高度集中的计划经济体制与行政管理体制的形成,地方的自主性和独立性不断减退,逐渐成为中央政府机构的延伸,事实上丧失了作为一级政权所必需的权威和地位。[2]

但是,中央与地方权力的高度集中统一,同样带来了不少负面效应和问题。如何改进中央与地方之关系,毛泽东同志在《论十大关系》中提出了"两个积极性"的对策,即"应当在巩固中央统一领导的前提下,扩大一点地方的权力,给地方更多的独立性,让地方办更多的事",并认为"立法权集中在中央,但是在不违背中央方针的条件下,按照情况和工作需要,地方可以搞章程、条例、办法,宪法并没有约束"。[3] 然而,知易行难。中共在50年代中后期和70年代初期,曾经有过两次大规模向地方放权的实践,却最终以中央重新收权而告结束。

随着1979年党的十一届三中全会确立了改革开放的政策,且鉴于过去权力过于集中的弊端,地方立法分权成为了最高决策者的现实选择。一方面,改革开放是循序渐进的过程,"先行先试"成为地方治理的常态,需要授权地方政府大胆尝试,勇于创新;另一方面,"拨乱反正"的局面带来了法制供给不足的巨大缺口,经济社会的变迁需要制定大量的法律、法规相适应,仅仅依靠中央立法机关显然不足以应付如此繁重紧迫之任务。因此,1979年7月通过的《地方各级人民代表大会和地方各级人民政府组织法》(以下简称《地方组织法》)第6条规定:"省、自治区、直辖市的人民代表大会根据本行政区域的具体情况和实际需要,在和国家宪法、法律、政策、法令、政令不抵触的前提下,可以制定和颁布地方性法规,并报全国人民代表大会常务委员会和国务院备案。"另外,为推动对外开放与经济体制改革的探索,全国人大常委会还在1981年授权广东和福建的省人大和常委会可以根据各省经济特区的具体情况和实际需要,制定经济特区各项

---

[1] 参见周伟:《省会市及较大市地方立法的历史、现状与前瞻》,载《现代法学》1996年第3期。

[2] 参见封丽霞:《中央与地方立法关系法治化研究》,北京大学出版社2008年版,第299页。

[3] 毛泽东:《论十大关系》,载《毛泽东选集》(第5卷),人民出版社1977年版,第275~277页。

单行经济法规。

1982 年《宪法》,在总结新中国成立以来中央与地方权力划分经验的基础上,以宪法的形式再度肯定地方立法权的必要性。1982 年《宪法》第 3 条第 4 款确定了中央与地方分权的一般原则,即“遵循在中央的统一领导下,充分发挥地方的主动性、积极性的原则”,1982 年《宪法》第 100 条则进一步规定:“省、直辖市的人民代表大会和它们的常务委员会,在不同宪法、法律、行政法规相抵触的前提下,可以制定地方性法规,报全国人民代表大会常务委员会备案。”总体来看,相较于 1979 年《地方组织法》的赋权,宪法从两个方面扩大了地方立法权:一是扩大了地方立法权主体,将 1979 年《地方组织法》中的省级人民代表大会扩展到它们的常务委员会;二是扩大了民族区域自治的立法权限。1982 年《宪法》第 116 条规定,民族自治地方的人民代表大会有权依照当地民族的政治、经济和文化的特点,制定自治条例和单行条例。

同年,五届人大五次会议对 1979 年《地方自治法》进行修改,进一步扩大了地方立法权主体范围。其第 27 条增加了新的条款作为第 2 款:“省、自治区的人民政府所在地的市和经国务院批准的较大的市的人民代表大会常务委员会,可以拟定本市需要的地方性法规草案,提请省、自治区的人民代表大会制定,并报全国人民代表大会常务委员会和国务院备案。”值得注意的是,此次的授权仅仅是地方性法规拟定权或起草权,与完全意义的地方立法权还存在一定的差距。其第 35 条第 1 项增加以下内容:“省、自治区、直辖市以及省、自治区的人民政府所在地的市和经国务院批准的较大的市的人民政府,还可以根据法律和国务院的行政法规,制定规章。”随着政治体制改革的需要和发展,为了适当扩大两市制定地方性法规的权力的需要,1986 年《地方组织法》进行第二次修改,又增加了两项扩大地方立法权的规定:一是通过第 7 条增设了省会市及较大的市的人民代表大会制定地方性法规的权力,将原来的地方性法规拟定权升格为地方性法规制定权;二是第 38 条第 2 款授予省会市及较大市的人大常委会可以在本级人大闭会期间制定地方性法规的权力。

至此,中国立法体制已经确立其地方分权架构,后续的发展是进一步法治化其内容及其对其权限主体的扩容。全国人大于 1988 年、1992 年和 1996 年先后四次分别授权海南省、深圳市、厦门市、汕头市和珠海市人大及其常委会根据经济特区的具体情况和实际需要,遵循宪法、法律和行政法规的基本原则,制定适用于本经济特区的法规。2000 年《立法法》的颁布实行,不仅再次确认地方立法权限的层级和范围,而且还为规范地方立法权的运作提供了法治保障,从而使我国立法体制的法治化水平迈入一个新的阶段。

2015 年,颁布实施近 15 年之久的《立法法》终于迎来了第一次重大修改。作为一部重要的宪法性法律,《立法法》的修改不仅是全面推进依法治国之重要步骤,而且体现了国家治理体系和治理能力现代化的必然要求。本次修改唯一具有重大突破性的规定,是地方立法权的“扩容”,即将地方性法规制定权(地方立法权)下放至所有设区的市。这是对我国现行立法体制的一次重大调整,也是本次修改过程中最具宪制性意义的一次修改。[1]

二、我国地方立法的发展阶段及其特点

新中国成立初期,因旧法统已废,而新法制尚未立,法制建设的需求巨大,各地政权机关开展了大量的立法工作,对巩固当时地方政权、稳定社会秩序、发展地方经济和调整各方面关系发挥了积极的作用。据统计,浙江从 1950 年到 1953 年制定的暂行法令条例和单行法规 653 件,年均立法 163 件;内蒙古从 1950 年到 1954 年制定各种规范性文件 368 件,年均立法 73 件;上海从 1950 年到 1954 年制定暂行法令条例和单行法规 799 件,年均立法 159 件。[2] 此一阶段的地方立法具有两个较为明显的特点:一是地方立法多为过渡性和暂时性的,因为当时的社会形势和社会关系处于急剧变化的过渡阶段,地方法令条例需要适时根据政策和形势的变化而变动;二是地方立法技术较为粗陋,立法程序比较简单。

1954 年宪法颁布后,除了民族区域自治权外,地方立法权实际上被取消,留下了一段长达 20 多年的地方立法空白期。这一局面直到“文化大革命”的结束才得以完全扭转。改革开放以来的地方立法,随着地方立法权的扩张及其法治化进程,获得了长足的发展和进步。根据其不同时期的立法特点,可将其分为起步探索阶段(1979 ~ 1992 年),全面提高阶段(1993 ~ 2000 年)和规范化发展阶段(2001 年至今)。

自 1979 年地方组织法的颁布到 1992 年党的十四大正式确立社会主义市场经济体制目标为止,是为地方立法的初步探索期。1979 年 11 月,新疆维吾尔自治区五届人大常委会第二次会议率先通过《关于加强边境管理区安全保卫工作的通告》,开启了新时期地方立法的发展大幕。据统计(截至 1989 年),这一时

〔1〕 参见焦洪昌、马骁:《地方立法权扩容与国家治理现代化》,载《中共中央党校学报》2014 年第 5 期。

〔2〕 参见吴大英等:《中国社会主义立法问题》,群众出版社 1984 年版,第 241 页。

期总共立法1233件,[1]年均123.3件;若均摊至每个省,则每个省年均4.11件。这一时期地方立法的主要特点是:第一,地方立法数量增多,具有鲜明的时代性;第二,立法内容多围绕经济体制改革而展开,地方经济立法占比重较大;第三,地方立法程序得到了进一步发展和完善,并逐步实现了制度化;第四,地方立法的范围有所扩大,自主性法规有所增加。

随着改革开放的进一步深入以及1993年修宪对建立社会主义市场经济体制的确认,我国进一步加快了地方立法的发展步伐。市场经济乃法治经济,需要法治的保驾护航。正是在这一共识之下,无论是国家立法,还是地方立法,数量都大有增长。例如,仅1998~1999年这两年,地方立法就增加了1700多件,[2]远超上一阶段十年间的总数量。此外,地方立法的重要地位,也逐渐为越来越多的人所认识到,并开展了深层次和高水平的地方立法研究。地方立法主体建设,尤其是地方立法工作机构建设和专业能力养成,得到了重视和加强。最后,地方立法的计划性和专业性也有了较大程度的提升。一方面,继八届全国人大常委会制定立法规划后,各省级人大常委会也相继制定了立法规划和年度立法机关,有意识、有计划和有步骤地推进地方立法制度建设和立法项目的落实;另一方面,立法的科学性和专业性有所增强。在地方立法起草方式上,逐渐出现了以人大为主起草、委托第三方起草等方式,在立法起草论证过程中,除了传统的征求意见外,还增加了聘请立法专家论证,召开立法听证会等新方式。

当然,随着地方立法的大发展,地方立法也出现了一些问题和不足。一是地方立法部门化、地方主义保护色彩日趋明显,这是计划经济向市场经济转型过程中所不可避免的"阵痛"。由于绝大多数地方立法是由政府职能部门所草拟的,借由法规起草权而将部门利益最大化,就成了不少部门权力"寻租"的变现途径。二是地方立法数量的剧增,导致地方立法质量不佳,水平不高,陷入到低水平"重复立法、抄袭立法"的窘状。由于缺乏地方立法的经验以及对地方实际需要的认识不足,多数地方立法呈现出雷同、抄袭等弊病,严重缺乏地方特色,导致与人们的日常生活脱节,法律效果不彰,几乎不起作用。

正因为上述不足的存在,地方立法的规范化和法治化发展才有了现实的紧迫性。随着《立法法》的出台,地方立法迈入了法治化发展的新阶段,并从原来

[1] 参见徐向华:《我国地方立法及其研究十年评述》,载《中国法学》1989年第5期。

[2] 参见石佑启、朱最新主编:《地方立法学》,广东教育出版社2015年版,第59页。

讲究速度转至追求立法质量的新阶段。首先，注重地方立法质量的提高，纠正法规草案存在的部门利益倾向，依法保障人民群众的合法权益，努力从立法权限的合法性，立法内容的公正性、科学性、操作性，立法程序的公开性和突出地方特色等方面来提高立法的质量。[1] 其次，在地方立法过程中，注重发挥人大常委会的主导作用，即在立法项目的立项选择、对提案的审议、修改、表决等方面充分发挥人大常委会的职能作用。最后，注重地方立法的科学性和民主性要求，多渠道、多方式强化地方立法的民众参与，集思广益，汇聚民智，进一步强化地方立法的科学性，透过地方立法论证、社会风险评估、成本效益分析、立法后评估等多种方式提高地方立法的质量。尤其是，在社会主义法律体系基本形成的后立法时代，地方立法越来越重视立法后评估的作用，试图通过后评估的诸多工具和手段增强地方立法的实效，检讨地方立法的缺失。

三、地方立法的发展趋势

随着地方立法权向设区的市扩容，我国地方立法即将迎来新的发展局面和趋势。在过去，仅有 49 个地级市（省会市和较大市）具有地方立法权，而今地方立法权主体已扩充至 282 个地级市。地方立法权的扩容预示着地方立法的发展趋势具有如下 3 个方面的内容：

1. 地方立法权限划分具有一定的动态性，应随着时代要求和现实需要而有所调整和改变。2015 年地方立法权的大扩容，并不是地方立法权限调整的最终休止符。随着地方分权的纵深发展，地方立法权限主体和权限范围亦将会有所扩大。从全世界的范围来看，地方自治的扩大化是民主社会一个不可避免的发展趋势。

2. 在我国法律体系基本形成的后立法时代，尽管地方立法权主体有所扩充，但是地方立法的数量不再是关注的重心，地方立法的中心环节已经转换至地方立法质量的提高上。围绕地方立法质量的提升，不论是立法理念的更新，还是制度层面的创新，都将层出不穷。我们已经见识到立法后评估等工具和手段的运用，往后还会见到更多的评估工具和手段的出现。

3. 随着要求发挥人大及常委会在立法工作中的主导地位，地方立法机关的组织机构与能力建设将越来越受到重视。当前的主导作用多强调人大机关在相

---

〔1〕 参见谢天放等：《我国地方立法的流变与展望——以上海市地方性法规的分析为例》，载《政府法制研究》2005 年第 4 期。

应的立法规划、法案审议、修改、立法监督等方面的作用,而较少强调地方立法机关的直接立法行为,即由立法机关有关工作机构直接或委托中立第三方起草立法草案,并予以审议、修改或表决。不管在立法工作中应起到何种主导作用,立法机关的组织机构与能力建设都刻不容缓。

第三章　地方立法指导思想和基本原则

第一节　立法指导思想和基本原则概述

一、立法指导思想和基本原则的含义

立法指导思想是立法主体进行立法活动的理论依据，亦即立法过程中应遵循什么样的主导思想。它为立法主体的立法活动指明了前进的方向，反映出统治阶级的主流意识形态和立法政策。

立法基本原则是立法主体进行立法活动的基本准则，是立法指导思想在法的创制过程中的具体化、实践化。[1] 它是人们从长期的立法实践中概括出来的，具有本源性或基础性的原理和准则，集中体现了立法的基本性质与价值取向。

要准确把握两者的含义，还需进一步明确两者之间的联系与区别。

两者的共性和联系在于：(1) 两者都对立法活动具有指导作用，均为立法主体在立法活动中所遵循的方针、路线；(2) 立法指导思想是观念化、抽象化的立法原则，立法基本原则是规范化、具体化的立法指导思想。[2]

两者的区别体现为：(1) 两者具有抽象与具体之别，也就是立法指导思想较之立法原则更具宏观性、根本性、全局性和方向性；(2) 立法指导思想是思想准则，侧重于对立法者思想的指导，通过作用于立法者的思想以影响立法活动，本身不具有直接的操作性，要经由具有操作性的原则和规范来体现；立法原则是行动准则，侧重于对立法者立法行为的引导，对立法活动的指导更为直接，更具可操作性。[3]

---

〔1〕 参见刘作翔主编：《法理学》，社会科学文献出版社 2005 年版，第 295 页。

〔2〕 参见周旺生：《立法学教程》，北京大学出版社 2006 年版，第 66 页。

〔3〕 参见徐向华主编：《立法学教程》，上海交通大学出版社 2011 年版，第 60 页。

二、立法指导思想和基本原则的功能与作用

在德国法学家耶林看来,一个民族或国家之法律的最终泉源,乃是人的良知和现实需求。〔1〕 它揭示了立法的双重属性:意志性与客观规律性。作为人类意志,尤其是社会中的统治阶层的意志,它具有一定的暂时性和可变性,并因此而决定了国家实在法的暂时性和偶然性之特征。理想的立法应该符合现实需求,尊重社会发展规律,贴合生活实际。对于立法来说,立法指导思想和基本原则不仅是必需的,而且是必要的。套用康德的话来说,没有理论的立法是盲目的,而不立足实际的理论则是空洞的。

立法指导思想和基本原则的功能,主要包括3个方面的内容:

1. 指导功能。作为理论依据与基本原理,立法指导思想和基本原则具有认识论意义上的指导功能。作为一个理性认识,无论是在方向指引,还是细节考虑上,它都将对立法工作产生极其重要的作用。首先,在方向指引上,立法者必须对有待规范的社会生活关系,该等社会关系的现存规范可能性,即将制定的规范对规范体系的整体以及体系内其他规范的影响等事务详加权衡。〔2〕 其次,在具体制度的构思和设计上,是否采用某一制度设计?它的约束性条件有哪些?如何在现有条件下发挥其作用?配套的措施和做法是什么?诸如此类的问题均需要立法指导思想和基本原则的指引。换句话说,缺乏上述有关立法的理性知识,就无法从制度设计的角度构想出"法律应当是什么"。

2. 构造功能。依据拉德布鲁赫的见解,所谓"构造",是指将先前人为分开的各部分予以整体的再创造,其目的在于,使我们意识到各个部分之间的必然联系,它们相互之间和总体共同的依赖性。〔3〕 具体而言,立法指导思想和基本原则的构造功能主要表现为:一方面,它可以将自身转换为立法的内容,并透过具体制度、规则的设计,为自身的创造性转换奠定基础和条件;另一方面,它可以作为整合不同立法内容和制度的黏贴剂,将零散的立法材料、实际经验和生活素材,捏造成一部法典或成文法形式,从而变腐朽为神奇。这也是为什么边沁会主张废弃英国普通法形式而应确立法典法形式的原因。

---

〔1〕 参见[德]鲁道夫·冯·耶林:《法学是一门科学吗?》,李君韬译,法律出版社2010年版,第62页。

〔2〕 参见[德]卡尔·拉伦茨:《论作为科学的法学的不可或缺性》,赵阳译,载《比较法研究》2005年第3期。

〔3〕 参见[德]拉德布鲁赫:《法学导论》,米健译,法律出版社2012年版,第199页。

3. 协调功能。这一功能是法律系统化或体系化的必然要求,它旨在形成一个层级分明、门类齐全、逻辑自洽的法律体系。其功能主要反映在三个方面:首先,它协调立法内部的各种关系,如国家与社会之间以及人与人之间的权力与权利关系、权利与义务关系、义务与责任关系等内容,旨在忠实反映现实之需求和公平正义之要求;其次,它协调各类法律部门、法律制度之间的关系,使其保持内在的统一和外在的无矛盾性;最后,它还协调立法活动与法治乃至社会其他环节的关系,使社会的治理与发展统一于和谐有序的整体之中。[1]

上述功能的存在,使立法指导思想和基本原则客观上发挥了如下的作用:第一,有利于立法主体站在一定的理论高度来认识和把握立法活动,使立法能在经过选择的思想理论指导下,沿着有利于立法主体的方向发展;第二,有利于立法活动遵循一定的社会经济发展规律,把握社会大局和发展趋势,超越于个别的或具体的认识局限性;第三,有利于统一立法活动的主旨和精神,协调立法与其他法制环节的互动关系,维护法制统一的权威。[2]

三、立法指导思想和基本原则的形成与发展

作为理性认识的立法指导思想和基本原则,是“基于观察和思考的共同作用”。[3] 又由于它总是时代的要求和产物,并内化为立法者的前理解(或“前思考”),因此,其产生是前理解、观察和深入思考的共同作用之结果。

它总是时代性的,受当时当地之主流意识形态的影响。以中国古代为例,随着“罢黜百家、独尊儒术”的确立,汉以后历朝历代的立法思想总是以儒家正统思想为依据,实行“德主刑辅”。在这一思想传统上,儒家社会理想和伦理原则的出礼入律,便是理所当然之结果。

又如在西欧社会的资产阶级革命时期,举凡国家的成立,还是社会秩序的建构,都脱离不了彼时启蒙思潮的影响。一些经典的法律文献,如美国的《独立宣言》、法国的《人权宣言》,不仅沐浴着启蒙思想而产生,甚至本身就是启蒙思想之直接表达。马克思在评论《法国民法典》时曾指出:“法典并不起源于旧约全书,而是起源于伏尔泰、卢梭、孔多塞、米拉波、孟德斯鸠的思想,起源于法国革命。”[4]

---

〔1〕参见徐向华主编:《立法学教程》,上海交通大学出版社2011年版,第61页。

〔2〕参见王建华、杨树人:《地方立法制度研究》,四川人民出版社2009年版,第48~49页。

〔3〕[德]魏德士:《法理学》,丁晓春、吴越译,法律出版社2005年版,第10页。

〔4〕《马克思恩格斯全集》(第1卷),人民出版社1956年版,第129页。

与此同时,它的形成是对现实予以观察和深入思考的结果。立法作为一种意志性活动,是统治阶级意志上升为国家意志的转化过程。在此过程中,作为国家治理的方式和手段,它需要回应社会发展的需要,表达不同利益集团的需求。立法史表明,一个国家的立法指导思想,总是在一定国情条件制约下,同该国占统治地位的阶级、政党、集团所确立的基本路线、国家发展目标及基本纲领等相适应。后者通过自身的努力和立法实践,将这些基本路线,基本任务和基本纲领转化为一切国家活动包括立法活动的指导思想。[1] 因此,它总是随着时代的变化、观念的变迁而有所变动和发展。从"阶级斗争"为纲,到"以经济建设为中心"的发展,再到"科学发展观""四个全面深化"战略的演进,最后落脚到党的十九大报告有关新时代中国特色社会主义思想,正是执政党基本路线和发展思路的改变,在此过程中,立法指导思想和基本原则亦在不断与时俱进。

第二节 地方立法指导思想

在我国,随着《立法法》的颁布和实施,立法指导思想也经历了从单纯的理性认识转换为法律原则的过程。该法第 3 条明确规定:"立法应当遵循宪法的基本原则,以经济建设为中心,坚持社会主义道路、坚持人民民主专政、坚持中国共产党的领导、坚持马克思列宁主义毛泽东思想邓小平理论,坚持改革开放。"作为国家立法活动的部分,地方立法理应遵循该规定,将其奉为自身活动的立法指导思想。从实际的地方立法实践来看,不少地方立法条例或全部接受,或部分承认了上述指导思想的地位。

一、地方立法应统筹推进"五位一体"总体布局

现行《宪法》之"序言"确认了我国仍处于社会主义初级阶段的现实国情。虽然党的十九大报告对我国社会的主要矛盾作出了新的论断,即确认中国特色社会主义进入新时代后,社会主要矛盾已经转化为人民日益增长的美好生活需要和不平衡不充分的发展之间的矛盾。这一社会主要矛盾的历史性变化,没有根本性改变我国将长期处于社会主义初级阶段的基本国情。

我国社会主要矛盾的变化是关系全局的历史性变化,对于党和国家工作提

[1] 参见王建华、杨树人:《地方立法制度研究》,四川人民出版社 2009 年版,第 51 页。

出了许多新要求和新任务。我们需要在继续推动发展的基础上，着力解决发展不平衡不充分问题，更好地满足人民在经济、政治、文化、社会、生态等方面日益增长的需要，更好推动人的全面发展、社会的全面进步。为此，党的十九大报告明确中国特色社会主义事业总体布局是“五位一体”、战略布局是“四个全面”，强调坚定道路自信、理论自信、制度自信、文化自信。

“五位一体”总体布局，是经济、政治、文化、社会、生态全面发展的布局。“五位一体”总体布局虽然涉及不同领域，有各自特殊的内容和规律，但它们之间是有机统一、不可分割、相辅相成、相互促进的辩证统一关系。[1] 其中，经济建设是建设中国特色社会主义政治、文化和社会、生态文明的前提和基础，其核心是激发群众的创造性，发展生产力，为现代化建设奠定坚实的物质生活基础。邓小平同志曾经指出：“经济工作是当前最大的政治，经济问题是压倒一切的政治问题。不只是当前，恐怕今后长期的工作重点都要放在经济工作上面。”[2]

过去，地方立法，如经济特区的先行先试立法，在改革开放等关键领域的探索和创新，如在土地权属转让、所有制结构、对外贸易与经济劳动关系等方面的制度创新，为有关国家立法的发展和完善积累了宝贵的经验。中国特色社会主义进入新时代之后，经济发展已经不再是社会发展和进步的全部，但仍占据着极为重要的位置。考虑到我国经济社会发展地区不均衡的现状，一段时间内，地方立法工作仍将继续围绕以经济建设为中心的大局，加强经济法制的建设，提高经济立法的质量，巩固经济体制改革的成果，推动我国社会生产力的发展，并最终实现“全面建设小康社会”“建成富强民主文明和谐美丽的社会主义现代化强国”的宏伟目标。

除了经济建设之外，地方立法还应从社会建设、文化建设、生态文明建设等层面着手，着力解决人民群众最关心、最直接、最现实的利益问题，在幼有所育、学有所教、劳有所得、病有所医、老有所养、住有所居、弱有所扶上等方面不断取得新进展，强化地方立法的保障和促进作用；在文化建设中，要以社会主义核心价值观为引领，夯实全社会共同的思想道德基础，扎牢社会的道德底线要求，以地方立法体现社会主义核心价值观的要求；在生态文明建设中，要树立“绿水青山就是金山银山”的意识和观念，着力解决突出环境问题，加大生态系统保护力

---

〔1〕 参见国家行政学院经济学教研室编著：《中国经济新方位》，人民出版社 2017 年版，第 9 ~ 12 页。

〔2〕 邓小平：《邓小平文选》（第 2 卷），人民出版社 1994 年版，第 194 页。

度，以法治方式和手段坚决制止和惩处破坏生态环境行为。

二、地方立法应坚持四项基本原则

四项基本原则是中国共产党的立国之本，是实现社会主义现代化的根本前提。四项基本原则是，坚持社会主义道路，坚持人民民主专政，坚持共产党的领导，和坚持马克思列宁主义、毛泽东思想和邓小平理论。现阶段，我国立法工作，包括地方立法，必须始终坚持四项基本原则不动摇。

1. 地方立法应坚持社会主义道路

坚持社会主义道路，是中国各族人民的共同选择和心愿。历史经验已经证明，坚持社会主义道路是我们推翻帝国主义、封建主义和官僚资本主义的统治，取得社会主义伟大事业成就的政治保证。离开了社会主义道路，中国的现代化就会失去正确的方向而变得盲目。

但是，“要看姓‘资’还是姓‘社’的问题。判断的标准，应该主要看是否有利于发展社会主义的生产力，是否有利于增强社会主义国家的综合国力，是否有利于提高人民的生活水平”。〔1〕 这三个判断标准的提出，为地方立法工作指明了前进的方向。也就是说，立法的根本目的在于是否有利于生产力的发展和人民生活水平的提高。地方立法所采纳的各项政策、制度和规范，都应以此作为衡量其得失、优劣的最终标准。〔2〕 如果一项地方立法阻碍了地方经济的发展，阻碍了商品经济的流转，有害于人民的切身利益，那么该项立法就应当及时修改或废止。

2. 地方立法应坚持人民民主专政

人民民主专政的实质是无产阶级专政，包含对人民实行民主和对敌人实行专政的双重含义。人民民主专政的国家性质决定了，一切国家权力属于人民。为了保证人民当家作主的实现，宪法不仅详细规定了人民所享有的广泛的、真实的自由和权利，而且规定了人民行使权力的国家权力机关的职权。根据代议制原理，国家权力机关应当向人民负责，并受其监督。

立法作为国家权力机关之职权活动，不仅是人民民主之体现，更是人民权利实现之保障。为此，地方立法应当坚持人民民主的原则，依法保障公民依法享有的各项权利，广泛听取民众的意见和建议，实现立法的民主化。另外，除了维护

〔1〕 邓小平：《邓小平文选》（第2卷），人民出版社1994年版，第328页。

〔2〕 参见郭道晖：《论邓小平理论的法治观》，载《湘潭大学学报》（哲学社会科学版）1999年第1期。

人民内部的民主外，地方立法还应体现对敌人专政的另一面，即勇于同一切违法犯罪行为做斗争，以保障公民的各项权利和国家利益，维护社会秩序和稳定，推动社会主义建设事业的顺利进行。

3. 地方立法应坚持党的领导

党的领导是中国特色社会主义最本质的特征，是社会主义法治最根本的保证。党的领导地位不仅是中国现代历史发展和中国人民长期选择的必然结果，而且是经由宪法体制所确认和保障的规范要求。执政党对国家立法工作的领导方式，主要是政治领导，即保证党的路线方针政策的贯彻实施。〔1〕

而从地方立法的实践来看，加强党的领导，坚持正确的政治方向，是搞好地方立法工作的根本保证。〔2〕党委领导地方立法工作的方式是多种多样的。从实际来看，主要有：党委通过制定地方立法工作的方针政策，确定重要法规制定的指导思想和基本原则；提出修改或废止地方性法规的立法建议；审定立法机构所提交的立法规划或年度立法计划；讨论需要提交党委审定的重要法规规章草案；听取汇报，研究解决地方立法工作中的重大问题。

4. 地方立法应坚持马列主义、毛泽东思想、邓小平理论、“三个代表”重要思想、科学发展观和习近平新时代中国特色社会主义思想

马列主义、毛泽东思想、邓小平理论和习近平新时代中国特色社会主义思想不是僵化的教条，而是行动的指南和认识问题的方法。坚持马列主义、毛泽东思想、邓小平理论、“三个代表”重要思想、科学发展观和习近平新时代中国特色社会主义思想，是指坚持它们的基本思想和基本原理。一方面，立法者应当运用马列主义、毛泽东思想、邓小平理论和习近平新时代中国特色社会主义思想所揭示的普遍真理和规律，创造性地解决地方立法工作中遇到的新情况和新问题；另一方面，坚持从实际出发，以实践作为检验真理的唯一标准，勇于修正或废止那些被地方立法实践证明为不正确的或不适合变化的现实情况的法律法规。唯有这样，才是真正地坚持马列主义、毛泽东思想、邓小平理论、“三个代表”重要思想、科学发展观和习近平新时代中国特色社会主义思想。

三、地方立法要坚持以人民为中心

马克思主义唯物史观认为，人民群众是历史的创造者，是推动社会发展进

---

〔1〕 参见李适时：《完善立法体制》，载《人民日报》2014 年 11 月 26 日，第 7 版。

〔2〕 参见李锦：《党委领导地方立法的实证分析和制度建构》，载杜钢建主编：《法治湖南与区域治理研究》（第 8 卷），世界图书出版公司 2013 年版，第 173 页。

步的决定性力量。作为马克思主义科学思想武装起来的无产阶级政党，中国共产党的根基在人民。“人民立场是中国共产党的根本政治立场，是马克思主义政党区别于其他政党的显著标志。”〔1〕中国共产党自成立之日起，就把坚持人民利益高于一切鲜明地写在自己的旗帜上，把全心全意为人民服务作为根本宗旨，把实现好、维护好、发展好最广大人民根本利益作为一切工作的出发点和落脚点。

中国特色社会主义进入到新时代的历史方位后，“以人民为中心的发展思想，不是一个抽象的、玄奥的概念，不能只停留在口头上、止步于思想环节，而要体现在经济社会发展各个环节”。〔2〕要坚持以人民为中心，就必须牢牢把握人民群众对于美好生活的向往，把以人民为中心的基本方略贯彻到治国理政的全部活动之中，做到发展为了人民、发展依靠人民、发展成果由人民共享，依靠人民创造历史伟业。

作为治国理政的重要方面，地方立法同样必须坚持以人民为中心。具体而言，它要求地方立法工作应坚持以人民为中心的思想和价值取向，突出问题导向、回应民生关切，想群众之所想、急群众之所急、解群众之所困，既聚焦解决人民群众最关注的热点、难点、焦点问题，又着力维护和实现人民群众在经济、政治、文化、社会、生态等各方面的权益；与此同时，它还要求在地方立法工作中贯彻并实施群众路线的优良传统和作风，从群众中来，到群众中去，发扬立法为民的精神，广泛听取各方面意见，汇聚民意、体察民情，使地方立法忠实反映出民众的意志和愿望，不断提高人民的获得感和幸福感。

四、地方立法应当坚持改革开放的创新精神

随着党的十一届三中全会确立了改革开放的基本国策以来，我国的经济社会发展取得了翻天覆地的变化，经济总量跃居为世界第二大经济体，人民的生活水平得到了大幅提高。事实证明，改革开放是决定当代中国命运的关键抉择，是党和人民事业大踏步赶上时代的重要法宝。〔3〕实践发展永无止境，则改革开放永无止境。随着“四个全面”战略布局的提出，全面深化改革的总目标是完善和

〔1〕 习近平：《在庆祝中国共产党成立95周年大会上的讲话》，载《人民日报》2016年7月2日，第2版。

〔2〕 习近平：《在省部级主要领导干部学习贯彻党的十八届五中全会精神专题研讨班上的讲话》，载《人民日报》2016年5月10日，第2版。

〔3〕 参见《中共中央关于全面深化改革若干重大问题的决定》，载人民网：http://politics.people.com.cn/n/2013/1116/c1001-23560979.html，最后访问日期：2018年7月5日。

发展中国特色社会主义制度，推进国家治理体系和治理能力的现代化。

一方面，全面深化改革需要法律的保驾护航。习近平总书记在十八届三中全会上的讲话指出："凡属重大改革要于法有据，需要修改法律的可以先修改法律，先立后破，有序进行。有的重要改革举措，需要得到法律授权的，要按法律程序进行。"另一方面，立法也要适应改革的需要，服务于改革。[1] 要发挥立法的引领和推动作用，关键是实现立法与改革决策相衔接，立法与改革决策相一致。

地方立法亦理应如是。在地方制度创新和改革的过程中，地方立法应当积极作用，做好事先的立法规划和制度设计，为制度创新和改革提供法治依据；另外，地方立法应当适应地方改革和开放的需求，及时调整和修改与之不相称的地方立法规定，做好服务好改革大局、对接好开放格局的工作。

五、地方立法应当体现社会主义核心价值观的要求

以富强、民主、文明、和谐，自由、平等、公正、法治，爱国、敬业、诚信、友善为主要内容的社会主义核心价值观，凝聚着全体人民共同的价值追求，是当代中国精神的集中体现，也是社会主义法治建设的灵魂和依归。社会主义核心价值观融入法治建设，是坚持依法治国和以德治国相结合的必然要求，是加强社会主义核心价值观建设的重要途径。

从地方立法工作的实际来看，与社会主义核心价值观融入法治建设的要求相比，还有不少的差距：一方面，在地方立法实践中，部分人员对于社会主义核心价值观的丰富内涵领会不够深透，对于把社会主义核心价值观融入地方立法的重要性认识不足，不仅导致相关针对性的地方立法数量整体偏少，而且造成部分地方立法价值导向不够明确，甚至出现了偏离社会主义核心价值观要求的立法内容；另一方面，部分地方立法的针对性不足，可操作性不强，不能有效解决重大现实问题，尤其是人民群众反映强烈的道德领域突出问题，使公德失范、诚信缺失的不法行为，突破道德底线、践踏社会良知的现象屡有发生。

进一步推动社会主义核心价值观融入地方立法，首先，要从思想观念上，重视并增强将社会主义核心价值观融入地方立法的自觉性和主动性，推动中央决策部署在地方立法工作中得到有效落实；其次，则要坚持立法方向的价值引领，在地方立法中充分体现社会主义核心价值观的要求，具体的方式应侧重原则体

---

〔1〕 参见乔晓阳：《关于立法与改革关系的一点认识》，载《法制日报》2014年9月29日，第3版。

现,内容浸润,将社会共同行为准则的“最大公约数”转化为地方立法工作的根本指针,凝结为地方性法规的基本原则,并通过相应的立法机制,将核心价值观要求落细落实为相应的法律制度设计;最后,应以社会主义核心价值观建设为抓手,积极推进道德领域的地方立法工作,从社会公德、职业道德、家庭美德、个人品德等方面入手,探索并推进社会诚信、见义勇为、尊崇英雄、扶贫济困、志愿服务、孝亲敬老、勤劳节俭、文明行为等方面的地方立法工作,将基本的社会道德规范有效转化为法律规定,兜住社会的道德底线。

第三节　地方立法基本原则

一、地方立法的一般原则

长期以来,我国立法原则始终处于“实践原则”和“理论原则”的形态,直到2000年《立法法》出台,立法原则终于获得了“法定”的确认形态。根据对《立法法》第4、5、6条规定的概括总结,可以认为我国法定的立法原则主要是法制统一原则、民主原则和科学原则。它们属于一般意义上的法定立法原则,同等适用于地方立法活动。

(一)法制统一原则

法制统一原则,又称为“统一性原则”[1]或“法治原则”[2],其实质内容是《立法法》第4条之规定,“立法应当依照法定的权限和程序,从国家整体利益出发,维护社会主义法制的统一和尊严”。一般而言,立法的法制统一原则主要包含以下两个方面的内容:

1. 立法权限和程序的法定性。也就是说,立法应当严格依照法定的权限和程序而为之。在任何法治国家,中央与地方的权限划分皆有一定之规,并呈现为宪定或法定的分权模式。无论何种分权模式,不同类型和形式的立法活动必须根据宪法或法律规定来进行。任何超越自身权限范围的立法,不管是有意还是无意为之,均属于典型的越权行为,应当自始无效,并经由适当的立法监督程序而得撤销。另外,一切立法权的行使过程应当依照法定的立法程序而运行。立

[1] 汤唯、毕可志等:《地方立法的民主化与科学化构想》,北京大学出版社2006年版,第58页。
[2] 徐向华主编:《立法学教程》,上海交通大学出版社2011年版,第64页。

法程序除了服务于立法价值的实现外,还有外在于目标的独立价值。立法程序因其过程化、仪式化和严格的形式要求,如公开发言、辩论,投票、表决等内容,而自有其独立的价值。在此过程中,它表达了对个人政治权利的尊重,以及民主价值的张扬,因此可以最大限度地排斥专断任意的长官意志、不当的权力干扰等因素,并使得立法表达成为民心所向,众望所归,最终有利于法律权威的建立和维护。

2. 立法内容的统一性。所谓的"统一性",是指国家法律规范所调整的社会关系虽然不一,但它们却具有内部的统一性和程度不同的一致性。[1] 立法内容的统一性主要表现为:不同法律原则、法律规则和法律制度的协调一致;不同效力层级的法律无矛盾和冲突;法律内容与现实的生活关系相适应;实体法与程序法相配合等。同时,这种统一性的最高要求是立法内容的合宪性,即不得与宪法规定的精神和原则相抵触。宪法作为国家的根本大法,具有最高的法律效力和地位,因此是衡量合法性与否的最高标准。

具体到地方立法的领域,法制统一原则的表述可以进一步转化为"不抵触"原则。不抵触原则是指地方立法不得与宪法、法律、行政法规相抵触,其主要依据是《宪法》第100条和《立法法》第72条的条件式规定。它是确定地方立法权限的基本原则,也是地方立法中较难把握和理解的原则。

从字面来看,"不抵触"意指"无矛盾"或"不冲突"。然而,"不抵触"原则究竟意指什么?在实践和理论的讨论中,多有争议。例如,对不抵触的一种极端理解是,地方立法对同一法律事实规定的法律后果与中央立法存在任何差异,都构成抵触。[2] 又如,有学者提出,"不相抵触"有两层意思:一是地方性法规不得同宪法、法律、行政法规的立法精神、基本原则以及具体条文的内容相抵触;二是不能超越宪法、法律授予地方国家权力机关的权力。[3] 当然,更权威的说法则是,首先,地方性法规的制定要有利于国家法制统一,只能由法律规定的事项,地方性法规不能涉及;法律、行政法规已经作出规定的,地方性法规不能与之相背离;其次,在地方性法规的制定中,应充分发挥地方立法的主动性和积极性,通过制定地方性法规,结合本地方的具体情况和实际需要,因地制宜,保证宪法、法律和行政法规的实施,同时有针对性地解决地方性事务。专属立法权之外的事项,中

---

〔1〕 参见《马克思恩格斯全集》(第4卷),人民出版社1972年版,第249页。

〔2〕 参见谢立斌:《地方立法与中央立法相抵触情形的认定》,载《中州学刊》2012年第3期。

〔3〕 参见黄子毅:《中央地方权力配置与地方立法》,载《中国法学》1994年第4期。

央立法不能一步到位。[1]

尽管如此,立法事务上有些疑问,仍有待解决。例如,为实施法律、行政法规,具体结合本地实际所作的一些补充性规定,是否可以与上位法存在一定的差异呢?如果该项事务属于《立法法》规定的法律保留事项,是否可以作出一定的补充规定呢?最明显的情况,如地方立法是否可以规定比上位法更为严格的法律责任,或赋予相关权利主体更大更多的权益呢?又如,某些先行性的地方立法是否可以在具体制度的设计和规定上,突破法律保留的原则性限制而进行有意义的创新探索呢?典型的,如房地产税的开征就是较为明显的个例。

为此,在具体判定地方立法是否与上位法之规定抵触时,或可参考2003年最高人民法院《关于审理行政案件适用法律规范问题的座谈会纪要》的意见。其中,下述11种情况属于"下位法与上位法相抵触":下位法缩小上位法规定的权利主体范围,或者违反上位法立法目的扩大上位法规定的权利主体范围;下位法限制或者剥夺上位法规定的权利,或者违反上位法立法目的扩大上位法规定的权利范围;下位法扩大行政主体或其职权范围;下位法延长上位法规定的履行法定职责期限;下位法以参照、准用等方式扩大或者限缩上位法规定的义务或者义务主体的范围、性质或者条件;下位法增设或者限缩违反上位法规定的适用条件;下位法扩大或者限缩上位法规定的给予行政处罚的行为、种类和幅度的范围;下位法改变上位法已规定的违法行为的性质;下位法超出上位法规定的强制措施的适用范围、种类和方式,以及增设或者限缩其适用条件;法规、规章或者其他规范文件设定不符合行政许可法规定的行政许可,或者增设违反上位法的行政许可条件;其他相抵触的情形。

（二）民主原则

在人民主权国家,立法是表达公意之过程和结果,因此它必须体现并遵循民主的价值和要求。民主原则的法定化要求,主要体现为《立法法》第5条之规定,得适用于地方立法活动。

地方立法应遵循民主原则的理由在于:首先,它是实现人民主权和人民民主之必需。作为一个人民主权国家,我国的一切权力属于人民,由人民当家作主。地方立法贯彻和遵循民主原则,正是保障公民的民主权利、实现人民当家作主管理国家的重要体现。其次,它是反映人民意志和社会客观规律所必要。立法的

[1] 参见张春生主编:《中华人民共和国立法法释义》,法律出版社2000年版,第188~190页。

民主过程和程序具有重要的意志表达和汇聚功能，可以广泛听取各方面意见，以求集思广益，而且还具有发现事实、求得真相、传递信息等功用。只有让人民群众广泛地参与地方立法过程，才能最有效地汇聚民意、反映客观规律的要求。最后，它有助于监督和制约地方立法权，防止权力滥用或不作为。在我国，民主也是一种有效的监督手段。人民可以依法行使罢免人大代表的权利，并敦促其积极作为，善尽职守。与此同时，也可以行使检举、控告、建议的权利，防止地方立法机关的滥权行为或不作为。

地方立法应遵循民主原则的内涵，至少包含三个方面的要求：一是立法内容应当是人民意志的体现，具有民主性。西耶斯曾强调，人民的“意志永远合法，它本身就是法律”。[1] 地方立法的内容如果不以维护人民利益为依归，切实维护和保障公民的合法权益，那么就不是真正“合法”的立法，而只能是“部门利益”的立法，其褊狭性自不待言，而民主性则荡然无存。二是立法过程应是民主化的。地方立法的有序进行，需要法定程序的保障。就实质而言，程序是民主立法不可或缺的载体。[2] 合理的立法程序有助于消除“暗箱操作”，确保公正、公开和透明，减少腐败和暴政的可能性，维护并强化立法的权威性。而且，程序本身也是民主的体现，它服从于民主的议事规则，即由多数决来形成决定。虽然多数决存在暴政的可能性，但它本身就是平等对待每一张选票的结果，因而是自由社会最可靠的决策方式之一。三是应最大限度地保障和实现人民参与地方立法过程。人民参与地方立法过程，有直接和间接两种方式。间接的方式是代议制民主的形式，即由民众选出合格的民意代表，代为行使立法表决权；直接的方式则更多样。有的是直接表决或复决的形式，有的是通过其他参与形式或途径，如座谈会、听证会、论证会或旁听的方式，沟通并交流对立法的意见和看法。

如何在地方立法过程真正贯彻民主原则，可以考虑以下几个方面的措施：

1. 建立健全人大主导立法工作的体制机制，真正发挥人大及其常委会在立法工作中的主导地位。为此，有立法权的地方人大及常委会应着力加强立法工作的制度建设，建立从立法规划与计划的编制、立项论证、法规草案起草，到法规草案提出、审议、修改、表决、宣传、实施等涵盖立法工作各个环节的工作制度，发挥好人大及常委会的组织和协调功能。[3]

---

〔1〕 西耶斯：《第三等级是什么》，商务印书馆 1997 年版，第 56 页。

〔2〕 参见徐向华主编：《立法学教程》，上海交通大学出版社 2011 年版，第 70 页。

〔3〕 参见丁伟：《建立“人大主导型”立法体制的几点思考》，载《上海人大》2013 年第 6 期。

2. 地方立法过程应该公开、透明。公开、透明是现代责任政府应有之义，其意义在于使权力行使处于阳光之下，防止腐败和滥用。立法公开的基本要求是立法活动和过程应当对社会公众开放，便利于公众的与，确保公民的知情权。为此，可以强化公开征求意见的做法与实践，放宽立法旁听的范围和渠道，加大传媒宣传的力度，利用互联网与多媒体技术打造地方立法公开的新方式。

3. 进一步加强地方立法的公众参与。公众参与是地方立法民主的集中体现。现阶段，地方立法过程中的公众参与方式比较单一，主要是通过立法听证会、座谈会等形式，听取各方意见，而且多流于形式和表面化。为克服公众参与的虚浮与无力，应当将立法听证会等形式常态化和制度化，强化利益表达和沟通的功能定位，探索利害关系人参与的创新机制，如探索建立公民审议会、公民会议等形式，模拟地方立法的决策机制，[1] 以供地方立法者参考借鉴。

4. 强化人民群众对地方立法的民主监督，实现公民监督权。在我国，当前对地方立法机关的监督主要是对其代表的监督与罢免，欠缺对立法不作为或乱作为的有效监督机制。虽然《立法法》明文规定了公民的书面建议权，但相关权利的实施和保障机制尚不健全，导致对地方立法的违宪违法审查停留于纸面。为此，应当加强地方立法监督与审查机制的建立健全，积极落实公民的书面建议权。

（三）科学原则

科学的共性在于切合实际地把握和表达真理的某个片段，目的是发现“真实”。[2] 立法是人类有目的的理性活动，要克服立法的任意性和盲目性，就应严格遵循科学原则的要求。为此，《立法法》确认了立法的科学原则，第 6 条明确规定：“立法应当从实际出发，适应经济社会发展和全面深化改革的要求，科学合理地规定公民、法人的权利与义务、国家机关的权力与责任。”

根据上述规定，可以看出立法科学原则的基本内涵有以下几点：

首先是立法理念的科学性。立法理念是指贯穿于立法活动的理论信条和观念。马克思早已指出：“立法者应该把自己看作一个自然科学家……而仅仅是在表述法律，他把精神关系的内在规律表现在有意识的现行法律之中。如果一位

---

〔1〕 参见李锦：《地方立法与公民审议会的制度设计》，载杜钢建主编：《法治湖南与区域治理研究》（第 2 卷），世界图书出版公司 2011 年版，第 319 ~ 324 页。

〔2〕 ［德］魏德士：《法理学》，丁晓春、吴越译，法律出版社 2005 年版，第 129 页。

立法者用自己的臆想来代替事物的本质,那末我们就可以责备他极端任性。"[1]这就要求,立法应当尊重现实世界和精神关系的客观规律,坚持一切从实际出发。

其次是立法内容的科学性。立法以规范和调整社会关系为内容,其科学性与否在于它是否符合经济社会发展的需要,因而其唯一的检验标准是实践。凡是符合社会实践的立法,必定是科学的,因为它必然符合经济社会发展的一般规律,并能够接受社会经验的考验。在此意义上,美国社会法学家庞德曾经说过:"只有能够经受理性考验的法才能坚持下来,只有基于经验或被经验考验过的理性宣言才能成为法的永久部分"。[2]

最后是权义配置的合理性和制度设计的可操作性。立法乃资源利益分配之手段,其方式是透过权力与权利,权利与义务,义务与责任的界定与配置而实现的。在涉及权义配置和制度设计时,除了应符合社会实际之外,还应强调内容的合理性。具体而言就是,应做到权力与权利的衡平性,权利与义务的对称性、义务与责任的对应性。此外,法律制度设计必须是现实可行的,具有可操作性。理想的制度设计固然美妙,若没有实际可行性,亦不过是镜花水月而已。

为了实现地方立法的科学性,地方立法活动或过程中必须坚持从实际出发的立场和态度,"根据本行政区域的具体情况和实际需要"来制定地方性法规或规章。地方实际是动态的,变化发展的实际,因此需要不断结合不同时空条件下的具体情况而不断更新。地方实际的内容是广泛的,涵括地理条件、生活水平、经济发展、政治文化、生态环境、城乡差异等方方面面。在我国,不同地方所面临的实际情况是不同的,因而不同地方的立法需求客观上就不同。例如,北方的草原大省有保护草原资源的必要性,需制定相应的《草原保护条例》,而南方诸省因湿地或湖泊众多,往往会有湿地生态环境保护立法的必要性。此外,即便是不同地方共同面临的问题,如促进经济发展、推动社会进步,缓解环境资源约束等共通性的需求,相关问题的立法仍然需要结合不同地方的客观条件和现实起点,给出不同的立法对策。

二、地方立法的特有原则

除了上述一般原则外,地方立法还因其特殊的地位与实际情况而具有某些

[1] 马克思、恩格斯:《马克思恩格斯全集》(第1卷),中共中央马克思恩格斯列宁斯大林著作编译局编译,人民出版社1956年版,第183页。

[2] [美]罗斯科·庞德:《通过法律的社会控制·法律的任务》,沈宗灵、董世忠译,商务印书馆1984年版,第110页。

独特性的原则要求。这里主要论述两个地方立法的特有原则,即地方特色原则和地方自主原则。

(一)地方特色原则

地方特色原则是地方立法最常提及,又富有争议的原则。无论是在地方立法机关的官方文件中,还是有关地方立法的新闻报道和研究文献中,地方立法特色都是极为常见的关键词之一。与此同时,它的内涵是什么?究竟什么才算是地方特色?以及如何实现地方立法的特色性?对此,往往是众说纷纭,莫衷一是。

地方特色原则,又称为突出地方特色原则,是指地方立法应具有别于其他立法的特点或个性。至于"地方特色"的具体内容,一种常见的说法是,"地方立法要反映本地的特殊性,符合本地实际,解决本地的实际问题"。[1] 然而,这种说法固然无误,却仅仅揭示了地方特色原则与立法科学原则之紧密关联,即地方特色是从实际出发的自然结果。另一种做法则是通过揭示地方立法与其他立法之差异而展示地方立法的自身特色。例如,通过展示相对于中央立法的地方立法特色,以表明地方立法具有地方性、从属性、实施性、派生性、先行性等特点。[2] 这一做法的不足之处在于,地方立法与中央立法属于不同的类型和范畴,两者差别的揭示实际上根本无助于说明地方立法特色。因此,更准确的说法应当是,地方立法特色是指地方立法有别于其他地方立法的特点或特征,它所展示的是地方立法相比于其他地方立法的差异性或与众不同的品格。

地方立法特色当然可以从形式与内容两个层面来阐述。在形式上,地方立法特色主要的区别对象是中央立法的体例和系统性。中央立法的立法体例更为整体、全面,覆盖的内容也较为齐整,逻辑结构也更加严谨。相形之下,地方立法的形式则要简单、扼要得多。它无须如中央立法那样大而全,而是应根据地方实际需要什么就规定什么,应注重少而精。这种"少而精、小即美"的风格,使地方立法在体例结构上显示出自身的特色。当然,在实践中,地方立法的体例结构受中央立法的影响仍然存在,求全责备的倾向比较严重,不同地区的地方立法体例呈现出趋同的现象,缺乏较为明显的差异。

在内容方面,地方立法特色主要表现为不同地方立法之部分或全部独特性。

---

〔1〕 石佑启、朱最新主编:《地方立法学》,广东教育出版社 2015 年版,第 72 页。

〔2〕 参见汤唯、毕可志等:《地方立法的民主化与科学化构想》,北京大学出版社 2006 年版,第 84 ~ 85 页。

考虑到不同地方立法之间的学习借鉴较为频繁，因此地方特色必然是在一定的时空条件下所凸显的。结合地方立法的不同类型，我们认为，地方立法特色表现为以下几个方面：

1. 就实施性立法而言，其目的是根据地方具体实际而实施或执行法律、行政法规之精神、原则或规定。因此，它是否体现出相应的针对性，构成衡量其地方特色的有效标志。这种针对性的表现形式主要有：一是法规具体内容的针对性，即从本行政区域的实际情况出发，符合本地的实际需要，[1]有针对性地实施或执行上位法的某些具体规定；二是具体化措施或手段的针对性，主要从目的与手段的关系出发，就如何更好地实施或执行上位法之规定而有针对性地采取相应的措施或手段。

2. 就自主性立法而言，其目的是管控地方性事务。“地方性事务”本身是一个开放的、不确定性概念，可以从“影响范围”或“重要程度”的角度予以界定。有关地方性事务之自主性立法，就其调整范围而言，已具有相对于中央立法的独特性，因此其特色性之展开主要是针对不同地方立法而言的。在后一层面，地方立法特色主要表现为两个层次：第一个层次是地方立法的独创性，即在它制定并公布之前，尚无同一或相似类型的地方立法存在，就此而言它是独一无二的。尽管后续会有较多地方立法借鉴或模仿之，但此格局并无损于它的独创性。第二层次是地方立法的创新性，亦即虽然存在相同或类似的地方立法，但是该部地方立法无论是在内容上还是体例上均有所创新，并体现出本地的具体实际和现实需要，则可成立一定的地方特色。

3. 就先行性立法而言，因为它没有相应的中央立法并在一定程度上弥补了欠缺中央立法之不足，其特色和创新性自然显露无遗，而且这一特色主要表现为非常典型的试验性特征。与此同时，尽管不同地区可以就同一事项制定试验性的先行性立法，不同的先行性立法仍然可能有自身的地方特色，因为它必须结合本地区的具体情况和实际需要。只有结合本地区的多样化实际，解决地方经济、社会发展中无法可依的问题，并把改革和发展的决策同地方立法相联系，才能真正发挥先行性立法的作用和功能。

如何才能突出地方立法特色呢？在具体的地方立法工作，立法者应当注重

---

〔1〕 参见熊时升、徐岚：《地方立法差异与诉求关系的法理透析》，载《江西社会科学》2007年第10期。

以下几个方面的要点：其一，以“问题”为导向。地方立法应有“问题意识”，即以解决地方经济社会发展中所遇到的“瓶颈”问题为先，着眼于抓住主要矛盾和关键问题，思考解决问题的立法方案和策略。地方立法若能有效地解决地方发展过程中的具体问题，那么就足以展现其鲜明的地方特色。其二，应立足于实际。地方特色原则与立足于实际的科学原则紧密关联。只有立足于实际，真正把握住地方的实际情况和现实需求，就可以凝练出正确的问题，并提出有针对性的立法对策。为此，地方立法应强化各种社会调查活动，加强立法的调研活动，密切观察本行政区域内的经济社会发展状况。其三，解放思想，勇于创新。地方立法要避免简单重复、互相抄袭的现状，需要立法者创新思维，充分利用法律赋予的法律变通权、自主权、先行立法权、特别授权，体现改革精神和需求，开拓地方立法发展的独特空间。〔1〕

（二）地方自主原则

无论是地方立法，还是地方立法权，都具有从属性和自主性的双重特质。如果说法制统一原则或不抵触原则表达了地方立法的从属性，那么地方自主原则所要表达的正是地方立法的自主性特征。

地方自主原则是发挥中央与地方“两个积极性”的必然要求。作为处理中央与地方之关系的原则，“两个积极性”原则不仅有利于发挥国家作为一个整体所必要的内聚力与效率，而且有利于形成一定范围的权力分散和基层的积极性。〔2〕要发挥地方积极性，必须赋予地方一定的权力，使之能够有效地处理地方事务。为此，地方自主原则的前提条件是中央与地方的合理分权。而在中央与地方分权的意义上，地方自主原则所强调的内涵是，地方应自主决定自身权属范围内的事务。

根据这一理解，地方立法权实质上是一种地方立法自主权。例如，我国宪法明确规定，地方国家权力机关可以根据本地区的具体情况和实际需要，在不同宪法、法律、行政法规相抵触的前提下，自主制定地方性法规。从其规定来看，地方立法权就是一种自主决定权，尽管它存在两个方面的约束性条件：一是现实条件，即需结合本地区的具体情况和实际需要而行使；二是法定条件，即不得与宪

〔1〕 参见汤唯、毕可志等：《地方立法的民主化与科学化构想》，北京大学出版社2006年版，第86页。

〔2〕 参见［美］R.麦克法夸尔、费正清：《剑桥中华人民共和国史（1966—1982）》，谢亮生等译，中国社会科学出版社1998年版，第10页。

法、法律、行政法规相抵触。值得注意的是，上述两个约束性条件，除了法定条件可以构成真正意义上的强制性约束外，现实条件的约束仅仅是裁量性的，取决于立法者的认知能力和水平。

在广义上，地方国家权力机关行使地方立法权本身就是地方自主原则的体现，因为无论是地方立法过程和步骤，还是地方立法内容等事项的决定，均系由地方权力机关自行决定，其他国家机关或个人无权进行干预。举凡地方立法的立项，法律草案的拟定、审查、修改，还是法案的审议、表决，公布，原则上均是由地方国家权力机关及其工作部门负责组织、实施或决定的。

在狭义上，地方立法自主权更强调在相关事务上地方立法机关的能动性。相比于执行或落实上位法的实施性立法，自主性立法和先行性立法更能体现地方立法的自主性。自主性立法是自主决定地方性事务的管理，而先行性立法则是对不属于国家专属立法权范围的其他事务行使先行立法权的结果。两者不仅体现了地方立法形式上的自主决定，而且展示了地方立法内容上的自主性。例如，1994 年深圳市人大制定《深圳经济特区住宅区物业管理条例》，首次提出“物业管理”的概念，明确了开发商、业主、管理单位各自的权利义务关系，系全国物业管理行业第一部地方性法规，为我国物业管理及其规范化指明了发展方向。[1] 这些具有首创性或突破性的地方立法，不仅在形式上而且在内容上均体现出了地方立法机关的自主性与能动性。

要贯彻和实施好地方自主原则，首先需要准确把握地方立法的地位与功能定位，尤其是要处理好与中央立法的关系问题，既不能轻易地逾越地方立法的界限，又不能据守画地为牢的孤城。地方立法除了要坚持不抵触，有特色之外，更要用足用好地方立法权，努力用足地方立法的空间。[2] 以地方性事务的地方性法规为例，它可以在以下几个方面有所作为：一是不需要也不应当由中央统一立法的事项，如禁放烟火爆竹、禁止和规范养育宠物等；二是具有浓厚地方特色的立法，如云南省根据自身作为旅游大省的特色，先后制定多部有关旅游资源开发利用的地方性法规；三是实际情况迫切需要的方立法；四是人民意愿的实现与保护需要的法规，[3] 如不少地方所制定的家庭暴力防治条例、见义勇为

---

〔1〕 参见杨龙芳：《论深圳经济特区地方立法创新的历史、特色与前景》，载《深圳大学学报》（人文社会科学版）2004 年第 2 期。

〔2〕 参见阮荣祥主编：《地方立法的理论与实践》，社会科学文献出版社 2008 年版，第 114 页。

〔3〕 参见阮荣祥主编：《地方立法的理论与实践》，社会科学文献出版社 2008 年版，第 103 ~ 104 页。

救助条例等。

其次要充分发挥地方人大及其常委会的主导作用，建立健全人大主导型立法体制。在建构人大主导型立法体制的过程中，最核心的层面是要发挥有地方立法权的人大及其常委会在立法工作中的主导地位，充分调动它们的积极主动性，进一步提升其立法能力，有效发挥其立法职能。[1] 为此，有必要扭转人大及其常委会在立法工作中的被动格局和消极性，在法规立项、立法计划编制、法规草案起草、修改、论证和审议等多个关键环节，发挥其积极性和主动性。

最后要加强地方人大机关的队伍建设和能力建设，切实提高地方立法能力。党的十八届四中全会提出要建设高素质的法治队伍，其中就包括一支能够适应新形势的高素质立法队伍。为此，有必要进一步加强地方人大机关的队伍建设，通过多种形式和多个渠道，公开招考或培养一批专业化、业务能力强和政治素质过硬的立法人才，推进立法队伍建设的正规化、专业化和职业化。

---

〔1〕 参见姚金燕、吕普生：《人大主导型立法体制：我国立法模式的转型方向及其构建路径》，载《中共福建省委党校学报》2015 年第 2 期。

第二编　地方立法制度

第四章　地方立法主体

地方立法主体是地方立法制度中的重要问题。立法主体是立法权的载体，立法主体通过实际的立法活动将立法权转化为相应的可以适用的法律，同理，地方立法主体与地方立法权也是这种关系。综观各国地方立法主体的规定，在各种地方立法主体中，地方立法机关，即地方权力机关是最重要的一类主体。应当正确全面地理解地方立法主体的范围，把握地方立法主体与地方立法参与者之间的关系，厘清我国地方立法机关和中央立法机关的立法权限划分。

第一节　地方立法主体概述

一、地方立法主体的概念

在我国，立法的定义分为狭义和广义两种，狭义立法的概念和范畴，仅指我国最高国家权力机关，即全国人民代表大会及其常委会制定的宪法和法律，而在广义的立法概念和范畴里，立法是指有立法权的国家机关创制宪法、法律、行政法规、地方性法规、政府规章、自治立法、授权立法的活动。本书持广义立法的概念。

地方立法主体是指按照宪法和法律的规定，有权根据本地区的政治、经济、文化生活的特点，制定、修改、补充、废止一定范围内的地方性法规和地方政府规章的地方国家机关、社会组织、团体和个人。

其中有几点需要加以说明：

第一，在各类地方立法主体中，实际以地方国家机关为主。立法是国家的专有活动，体现的是政权意志，因此必然是由代表政权意志的国家机关进行的具有法律意义的活动，其他任何社会组织、团体和个人必须经由法律授权，才能进行立法活动。如在英、德等国，有些大学可以获得议会授权而成为规范性自治文件的立法主体。[1] 但授权立法一般是少数涉及重大专业领域内的立法，地方国家机关依然是地方立法中占主要比例的绝对主体。

第二，并非所有的地方国家机关都是地方立法主体，只有宪法或法律赋予其地方立法权的地方国家机关才是地方立法主体。例如，在我国，省、自治区、直辖市的人民代表大会及其常务委员是制定地方性法规的主体。设区的市的人民代表大会及其常务委员会是在城乡建设与管理、环境保护、历史文化保护等方面的事项制定地方性法规的主体。省、自治区、直辖市和设区的市、自治州的人民政府是制定地方政府规章的主体。因此，在我国只有特定范围内的地方立法机关和地方行政机关有地方立法权，而我国的地方司法机关一概没有地方立法权，不能列入地方立法主体的范围。而英美法系国家将判例法作为其法律渊源之一，因此地方司法机关也成为其地方立法主体。

第三，将地方国家机关组成人员的职务行为与地方国家机关的法定职权区别开来。地方国家机关的立法活动是由其组成人员依职权来完成的，应注意区别地方国家机关组成人员在地方立法活动中的职务行为与地方国家机关的地方立法权行使的区别。例如，一项地方立法是由地方立法机关中代表或议员的多数表决通过的，这些代表或委员通过行使代表行为或职务行为参与到立法活动中来，而非他们的个人行为，因此他们不是独立的立法主体，只有法定地方立法权的地方国家机关才是地方立法主体。另外，地方立法机关组成人员和地方行政机关组成人员在参与地方立法的过程中，各自发挥的地位和作用也是不同的。地方立法机关中的代表或议员是由选民选举、代表选民行使立法权的，他们在少数服从多数的民主原则和制度下，有权决定法律案的通过与否。而地方行政机关的立法权是由权力机关授权或从法律规定的职权中产生的，具有从属意义，所以其组成人员的具体立法活动是职务行为，尽管也需要符合民主的要求，但是主要遵循的是首长负责制的原则和制度。[2]

第四，将地方立法的重要参与者和地方立法主体区别开来。按照现代人民主权原则的要求，人民参与国家管理的一个重要方式即是参与立法的制定过程。因此现代民主国家无论其政体国体的差异，在制度上一般都鼓励人民群众广泛地参与立法，以最大限度地保证立法的民主与科学。现代立法呈现出越来越专

---

〔1〕 参见徐向华主编：《立法学教程》，上海交通大学出版社 2011 年版，第 89 页。

〔2〕 参见朱力宇、叶传星主编：《立法学》（第 4 版），中国人民大学出版社 2015 年版，第 90 页。

业化、分工化的发展势态，许多立法因其自身所涉问题的专业性而不得不向专门研究该领域问题的社会组织、团体和专家咨询意见，地方立法过程中也深刻体现着这些社会组织、团体、个人发挥的作用。但是，我们应将拥有法定立法权的国家机关、社会组织、团体和个人，和立法活动的一般参与者区别开来。在我国，许多社会组织和团体，如各民主党派、妇联、消费者协会等，在地方立法的过程中不仅会询问他们的立法意见，而且与他们的组织成立目的密切相关的立法也多由这些组织负责草案拟定，他们是地方立法过程中的重要角色，但仍不是法定的地方立法主体，只是地方立法的参与者。

二、地方立法权概述

立法主体与立法权紧密相关，立法主体是立法权的载体，是立法权的行使者，立法权转化为现实中的法律依赖于立法主体的立法活动，同样，地方立法主体与地方立法权密切相关。广义上讲，地方立法权就是有关地方国家机关依法制定、修改、补充、废止各种规范性文件以及认可法律法规的权力。狭义上讲，地方立法权就是指地方立法机关（议会或者代表机关）行使的制定、修改、补充或废止法律法规的权力。[1]

（一）地方立法权具有相对独立性

一方面，狭义的地方立法权是地方立法机关相对于地方行政机关享有行政权和地方司法机关享有司法权的一种权力，从这一意义上讲地方立法权具有相对独立性。但在地方国家权力运行的过程中，立法权、行政权和司法权需配合行使，时有交叉渗透。例如，许多国家都在宪法和有关法律中赋予地方行政机关制定地方性法规或规章的权力，有时地方立法机关还会授权地方行政机关制定地方性法规或规章。从广义的地方立法权讲，尽管地方行政机关通常也有相应的地方立法权，但它与狭义上的地方立法机关享有的地方立法权相比，处于次要的、派生的、从属的地位，因此仍不能否认地方立法权相对独立的性质。

另一方面，地方立法权是相对于中央立法权而设置的一种权力，它具有一定的相对独立性。首先，由于地域不同，中央立法不可能全面顾及到各地的差异，为了实现管理的高效和合理，中央只能就具有普遍适用性或者必须由中央立法的事项进行统一规定，地方可以因地制宜制定更为具体和更贴近地方实际的法律法规。其次，地方立法权的权限范围不同于中央立法权，一般涉及国家主权和

〔1〕 参见李林：《走向宪政的立法》，法律出版社2003年版，第26页。

中央国家机构组织等国家政治体制的问题需由中央立法决定。而地方立法主要是宪法明确赋予地方的职权立法和中央的授权立法。[1] 例如,我国《立法法》规定,省、自治区、直辖市的人民代表大会及其常务委员会根据本行政区域的具体情况和实际需要,在不同宪法、法律、行政法规相抵触的前提下,可以制定地方性法规。地方性法规可以就下列事项作出规定:(1)为执行法律、行政法规的规定,需要根据本行政区域的实际情况作具体规定的事项;(2)属于地方性事务需要制定地方性法规的事项。设区的市的人民代表大会及其常务委员会根据本市的具体情况和实际需要,在不同宪法、法律、行政法规和本省、自治区的地方性法规相抵触的前提下,可以对城乡建设与管理、环境保护、历史文化保护等方面的事项制定地方性法规。

(二)地方立法权具有综合性

从地方立法权实现的过程来看,地方立法权具有综合性。从创制上说,制定、修改、废止三大权力是立法的主要权力,综合中外法律规定,还可以将其进一步细分为立法提案权、立法讨论权、立法调查权、立法知情权、立法审议权、立法通过权、立法公布权、立法否决权、立法批准权、立法备案权、立法补充权、立法修正权、立法撤销权、立法编纂权、立法清理权、立法解释权等。以我国地方立法权为例,实体性的立法权包括法律的制定权、修改权、补充权、废止权、撤销权、备案权和解释权等。程序性的立法权包括立法提案权、立法审议权、立法表决权和法律公布权以及立法调查权、立法听证权等。省、自治区、直辖市的人民代表大会及其常务委员会都有权行使这些权力,其他地方立法主体,尽管在制定地方性法规规章的过程中可能也享有某些权力,例如,省级地方政府享有立法提案权,但是没有其他的权力,因而权力是不完整的,所以省级地方政府不能被认为是制定地方性法规的立法主体。但是在制定地方性规章的过程中,省级地方政府的立法权是完整的,享有提出地方性规章案、审议地方性规章案、决定地方性规章案和公布地方性规章等各项权力。

三、地方立法主体的种类

根据不同的标准,地方立法主体可以划分为不同种类。如根据其是否具有常设机关可分为普通立法主体和特殊立法主体,根据是否专门从事立法活动可分为专门立法主体和非专门立法主体。我们这里仅根据地方立法主体的性质将

---

〔1〕 参见马岭:《地方立法权的范围》,载《中国延安干部学院学报》2012 年第 3 期。

地方立法主体划分为:(1)具有代表性质的地方权力机关,即议会;(2)具有管理性质的地方行政机关,即政府;(3)具有创制判例性质的地方司法机关,即法院;(4)被国家机关授权或由法律法规规定的社会组织、团体。

根据我国《宪法》和《立法法》的规定,我国的地方立法主体只包括前两类。分别是省、自治区、直辖市的人民代表大会及其常务委员会,设区的市、自治州的人民代表大会及其常务委员会,其他民族自治地方的人民代表大会和省、自治区、直辖市政府,设区的市、自治州的人民政府。

四、我国地方立法主体的发展

新中国成立后,我国地方立法机关的设置几经发展变化,大体划分为四个时期,分别是多级化发展时期、集权化发展时期、探索分权时期和全面推广分权时期。

1. 立法权的多级化发展时期(从新中国成立到1954年《宪法》颁布)

这是新中国成立后地方立法发展的第一个时期,较为合理地划分了中央和地方的立法权限。当时在中央,中国人民政治协商会议全体会议有最高立法权,有权制定和修改《政治协商会议共同纲领》《组织法》;中央人民政府委员会有权制定并解释国家法律,颁布或者修改法令,废止政务院的政令及与外国订立的条约或协定;政务院有权颁布决定和命令,废除或修改各部委和地方政府与法律政令相抵触的决议和命令。在地方,大行政区、省、直辖市、大行政区辖市、省辖市、县、民族自治地方等各级人民政府,都有一定的立法权限,可在自己的辖区范围内颁行法令、条例、单行法规等。具体权力为:(1)大行政区(华东、华北、华南、西北、西南四大行政区)人民政府有权制定与本行政区政务有关的暂行法令,报政务院批准或备案;(2)省人民政府有权制定与本省政务有关的暂行法令和条例,报上级人民政府批准或备案;(3)直辖市、大行政区辖市、省辖市人民政府有权制定与本市有关的暂行条例,报省人民政府批准或备案;(4)县人民政府有权制定与本县政务有关的单行法规,报省人民政府批准或备案;(5)民族自治地方的自治机关有权制定本自治地方的单行法规,报上级人民政府核准并报国务院备案。上述地方立法权的确立,使县级以上政府都取得了一定的立法权,地方立法快速发展。据统计,上海市1950～1954年共制定暂行法令、条例等各种规范性文件799件;浙江省1950～1953年共制定暂行法令、条例等各种规范性文件653件;内蒙古自治区1950～1954年共制定暂行法令、条例等各种规范性文件

368件。[1] 当时各大行政区和省、自治区、直辖市还印发了《法规汇编》《法令汇编》《地方政报》《政府公报》,以便公众了解法令、条例、单行法规、政策的内容,这些措施对于恢复和发展经济以及管理地方事务都起到了积极作用。

2. 立法权的集权化发展时期(从1954年《宪法》颁布到1979年五届全国人大二次会议前)

我国这个时期的立法权完全集中于中央,地方立法权被基本剥夺。受法律虚无主义的影响,国家立法数量和质量有明显下降。"五四宪法"在我国宪政史上具有重大意义,它确立了人民代表大会制度,奠定了新中国宪政的基础与制度体系,为国家治理和基本制度的建构发挥了重要作用。同时1954年《宪法》第22条规定:"全国人民代表大会是行使国家立法权的唯一机关",全国人大有权制定、修改宪法和法律,全国人大常委会只有权解释法律和制定法令。1955年全国人大授权全国人大常委会可以修改法律中不适当条文的权力。地方国家机关只能"在本行政区域内,保证法律、法令的遵守和执行",各级人民代表大会只有发布决议权而无立法权。从历史的角度来看,这种立法体制与新中国成立初期加强中央集权、实行计划经济的需要相适应,也是新中国成立之初在政治体制和经济体制上效仿苏联模式的结果。它强有力地保证了中央对国家建设事业的统一领导,短期内在经济、国防等领域取得了显著成效,但立法上的"过度收权"使中央控权过死,地方立法受到严重的限制和挫伤,对于立法的民主化、科学化、高效化造成了极大的制约。具体表现是,国家行政机关没有立法权,从1954年到1979年这段时间没有任何中央行政和地方行政的立法;此外,除民族自治机关外,大行政区、省、市、县的人民代表大会也没有地方立法权。据统计,从1954年到1979年,中央立法文件为1115件,地方立法的记录为零。[2]

1966年到1976年"文化大革命"时期,中央立法和地方立法受其影响基本全面停止。当时,法制被个人崇拜替代,"左"的路线指导整个上层建筑,成为一切国家活动的"指南";地方上由"文革"小组和军代表掌控,一切"以阶级斗争为纲";社会主义法制体系遭到沉重打击,公检法被"砸烂","最高指示"和"党的政策"取代法律。除1975年第四届全国人民代表大会"修改"了宪法外,中央立法

---

〔1〕 参见李林:《立法权研究综述》,载李步云主编:《立法法研究》,海南人民出版社1998年版,第309页。

〔2〕 参见李林:《立法权研究综述》,载李步云主编:《立法法研究》,海南人民出版社1998年版,第309页。

工作基本中断，地方立法更不复存在。此时，只有一种地方立法仍“有迹可循”，即民族自治立法。1954年《宪法》第70条第4款明确规定：“自治区、自治州、自治县的自治机关可以依照当地民族的政治、经济、文化的特点，制定自治条例和单行条例，报请全国人民代表大会常务委员会批准。”

3. 立法权的探索分权时期（从1979年五届全国人大二次会议至2015年第十二届全国人民代表大会第三次会议）

这一时期我国在立法体制上注重发挥中央和地方两个积极性，多次对中央和地方立法权的分配进行革新。鉴于高度集权的立法体制严重影响了我国法制建设的进程与社会的安定和进步，1979年召开五届全国人大二次会议时，开始调整立法政策，纠正立法权过度集中于中央的现象。主要举措有：一是1979年《地方组织法》规定了省、自治区、直辖市人民代表大会及其常委会在其行政区域内有权制定地方性法规。二是1982年《宪法》正式确立中央和地方共同享有立法权。在中央，全国人大及其常委会、国务院享有相应的立法权；在地方，省级人大及其常委会、民族自治地方人大享有相应的立法权。三是1982年修改后的《地方组织法》进一步规定，省政府所在地的市和经国务院批准的较大的市的人民代表大会及其常委会有“拟订”地方性法规草案、“提请”省级人大常委会批准的权力，省、自治区、直辖市人民政府有制定政府规章的权力。四是1986年第二次修订的《地方组织法》又规定省、自治区人民政府所在地的市和国务院批准的较大的市的人民政府制定政府规章的权力。五是2000年《立法法》不仅全面确认了上述地方立法机关享有的立法权力，而且进一步规定，经济特区所在地的市的人民代表大会及其常委会和人民政府也可以制定地方性法规和政府规章。这一阶段我国中央立法权和地方立法权进行了较为合理的划分，在探索中不断取得新的成果，实践中各地积极制定了各种地方性法规和规章，法制建设取得了一系列重大成就。

4. 立法权的全面推广分权时期（从2015年第十二届全国人民代表大会第三次会议至今）

2015年3月，第十二届全国人民代表大会第三次会议表决通过《关于修改〈中华人民共和国立法法〉的决定》，对《立法法》进行了修改。修改后的《立法法》删掉了“本法所称较大的市是指省、自治区的人民政府所在地的市，经济特区所在地的市和经国务院批准的较大的市”的条款，用“设区的市”取代了“较大的市”，有地方立法权的市的数量从49个扩大到284个。过去，我国拥有地方立法权的市只有49个，占比不到我国城市总数的1/5，具体到一省之内更加分配不均，而赋予设区的市以地方立法权，可以避免立法权过于集中于省一级所带来的弊端。此外，它也有助于实现地方立法权的公平配置。因为除了省会城市和经济特区所在地的市外，经国务院批准的较大的市多是计划经济体制时期兴起的城市。当时国务院批准的18个较大的市中，多数是当时的重工业城市，如唐山、大同、抚顺等都是当时的煤炭或钢铁基地。而在市场经济条件下，一些新兴的设区的市，如温州、佛山、厦门等，在经济发展水平和人口规模等方面都已超过大部分经国务院批准的较大的市，但这些市却没有地方立法权，出现了立法权与事权不匹配的现象，从而对这些城市的持续发展造成了制约。赋予设区的市以地方法权是实现国家治理现代化的重要举措，不仅有助于实现一省之内的权力均衡，而且有助于实现立法权的公平合理配置，促进社会整体的持续发展。

自此，我国的地方立法主体包括了省、自治区、直辖市的人民代表大会及其常务委员会，设区的市、自治州的人民代表大会及其常务委员会，其他民族自治地方的人民代表大会和省、自治区、直辖市政府，设区的市、自治州的人民政府，地方立法权得到全面推广。

第二节　地方立法机关

在地方立法活动中，地方立法机关是各种立法主体中最重要的一类主体，也是地方立法学着重研究的对象。由于“地方立法”这一概念有广义和狭义之分，所以首先有必要对“地方立法机关”的概念加以界定。地方立法机关通常是相对于地方行政机关和地方司法机关而言的，是指具有代表性质的地方权力机关或议会。虽然地方权力机关和地方行政机关以及英美法系的司法机关都属于广义的立法主体，都可以进行广义的立法活动，但是由于地方权力机关或议会的主要职责在于立法，地方行政机关的主要职责在于执法，地方司法机关的主要职责在于司法，所以通常也将地方权力机关或议会称为地方立法机关。因此，本书所指的地方立法机关是从狭义上定义的，单指依法行使地方立法权，制定、认可、修改、解释、补充、备案或废止法律法规的地方代议机关，通常指地方国家权力（代表）机关或议会。

一、地方立法机关的功能

地方立法机关的功能，是指地方立法机关本身具有的对地方和社会生活产生的功用和效能。研究者对立法机关的功能论述不一。例如，有些学者指出："议会有制定法律、监督行政机关和司法（如议会行使调查权的行为）等三项功能。"[1]我国台湾地区学者指出地方立法机关的功能有：沟通（联系）功能，培养立法及行政领袖的功能，处理社会冲突的功能。[2]美国学者乔治·达维松将美国议会的功能分为主要功能和次要功能两种，认为其主要功能包括：制定法律的功能，合法的功能，建立共识的功能；而次要功能包括：监督行政机关的功能，表达民意的功能，担任选民的侍者的功能。[3]

我们认为结合各国实际情况和有关学者的观点，地方立法机关的功能有如下几点。

（一）代表所在利益主体，反映地方民意的功能

马克思主义法学认为，对利益的认识、分配和协调是立法的核心问题。因为在一定历史条件下，利益的分化导致了法的产生和变化；利益从根本上决定了法的存在和发展。相反，法可以促进、保护和实现一定的利益，使其具有国家的合法性；或者阻碍和抑制一定的利益，使其不具有或者失去国家的合法性。马克思认为："法律应该是社会共同的、由一定物质生产方式所产生的利益和需要的表现，而不是单个的个人恣意横行。"[4]所以，一切立法活动实际上都是围绕着对一定利益的认识、分配、取舍和协调展开的。归根结底，在一切地方立法活动中，都有更深层的利益原因。

实质上，地方立法就是地方立法主体根据本地方的社会物质生活条件，在经济、政治、文化等活动中，从认识各种利益包括本地方的利益开始，进而以此为依据达成地方的共同意志并转化为地方性法律的要求，然后依照法定的职权和程序，将有关利益体现在地方性法律规范中的活动。地方立法机关的成员或代表是作为不同阶层、团体和人员的利益的代表者参与立法活动的，在民主政体及制度下，如果地方立法机关的成员或代表不能有效地代表其所属的利益群体，将有

---

〔1〕 朱志宏：《立法论》，台北，三民书局1985年版，第2页。

〔2〕 朱志宏：《立法论》，台北，三民书局1985年版，第53～64页。

〔3〕 See Roger Davidson, *Congress in the American Political System*, Duke University Press, 1970, pp. 129－178.

〔4〕 《马克思恩格斯全集》（第6卷），人民出版社1961年版，第292页。

可能会落选。

(二)商讨地方大事,作出重大决策的功能

商讨地方大事是地方立法机关最初形成时就具有的一项基本功能。地方立法机关通过普选产生以后,由于它是由各级选民选举产生的代表组成的,因此在所有的地方国家机关中,被认为是最能够代表普遍民意的。地方大事一般是指在地方的政治、经济、文化和社会发展中带有全局性、根本性、长远性,以及与地方人口切身利益密切相关,迫切需要解决,而且应当由地方权力机关讨论、决定的事项。如地方财政的预算和审计,地方总体规划的制定、修改和执行,土地利用规划和执行等。这些事关地方经济社会发展的事项必须由最具代表性的地方权力机关行使并代表人民作出决策,这样才能高效地反映最普遍的民意。

实际上,各国地方立法机关的这个功能在其实际活动中是不尽相同的。例如,有些学者根据地方立法机关对地方政府法案加以修正或予以否决的能力,将地方立法机关分为强、中、弱三种。该学说认为:"具备强而有力的制定政策能力的地方立法机关,其不仅能修正政府法案,尚且能否决政府法案;具备中等政策制定能力的地方立法机关,其仅能修正政府法案,而不能否决政府法案;仅具备低度政策制定能力的地方立法机关,则既不能修正政府法案,更不能否决政府法案,这种立法机关几无制定政策能力可言。"[1]但是,各国的地方立法机关在形式上至少还是可以就重大决策发挥自己的影响力的。

(三)发表意见、沟通联系,达成共识的功能

地方立法机关最初具有的一项基本功能是作为商讨国是问题的平台。在英文中"议会"(parliament)一词,就含有"一个讨论问题并对问题加以深思熟虑的场所"的意思。在这一意义上,立法机关具有为不同的利益群体提供表达意见的平台、沟通联系的桥梁、达成共识等功能。[2]

在地方立法机关的实际活动中,即使有些利益群体的利益及意见提案未能经多数表决同意而上升为法律法规,实际上却将地方立法机关作为一个充分表达意见的平台,因此地方立法机关有论坛的作用,起到了一定的缓冲效果,通过辩论、发表意见、听证、质询等方式表达民众意愿。由于立法机关的成员是由选民选举产生,要代表选民、对选民负责,所以应与选民密切联系,因此它不仅可以

---

〔1〕 朱志宏:《立法论》,台北,台湾三民书局1985年版,第9~10页。

〔2〕 参见朱力宇、叶传星主编:《立法学》(第4版),中国人民大学出版社2015年版,第96页。

作为民众与国家机关之间的桥梁，还可以在不同利益群体的意见之间进行沟通联系。通过沟通联系，地方立法机关可以在民众与政府、民众与民众之间达成共识。

（四）对地方行政机关和司法机关施加影响的功能

当今世界各国的政体不尽相同，地方立法机关对地方行政机关和司法机关施加影响的程度也不一样。有些国家的地方立法机关可以监督行政机关和司法机关，有些国家的地方立法机关可以选举产生甚至领导地方行政机关和司法机关。我国的立法机关作为权力机关，不仅要选举产生同级行政机关和司法机关，还要领导和监督后者的工作，从法律的角度讲，其施加的影响更大。可见，各国地方立法机关对地方行政机关和司法机关施加的影响虽然不同，但这种影响功能都是普遍存在的。

（五）制定法律法规的功能

综上所述，地方立法机关并不仅仅是制定法律法规的机关，其功能是多样的，但制定法律法规的功能是其基本权能，其他功能的实现都需要依靠该权能。地方立法机关是通过地方立法活动来协调不同利益甚至处理社会冲突的，通过立法表决来决定地方重大事务的，通过法律法规案的审议、辩论、听证、质询等发表意见的方式来沟通联系、达成共识的，通过行使地方立法权来对地方行政机关和司法机关施加影响的。所以，制定法律法规是地方立法机关一项最重要的功能。

二、地方立法机关的职权

洛克曾说："人民设置一个立法机关，其目的在于使立法机关在一定时间或在需要时行使制定法律的权力。"[1]现代立法机关的设立目的在于代表人民行使相应的国家权力，地方议会或代表机关作为地方立法机关的主要职权是行使地方立法权，此外，地方立法机关的职权往往还包括通过地方政府预算、监督地方政府等。具体包括以下几种职权。

（一）地方立法权

参见本章第一节"地方立法主体概述"中的相关内容。

（二）财政监督权

地方立法机关除行使地方立法权之外，还行使一定的地方财政监督权，主要

〔1〕［英］洛克：《政府论》（下篇），叶启芳等译，商务印书馆1996年版，第95页。

是通过审议地方政府提出的财政法案的方式实现的。财政法案的内容包括地方财政收入和支出等各种法案,其中以预算案和决算案最为重要。各国都把事关国计民生的预算决算法案交由议会批准或通过,表明议会的权力在地方权力体系中具有重要地位。由于地方的预决算大多由地方政府提出,是地方政府施政方针的体现,因此,对于预决算法案的审议,兼具立法和监督财政的双重性质。

(三)监督政府权

地方立法机关对政府行为进行监督通常有以下几种形式。

1. 提出质询权

质询是指立法机关成员在会议期间,就行政机关和其他国家机关的施政方针、行政措施以及其他事项,向政府首脑或高级官员提出质疑或询问并要求答复的活动,是权力机关监督政府的方式和手段之一。

各国的质询力度各不相同,但通常可按照其行使程序和所产生的后果不同分为质问和询问两种。在英国,"询问为发问的议员与被问的国务员间之事,以问答相终始,不能成为辩论的出发点;但质问必附有辩论,辩论终毕,议会对于内阁全体,或某某特别国务员,往往可有信任与不信任的表示。所以询问的性质不严重,亦不会引起政潮;而质问则往往可以引起政潮"。[1]该处的质问相当于我国的质询。在我国,质询相较于询问程序较为严格,此外,询问主要是在审议议案或有关报告时作出,而质询则不限于此,但在询问的过程中,如果发现较为严重的问题,可经法律程序提出质询。质询还具有相应的法律后果,对于人大的质询,受质询机关必须答复,如果对于受质询机关的答复不满意,应要求须再作答复。如果对受质询机关的再次答复仍不满意,"人大代表可以提出罢免案,行使罢免权,这就把质询权这种监督形式转换为罢免权这一监督形式。质询时,人大代表认为受质询机关确实有违反法律规定的重大问题,人大代表可以运用提出议案的权力,建议大会作出纠正有关问题的决定,这就把质询权这种监督形式转换为决定权这一监督形式"。[2]

2. 行使国政调查权

国政调查权是议会对政府行为是否违法进行调查的权力,是西方议会监督政府的重要手段之一,普遍存在于各国立法体制中,是议会为了行使其固有的职

〔1〕 王世杰、钱端升:《比较宪法》,商务印书馆1999年版,第250页。
〔2〕 杨长富:《关于对人大代表质询权几个问题的探讨》,载《人大研究》1994年第12期。

权而了解民意、寻求事实的重要手段，也是议会对政府相关行为进行有效监督的重要方式。在各国议会中，调查权大小和内容都略不相同，但一般都包括立法调查，选举调查，政治调查，人权调查等。调查方法一般由议会各委员会举行听证会、调查会，议会有权传唤证人，获取书证、物证等。

我国《各级人民代表大会常务委员会监督法》规定了特定问题调查制度，是指各级人大及其常委会针对本行政区域内的同级人民政府及其工作部门、人民检察院、人民法院以及其他社会组织的重大违宪、重大违法事件、国家机关负责人和司法机关工作人员的严重失职和渎职行为以及影响范围大的人民群众反映特别强烈的重大问题或其他重大事件和问题，依照宪法及法律的规定的程序和条件组织特定问题调查委员会进行调查，最终向本级人大及其常委会提交书面调查报告，人大及其常委会根据调查报告作出相关决议的相关制度。[1] 这一制度与西方国家的国政调查权有类似之处，但行使的范围和职权有所不同。

(四)人事任免权

地方立法机关通常还行使选举或决定有关地方政府机关和公职人员的人事权。具体做法包括直接任命或选举、将候选人提交上级任命、批准或同意行政机构的任命等。

三、我国的地方立法机关

我国地方立法机关的表现形式是地方各级人民代表大会，现行《立法法》规定有地方立法权的地方人民代表大会包括省、自治区、直辖市的人民代表大会及其常务委员会，设区的市的人民代表大会及其常务委员会以及自治州的人民代表大会及其常务委员会。人民代表大会制度是按照“议行合一”的原则建立起来的。在这一制度下，由地方人民代表大会行使地方的最高权力，直接负责地方事务的议决和执行。地方行政机关及其司法机关均由地方人民代表大会产生并对它负责、受其监督，因此地方人民代表大会及其常设机构又称为地方权力机关。

(一)我国地方立法机关的设置

我国地方立法机关的设置是由现行《宪法》、《地方组织法》以及《立法法》等宪法性法律规定的。我国是单一制国家，立法机关从级别上可以分为中央立法

---

〔1〕 参见王蕾：《地方人大特定问题调查制度研究》，华中师范大学法学系2013年硕士学位论文，第2页。

机关和地方立法机关。中央立法机关即我国最高权力机关，是全国人民代表大会及其常务委员会，有权制定法律。地方立法机关，包括省、自治区、直辖市以及设区的市、自治州的人民代表大会及其常务委员会，有权制定地方性法规。设区的市以外的其他市、县、乡一级人民代表大会及其常务委员会虽然也是权力机关，但没有地方立法权，不属于立法机关。此外，自治区、州、县的人民代表大会是制定自治条例和单行条例的特殊地方立法主体。

另外需要指出的是，几个不设区的地级市的地方立法权限问题。2015 年 3 月 15 日，第十二届全国人民代表大会第三次会议通过的全国人民代表大会《关于修改〈中华人民共和国立法法〉的决定》指出："广东省东莞市和中山市、甘肃省嘉峪关市、海南省三沙市，比照适用本决定有关赋予设区的市地方立法权的规定。"明确了上述各不设区的地级市也有同设区的市一样的地方立法权。

（二）我国地方立法机关的组成

根据我国现行宪法和相关法律的规定，地方立法机关主要由人民代表、专门委员会、代表大会及其常设机关组成。人民代表大会召开全体会议期间还设有主席团。

我国除县、乡两级人民代表大会由选民直接选举产生外，其他各级人大代表都是由下级人大通过间接选举的方式产生。我国《选举法》第三章规定了地方各级人民代表大会代表名额确定方法，第 11 条第 1、2 款规定省、自治区、直辖市的代表名额基数为 350 名，省、自治区每 15 万人可以增加一名代表，直辖市每 25,000 人可以增加一名代表；但是，代表总名额不得超过 1000 名；设区的市、自治州的代表名额基数为 240 名，每 25,000 人可以增加一名代表；人口超过 1000 万人的，代表总名额不得超过 650 名。可见，地方立法机关的代表都是根据当地人口基数、人口增长、民族因素等情况综合考虑的。就代表资格而言，根据《宪法》第 34 条的规定，凡我国年满 18 周岁并享有政治权利的公民，均享有代表资格。这些规定体现了我国选举制度的普遍性和平等性。

主席团是地方人民代表大会会议期间的集体性领导机构。

常委会是地方人民代表大会的常设机关，是地方权力机关的一部分，由本级人民代表大会选举产生，并对本级人民代表大会负责并报告工作。

省、自治区、直辖市、自治州、设区的市的人民代表大会根据需要，可以设法制（政法）委员会、财政经济委员会、教育科学文化卫生委员会等专门委员会。各专门委员会大多是相关领域的专家或代表，负责研究、审议和拟订有关议案，对属于本级人民代表大会及其常务委员会职权范围内并同本委员会有关的问题,进行调查研究,提出建议。

(三)我国地方立法机关的职权

我国省、自治区、直辖市以及设区的市、自治州的人民代表大会及其常务委员会的职权如下:

1. 地方立法权。这些地方立法机关在不与宪法、法律、行政法规等上位法相抵触的前提下有权制定相应权限范围内的地方性法规。

省、自治区、直辖市的人民代表大会及其常务委员会根据本行政区域的具体情况和实际需要,在不与宪法、法律、行政法规相抵触的前提下,可以制定地方性法规。

设区的市的人民代表大会及其常务委员会根据本市的具体情况和实际需要,在不与宪法、法律、行政法规和本省、自治区的地方性法规相抵触的前提下,可以对城乡建设与管理、环境保护、历史文化保护等方面的事项制定地方性法规,法律对设区的市制定地方性法规的事项另有规定的,从其规定。设区的市的地方性法规须报省、自治区的人民代表大会常务委员会批准后施行。

除省、自治区的人民政府所在地的市,经济特区所在地的市和国务院已经批准的较大的市以外,其他设区的市开始制定地方性法规的具体步骤和时间,由省、自治区的人民代表大会常务委员会综合考虑本省、自治区所辖的设区的市的人口数量、地域面积、经济社会发展情况以及立法需求、立法能力等因素确定,并报全国人民代表大会常务委员会和国务院备案。

自治州的人民代表大会及其常务委员会可以行使设区的市制定地方性法规的职权。自治州开始制定地方性法规的具体步骤和时间,依照上述规定确定。

省、自治区的人民政府所在地的市,经济特区所在地的市和国务院已经批准的较大的市已经制定的地方性法规,涉及城乡建设与管理、环境保护、历史文化保护等方面事项范围以外的,仍继续有效。

2. 重大事务决定权。讨论、决定本行政区域内的政治、经济、教育、科学、文化、卫生、环境和资源保护、民政、民族等工作的重大事项;根据本级人民政府的建议,决定对本行政区域内的国民经济和社会发展计划、预算的部分变更等。

3. 监督权。包括法律监督和工作监督两个方面。地方各级人大有权听取和审查本级人民代表大会常务委员会的工作报告;听取和审查本级人民政府和人民法院、人民检察院的工作报告;改变或者撤销本级人民代表大会常务委员会的不适当的决议;撤销本级人民政府的不适当的决定和命令;以质询、特定问题调查等方式进行工作监督。地方各级人大常委会有权监督本级人民政府、人民法院、人民检察院的工作,联系本级人民代表大会代表,受理人民群众对上述机关和国家工作人员的申诉和意见;撤销下一级人民代表大会及其常务委员会的不适当的决议;撤销本级人民政府的不适当的决定和命令等。

4. 人事任免权。地方各级人大有权罢免本级人大常委会、本级人民政府的组成人员和由它选出的人民法院院长、人民检察院检察长。人大常委会在本级人大闭会期间,决定副省长、自治区副主席、副市长、副州长、副县长、副区长的个别任免;任免人民法院副院长、庭长、副庭长、审判委员会委员、审判员,任免人民检察院副检察长、检察委员会委员、检查员,批准任免下一级人民检察院检察长;省、自治区、直辖市的人民代表大会常务委员会根据主任会议的提名,决定在省、自治区内按地区设立的和在直辖市内设立的中级人民法院院长的任免,根据省、自治区、直辖市的人民检察院检察长的提名,决定人民检察院分院检察长的任免,等等。

(四)我国地方立法机关的任期和会议

根据《宪法》和《地方组织法》的规定,作为立法机关的各级人民代表大会的任期是5年。

我国的地方立法机关实行合议制,主要的工作方式是举行会议。根据《地方组织法》第11条规定:地方各级人民代表大会会议每年至少举行一次。经过1/5以上代表提议,可以临时召集本级人民代表大会会议。至于会议召开时间和会期,有关法律未做具体规定。

第三节　其他地方立法主体

一、地方行政机关

现代国家中,各国地方政府一般都行使广泛的行政权力。基于行政权的高效和不断扩大的趋势,各级行政机关或由宪法法律直接规定,或由议会授权在一定范围内享有相应的立法权,进行相应的立法活动。同时,现代科学技术日新月异的发展使得立法活动的日益专业化、技术化,地方立法机关制定的法律往往是较为原则的规定,在很大程度上需要地方行政机关发挥行政权专业、便捷、高效的特点参与立法使之具体化,以便于贯彻实施。因此,地方行政机关在法律上和事实上均行使着一定的立法权。同时,行政机关的立法活动兼具行政和立法的双重性质。一方面,作为立法主体的行政机关并未改变其行政机关的性质。地方行政机关立法的主要目的是为了更有效地实施行政管理,所立之法也主要针对行政管理事项,这就使得行政机关的立法活动属于行政活动的范畴。而另一方面,行政机关的立法活动又与行政机关发布行政命令、采取行政措施、作出行政决策等具体行政行为相区别,行政机关所立之法具有普遍规范性和抽象性,具有法的效力,并在一定程度上构成司法机关审理案件的依据。因此,行政机关的立法又是一国立法体系中的重要组成部分。

二、地方司法机关

现代国家中,地方司法机关除了主要行使其司法职能外,在某些情况下也有一定的立法权,在地方立法中发挥着一定的作用。因此,地方司法机关也是地方立法主体之一。

地方司法机关是否享有立法权以及享有立法权的大小和范围取决于各国的国情,尤其是该国的基本政治制度。一般而言,其立法权主要反映在:通过创制判例、解释法律、根据立法机关的授权直接立法、司法审查、向立法机关提出立法议案等,对立法过程产生重要影响。

创制判例,是指法院作出的对具体案件的判决而形成的具有普遍法律效力的判定,这种判定对以后的判决具有法律规范效力,能够作为法院判案的法律依据,亦称遵循先例原则。由司法机关创制判例形成判例法,继而成为法的渊源之一,这一现象发源于英国,后成为整个英美法系的主要传统之一。

大多数国家的司法机关都可行使法律解释权,所形成的解释文件具有普遍约束力,从而使这种司法解释也成为一种立法活动。司法机关对法律的解释是世界各国的普遍现象,而具体表现却各异。就解释权的权限而言,有的国家只能由最高司法机关进行法律的解释,解释的目的限于弥补立法的不足;而在有的国家,地方司法机关也可以解释,解释的目的往往不限于立法的意图,而由法官赋予法律其认为它应当具有的与法律的措辞相符合的意义。[1]

司法审查权是法院审查立法和行政活动是否违反宪法的专门活动,如果违宪则为无效,实际上是司法对立法行使监督权、废止权。司法审查权的权力主体

---

〔1〕 参见徐向华主编:《立法学教程》,上海交通大学出版社2011年版,第108页。

在不同国家不尽相同。有的国家由普通法院中的最高法院行使该权,如加拿大;有的国家的普通法院即享有司法审查权,如美国、日本。

有的国家的地方司法机关可以根据议会的授权直接行使立法权。如英国的郡法院可依据议会授权制定有关程序性规则。

三、被授权的社会团体或者组织

在有的国家中,地方立法主体除了上述政权机关外,有些社会团体或组织依据议会授权也可进行立法活动。这些组织主要是各种工商业组织、高等院校等。

四、我国的其他地方立法主体

根据《宪法》、《地方组织法》及《立法法》等宪法性法律的有关规定,我国的地方立法主体除了省、自治区、直辖市的人民代表大会及其常务委员会和设区的市的人民代表大会及其常务委员会外,还包括地方行政立法主体、民族自治立法主体、特别行政区立法主体。

(一)地方行政立法主体

地方行政立法主体即有权行使地方立法权的行政机关。省、自治区、直辖市和设区的市、自治州的人民政府属于我国地方国家行政体系的组成部分,是地方各级权力机关的执行机关,有权制定地方政府规章。它们由同级人民代表大会产生,任期与同级人民代表大会相同,每届为5年。我国《立法法》第82条规定,省、自治区、直辖市和设区的市、自治州的人民政府,可以根据法律、行政法规和本省、自治区、直辖市的地方性法规,制定规章。地方政府规章可以就下列事项作出规定:(1)为执行法律、行政法规、地方性法规的规定需要制定规章的事项;(2)属于本行政区域的具体行政管理事项。设区的市、自治州的人民政府根据本条第1、2款制定地方政府规章,限于城乡建设与管理、环境保护、历史文化保护等方面的事项。

(二)民族自治立法主体

民族区域自治制度是我国一项基本政治制度。为贯彻该项制度,宪法赋予我国民族区域自治地方——自治区、自治州、自治县的人民代表大会行使立法权,制定自治条例或单行条例,并且可以根据本民族区域的特点行使变通权。根据《民族区域自治法》和《立法法》的相关规定,需要注意以下两点:

首先,民族自治立法主体只包括自治县以上级别的民族自治地方的人民代表大会,而不包括相应级别的人民代表大会常务委员会,也不包括相应级别的政府。

其次，自治区和自治州制定的地方性法规和地方政府规章与自治条例和单行条例是相区别的。自治区的人民代表大会及其常务委员会根据本行政区域的具体情况和实际需要，在不同宪法、法律、行政法规相抵触的前提下，可以制定地方性法规；自治州的人民代表大会及其常务委员会根据本州的具体情况和实际需要，在不同宪法、法律、行政法规和本自治区的地方性法规相抵触的前提下，可以对城乡建设与管理、环境保护、历史文化保护等方面的事项制定地方性法规，法律对自治州制定地方性法规的事项另有规定的，从其规定。自治州的地方性法规须报省、自治区的人民代表大会常务委员会批准后施行。自治区和自治州的人民政府，可以根据法律、行政法规和本省、自治区的地方性法规，制定规章。自治州的人民政府制定地方政府规章，也限于城乡建设与管理、环境保护、历史文化保护等方面的事项。而民族自治地方的人民代表大会有权依照当地民族的政治、经济和文化的特点，制定自治条例和单行条例。自治区的自治条例和单行条例，报全国人民代表大会常务委员会批准后生效。自治州、自治县的自治条例和单行条例，报省、自治区、直辖市的人民代表大会常务委员会批准后生效。

（三）特别行政区立法主体

除上述各类地方立法主体外，我国还有一类特殊的地方立法主体，即香港特别行政区和澳门特别行政区的立法会。根据《香港特别行政区基本法》的有关规定，香港特别行政区立法会每届 60 名，主要由在外国无居留权的香港特别行政区永久性居民中的中国公民经选举组成。除第一届任期为 2 年外，每届任期 4 年。立法会主席由年满 40 周岁在香港居住满 20 年并在国外无居留权的香港特别行政区永久性居民中的中国公民担任，并经立法会议员互选产生。根据《澳门特别行政区基本法》的有关规定，澳门特别行政区立法会议员由澳门特别行政区永久性居民担任，多数议员由选举产生，少数通过行政长委任产生。除第一届另有规定外，每届任期 4 年。设主席和副主席各 1 人，由在澳门通常居住连续 15 年的澳门特别行政区永久性居民中的中国公民担任，由立法会议员互选产生。

与西方国家不同，我国的司法机关、被授权的社会团体或者组织并不属于地方立法主体。我国的最高司法机关即最高人民法院和最高人民检察院有权向全国人大及常委会提出立法议案，也可向全国人大常委会提出法律解释的要求，但没有独立的立法权，地方司法机关更是没有地方立法权。此外，我国的立法实践中也未出现过授权社会团体或组织进行立法的先例，一些专业的有影响的社会团体或组织最多只能扮演草拟相应立法草案或者参与相应立法的角色。

第四节 我国地方立法的重要参与者

我国的地方立法主体是拥有地方立法权，制定、修改、补充、废止一定范围内的地方性法规和政府规章的地方权力机关和地方政府。除这两类主体外，由于现代化立法的专业化、民主化、科学化和人性化，在地方立法过程中，还有很多建言献策、表达诉求的社会组织、团体的参与，我们将这些社会组织、团体称作地方立法的重要参与者。大致可分为以下几类。

一、执政党和参政党

中国共产党领导的多党合作和政治协商制度是独具中国特色的政党制度，以“共产党领导、多党派合作，共产党执政、多党派参政”为显著特征。在这个制度框架中，“中国共产党是社会主义事业的领导核心，是执政党。各民主党派是各自所联系的一部分社会主义劳动者和一部分拥护社会主义的爱国者的政治联盟，是接受中国共产党领导的，同中国共产党通力合作、共同致力于社会主义事业的亲密友党，是参政党”，民主党派作为参政党，参政的基本点是“参加国家政权，参与国家大政方针和国家领导人选的协商，参与国家事务的管理，参与国家方针、政策、法律、法规的制定执行”。

（一）执政党

我国宪法规定了共产党的领导地位，但并没有规定其具体的领导方式，其他法律也没有对此作任何规定。因此，共产党对立法的领导是一种事实领导，在实践中它是通过以下方式实现的。

1. 宏观层面

通过中央委员会特别是中共中央政治局来对全国人大施加影响，这种影响主要是通过党的高层核心成员兼任人大最高领导来实现的。例如，全国人大常委会委员长同时又是中共中央政治局的成员，他以委员长身份对全国人大施加影响，而中央政法委书记虽然不能直接对人大施力，但在中央政法委会议上，全国人大的领导和司法界领导均得出席。[1]

---

〔1〕 参见孙哲：《左右未来——美国国会的制度创新和决策行为》，复旦大学出版社 2001 年版，第 63 页。

2. 通过在全国人大内设立的执政党党组织施加影响

政党在人大内的党组织在全国层面上由委员长、有党员身份的副委员长和秘书长组成。全国人大党组织对党中央直接负责并受之领导，接受最高指示和接办任务。人大内的党组织除了具有西方议会党团的作用外，还有权以其他方式开展活动。[1] 总体说来，人大内的党组织的两个职能：一是传递职能，即保证党中央最高层的决策和意志的下达，同时反映、上传代表和党员的声音；二是监督和指示职能，即党组织可以对某项党内事务进行决策并直接对人大的某一级别的领导作出指示，对党员进行约束以及协调党内外的争端和矛盾。[2]

表 1　我国各政党党员在全国人大及其常委会中的比例

比例 届数	全国人大中执政党党员比例	全国人大中参政党及其他人员比例	全国人大常委会中执政党党员比例	全国人大常委会中参政党及其他人员比例
第一届	55.5%	44.5%	50.6%	49.4%
第九届	71.48%	28.52%	65.8%	34.2%
第十届	72.98%	27.02%	70.3%	29.7%

3. 通过在立法机关占据优势地位的党员影响立法

这种影响是从组织的构成成分上施加作用，在立法的每个环节，通过把控不同党派参与立法成员的数量来影响立法的意志。总体上来说，全国人大在从1979年以来的20多年里，党员在每届人大代表中的构成比例大幅度上升。其中，在人大各组织机构中起着主导作用的常委会成员组成也是如此。常委会的决策核心——委员长会议更是体现出执政党的优势。[3] 这种人员数量优势已经足够保证立法体现执政党的意志和利益，从而保证执政党把党的意志上升为

〔1〕 其他方式为：(1)设置立法目标，决定立法议程、决定各机构的职能分配等；(2)凡属政治类的立法案，在制定之前由党组把立法的指导思想和原则报请中央批准；(3)重要的立法草案基本成熟后，也由党组报送中央审批后再提请人大全体会议或常委会审议通过；(4)有些法律的拟定和起草，是否要实现报请中央审批，党组有权决定。具体可参见徐育苗、梁琴、钟德涛：《中外政党制度比较》，商务印书馆2000年版，第180页；郭道晖：《当代中国立法》，中国民主法制出版社1998年版，第1083~1090页。

〔2〕 参见杜伯仁、周进军：《我国政党影响立法的作用机制的实证分析》，载《成都理工大学学报》(社会科学版)2007年第3期。

〔3〕 第十二届全国人大常委会委员长会议由14人构成，其中有9人是中共党员，占全体成员的64%，其中5人是民主党员，占到36%。

国家法律。[1]

4. 在立法过程中施加影响

综上所述，执政党领导立法体现在制度、组织以及人员构成各方面，因此执政党可以在立法过程的任何环节施加自己的影响。在立法规划阶段，执政党的政策和每个时期的方针、路线等都对人大的立法工作产生一定影响。在法案起草阶段，虽然党中央一般不直接起草法案，但若是组织和政治性法律，中共中央就作为重要的参与者和协调者参与立法。通常这种影响是从组织上以间接的方式体现的，如作为最重要的法律起草机构，全国人大常委会法制工作委员会自成立以来，历届主任都是共产党党员，有的还曾担任过中央政治局候补委员。[2] 最后在法案的审议阶段，委员长会议行使着选择议案权，有权决定是否将议案列入议程和是否将已经列入议程的议案进行表决这两项至关重要的权力。代表团审议时，这种影响依然存在。[3]

5. 党的施政方针政策和阶段性路线对立法的影响

执政党的方针政策对国家立法有着决定性的影响，例如，1978 年的改革开放基本国策的制定、1992 年的南方谈话和党的十四大、1997 年的十五大、2002 年的中共十六大、2011 年中共十八大等都直接影响着我国的国家立法进程。[4]

6. 通过执政党主持的政府影响立法

在有权向立法机关提出法律案的主体中，国务院是一个主要的提出者，由立法机关制定的法律文件中，国务院提出的立法比例已达到 70%，政府部门在立法规划中申报的项目已经占到 90% 以上。[5] 而政府是由执政党主持的，自然其立法也能体现执政党的意志。

---

〔1〕 参见杜伯仁、周进军：《我国政党影响立法的作用机制的实证分析》，载《成都理工大学学报》(社会科学版)2007 年第 3 期。

〔2〕 该委员会成立于 1979 年，历届主任分别是习仲勋，王汉斌、顾昂然、胡康生和李适时。其中，王汉斌担任过政治局候补委员。

〔3〕 目前，全国人大设立有 35 个代表团，在代表团中，中共党员的比例占据多数。而且除了香港和澳门两个代表团外，包括台湾地区和解放军在内的每个代表团的团长都由党委书记或者中共党员担任，而代表团虽然不是一个实体性机构，但其在立法中起到的作用不能单单以一个地域性的单位来衡量，它已经成为一个行政管理组织，在人大立法工作过程中发挥着重要的作用。参见孙哲：《全国人大制度研究》，法律出版社 2004 年版，第 66 页。

〔4〕 1989 年通过的《集会游行示威法》、1999 年通过的全国人大常委会《关于取缔邪教组织、防范和惩治邪教括动的决定》、2005 年出台的《反分裂国家法》，都显著地受到执政党政策和路线的影响。1998 年，中共中央曾下发《九届全国人大常委会立法规划》，对人大立法规划施加更为直接的影响。2014 年，根据党的十八届四中全会《全面推进依法治国若干重大问题的决定》，修改了多部重要法律，如《民事诉讼法》《行政诉讼法》《立法法》等，还新制定了《环境保护法》《慈善法》《反家庭暴力法》等法律。

〔5〕 参见王晓敏：《议会制度及立法理论与实践纵横》，华夏出版社 2002 年版，第 83 页。

（二）参政党

民主党派在我国国家政权体系中居于参政党地位，这从整体上就决定了其在我国立法中的地位与作用。参政党"参政的基本点"是其"参与国家方针、政策、法律、法规的制定执行"，民主党派作为"各自所联系的一部分社会主义劳动者、社会主义事业的建设者、拥护社会主义的爱国者的政治联盟"，以其特殊而广泛的利益代表者和利益整合者也参与了法律、法规的制定与执行。

我国各民主党派在地方立法中的地位与作用主要体现在以下几个方面。

1. 作为人大代表或人大常委提出法律议案

民主党派成员和无党派人士在各级地方人大和人大常委会（具体包括省、自治区、直辖市以及设区的市、自治州的人民代表大会及其常务委员会）中，以人大代表或人大常委的身份享有向本级人大及其常委会提出法律议案的权利。

2. 作为政协代表参政议政提出立法建议

各民主党派和无党派人士在政协履行政治协商、参政议政和民主监督三大职能过程中，提出立法建议，促进国家法律、法规体系的逐步完善。

3. 作为受邀组织、专家参加座谈提出立法意见

在人大常委会立法过程中，法律草案一般要经过三审。按照《立法法》第36条的规定，在法律草案的审查中"应当广泛听取各方面意见"，"听取意见可以采取座谈会、论证会、听证会等多种形式"，"常委会工作机构应将法律草案发送有关机关、组织和专家征求意见"，因此民主党派组织或民主党派中的专家学者可能受邀参加座谈或论证。

二、利益集团

利益集团，就是指具有共同利益和价值认同的人，为了维护或实现某种共同利益而结合在一起的团体，他们通过各种形式的活动，最大限度地参与政治过程，影响政府公共政策的制定，以实现团体成员的最大利益。[1]

我国目前各种利益集团的利益表达渠道有三种形式：第一种是制度性利益表达渠道，主要是代表特定阶层、特定群体利益的官方或半官方社会组织或团体，目前主要有八个民主党派、军队、工会、共青团、妇联等，它们可以通过固定的制度渠道参政议政，主要是通过人民代表大会、政治协商制度、信访制度等来表达自己的利益诉求。[2] 第二种是结构性利益表达渠道，主要是代表社会中某一特定群体、某一部分公民，反映一定利益群体具体利益诉求的利益集团，如文联、科协及各种学会等，它们可以利用自己的特殊方式或通过在人大会议上的代表进行利益表达。第三种是功能性利益表达渠道，主要是不固定为某一社会利益

〔1〕 参见邢乐勤、顾艳芳：《论中国利益集团对地方立法的影响》，载《浙江学刊》2008年第5期。

〔2〕 参见刘文祥、郑翠兰：《中美利益集团政策参与机制的比较》，载《社会主义研究》2007年第2期。

群体表达意见的新闻媒体等社会组织。由于进入这三种渠道的利益基本上都具有官方性或半官方性,这使它们的利益表达往往局限于政治信息的反馈层面,没有达到发达国家利益集团参政议政的成熟程度。随着社会各方面的发展以及各项改革的不断深入,利益群体集团意识的增强,社会利益集团逐渐增多,其组织化和政治参与意识也在渐渐增强,对政治的影响也越来越大。通过影响地方立法及其法律法规的执行以获取优势条件,实现自己的利益,是目前许多利益集团着力实现的目标。

(一)利益集团影响地方立法的方式

当代西方政治学认为,利益集团影响政府公共政策的方式主要有接近立法者、接近政府、接近司法机关以及公开运动、恐怖活动、行贿等,而集团的人数、集团成员的社会地位以及游说技术等往往制约着利益集团的影响力。目前,随着中国政治、经济体制改革的逐步深入,利益集团发挥作用的范围越来越大,其影响地方公共政策的范围主要有:地方干部任免、公共投资、财政资金分配、财政税收、地方政策法规制定、地方国家机关的具体执法行为与司法行为等。其中,利益集团通过影响地方立法维护自身的利益要求,是其政治参与的重要途径之一。利益集团影响地方立法的方式主要有以下三个方面:

第一,利用个人强大的社会关系网,影响地方立法活动,征得立法机关的支持。第二,利用本集团成员的政治地位和社会影响力,影响地方法律、法规的制定。这是利益集团影响立法的主要方式,具体表现为:(1)作为人大代表、政协委员的利益集团成员将本集团的意愿,以人大、政协提案的形式表达出来;(2)一些学术团体通过参与相关专业性法律草案的拟订、讨论来影响立法;(3)一些中介性团体和民间团体通过自己的活动为地方立法提供参考。第三,利用媒体制造舆论宣传,使其利益诉求引起政府的关注,进而上升到立法。

(二)利益集团在地方立法中的作用

利益集团作为特定利益集合的共同体参与立法主要为了维护本集团的利益,其对地方立法的影响有利有弊,但总体来说利大于弊。考察中国利益集团的发展历程及其对地方立法的影响,其产生的积极作用主要有以下几个方面。

1. 弥补地方立法的不足,促进地方立法民主化、科学化

一项法律在制定和正式颁布之前,政府都要广泛征求各方面的意见和建议,将法律草案向社会公布,征求意见。在这个过程中,各个利益集团通过广泛的参政、议政提出自己的意见、建议,表达本集团的利益需求。另外,法律颁布实施后,由于立法时没有预测到客观情况的变化或者由于立法本身不合理的原因,会出现法律规定不适应客观实际,需要对法律进行解释或部分修正,从而应根据实际情况作出相应修改并考虑各个利益集团不同的利益诉求。一项具体的法律的

实施是折中平衡各种利益的结果，在最大限度地满足最大多数人利益的同时，又要兼顾少数人的利益。这就可以很大程度上避免立法的偏颇和主观随意性，有利于实现立法的民主化。

立法机关受自身精力、物力、财力的限制，无法对每一个立法事项进行全面深入的调查和分析，各个利益集团更接近和了解普通民众与各领域的实际情况，它们在参与立法的过程中，将自己掌握的各方面的大量信息进行整合，并通过特定的利益表达渠道将自己的意见、建议和整合后的信息传递到立法部门，能够有效地避免立法信息的不对称，有助于弥补政府工作的疏漏，为政府更好地解决各种社会问题、分配利益提供依据，从而降低了政府收集信息的成本，提高行政效率的同时使立法更趋科学性，也使立法更好地反应和适应社会的需要。

2. 提高民众的民主意识和法治意识

随着各类利益集团的发展，人们的主体意识逐渐增强，对共同利益的认识也日益深化。利益集团的成员越来越多的通过一定的政策参与机制和利益表达渠道，不同程度地参与政府的政治活动，影响地方政府决策和立法。比如，参加立法听证会，对某一项法律草案提出意见和建议等。事实上，目前各类利益集团的不断发展以及对政治活动越来越广泛的参与本身也说明了民众民主意识和法治意识的不断增强。

3. 调和各种利益冲突，维护政局和社会的稳定

利益集团影响政策的目的是实现有利于自身的利益分配，但是各相关集团之间的利益矛盾是不可避免的，而利益矛盾的激化有可能导致社会的动荡。众多集团通过决策程序表达自己的利益，最后通过民主程序，实现各种利益的妥协。立法者在决策时，必须考虑到各个集团的利益，还必须考虑整个公众的利益，不能只顺从某个集团的利益，这样才能保证政局和社会的稳定，实现共赢。

利益集团一般只考虑自身利益的最大化，具有一定的狭隘性，因此，利益集团对地方立法的影响，必然有正反两面的效果。例如，利益表达渠道的制度化和公开性程度不足，强势利益集团与弱势群体之间的利益失衡，以及强势利益集团的团体利益与社会公共利益之间的冲突等。[1] 实践中利益集团对地方立法的消极作用主要表现在以下三个方面：第一，各种利益集团参与立法使得行政立法过度膨胀，法律冲突广泛存在，进而导致行政执法混乱，增加了行政成本，降低了行政效率。第二，少数强势利益集团控制地方立法，造成部分法规出现严重的利益倾斜和利益失衡。第三，利用权力资源进行“权钱交易”，助长了行政腐败。

在促使地方立法过程合理化、法律制度完善化的基础上，政府应当提高对各

〔1〕 参见邢乐勤、顾艳芳：《论中国利益集团对地方立法的影响》，载《浙江学刊》2008 年第 5 期。

个利益集团的整体调控能力，建立制度化的利益表达渠道，使社会各个利益集团都能参与到政策法规的制定中去，促使传统的被动式行政立法向参与式行政立法转变。同时应对强势利益集团的参与行为进行合理、有效的管理、引导，以便最大限度发挥其积极作用，抑制其负面影响，使利益集团良好地整合于中国的政治体系之中，成为中国民主、法治进程中一个重要的推动力量。

三、公众

我国《立法法》第 5 条规定："立法应当体现人民的意志，发扬社会主义民主，坚持立法公开，保障人民通过多种途径参与立法活动。"所以在我国，人民群众虽然不是法律规定的立法主体，但是所有的立法活动都应当体现人民的意志，人民对立法活动具有最终决定性的作用。

公众参与作为一种制度化的公众参与民主制度，应当是指公共权力在进行立法、制定公共政策、决定公共事务或者进行公共治理时，由公共权力机构通过开放的途径从公众和利害相关的个人或组织获取信息，听取意见，并通过反馈互动对公共政策和治理行为产生影响的各种行为。[1]

(一)我国公众参与地方立法的意义

亨廷顿指出："政治参与有益于社会——它使民主更富有意义、使政府更加负责；政治参与也有益于个人——它使个人成为一个有道德的人、一个尽责的社会公民。这种观念不仅体现为众多的和频繁的公共官员的选举，而且也表现在为增进私人利益和公共利益而形成的数量繁多的社会团体及其活动之中。"[2]在我国，公众参与到地方立法中对建设社会主义法治国家具有非常重要的意义。

1. 有利于促进地方立法的民主化

立法的民主化程度影响立法的实施程度，立法机关不仅应该保证立法内容的民主，还应该注重立法程序的民主，立法程序的民主是立法内容民主的基础。在立法过程中，社会公众广泛参与到立法过程中使得公众不再是消极的立法信息接收者，而是作为具有独立性、自主性、创造性的立法参与者参与到地方立法过程中，从而有效地促进了我国地方立法的民主化。

2. 有利于增强地方立法的可行性

要保证地方立法的可行性，除了需要专业知识较强的立法者，更需要丰富的立法信息与畅通的信息传输。在地方立法过程中，如果地方立法机关仅通过自身的信息通道获取信息，很可能会因为信息的有限性和不准确性从而影响立法的可行性。而公民的积极参与不仅可以为法律草案制定机关提供广泛的立法意

---

[1] 参见蔡定剑：《公众参与：风险社会的制度建设》，法律出版社 2009 年版，第 5 页。

[2] [美]塞缪尔·亨廷顿、琼·纳尔逊：《难以抉择——发展中国家的政治参与》，汪晓寿、吴志华、项继权译，华夏出版社 1998 年版，第 20 页。

见与建议，避免可能存在的疏漏，而且在很大程度上弥补了立法的不足，有效地提高了我国地方立法的可行性。

公众参与有利于立法机关与利害关系人及专家学者、普通大众之间对立法信息进行直接交流、协商，形成信息互补，保障地方立法的民主性与科学性。同时，公众直接地参与到立法过程中，必然会对整个法规的形成有充分的了解，在法规颁布以后能更加自觉地遵守。

同时，公众参与可以对立法机关行使地方立法权进行监督。我国宪法明确规定，公民对立法机关行使立法权的行为享有监督权。这是充分反映公众意愿、保障法律有效实施的必然要求。因此，公众参与是增强我国地方立法科学性、可行性与有效性不可缺少的条件。

3. 有利于实现地方立法的目标

在地方立法中，立法工作需要达到的预期目标一般是，在结合地方自身的实际情况下，将国家法律、法规具体化，地方性事务规范化，从而维护辖区内的法治秩序。因此，地方立法目标的实现程度取决于法律法规在本地区公众日常生活中得到遵守的程度。

公众积极参与地方立法能够使得立法机关充分了解并在地方性法规中体现公众的意愿与要求，从而更好地促进我国地方性法规的实施，更有效地实现地方立法的目标。"吸引公众参与地方立法过程中，公众不仅能够获得权益的尊重感，而且能够提升自己的法律意识，从而有助于促使公众自觉履行法律义务，进而推动地方立法预期目标的实现。"〔1〕

（二）地方立法公众参与的途径

立法是一个动态的活动过程，这个过程可以分三个阶段：一是立法准备阶段，亦可以称为前立法阶段；二是由法案到法的阶段，又可以称为中立法阶段或正式立法阶段；三是立法完善阶段，亦即后立法阶段。这三个阶段结合在一起，构成完整的立法过程。〔2〕 公众参与地方立法是要在每一个阶段都参与立法，因此可以从地方立法的各个阶段来看公众参与的途径。

1. 立法准备阶段的公众参与

立法准备阶段是指在正式提出决策之前所进行的有关的立法活动。〔3〕 目前，立法学界的一般观点认为，立法准备阶段大致包括立法预测，立法规划，确定立法项目，采纳立法建议，作出立法决策，确定法案起草组织和程序，起草法案等

〔1〕 汤唯、毕可志：《地方立法的民主化与科学化构想》，北京大学出版社 2002 年版，第 108 页。

〔2〕 参见周旺生：《立法学教程》，北京大学出版社 2006 年版，第 170 页。

〔3〕 参见周旺生：《立法论》，北京大学出版社 1994 年版，第 135 页。

内容。[1] 立法准备是在立法机关进行立法活动之前为以后的立法提供或创造条件的活动。在这个阶段,公众参与就应当得到落实,其参与的主要途径主要包括:

(1)公开征集立法项目。通过这种参与途径,公众可以对本辖区的立法项目提出自己的建议,而不再是等到立法项目拟定并形成了草案后对其提出意见和建议,这样可以使公众更早地参与到立法过程中来,充分体现民意。随着我国立法机关在立法理念上的转变以及公众参与主动性的提高,越来越多的地方开始公开征集立法项目,并取得了良好的成效。

(2)立法草案的委托起草。对于一些立法项目,立法机关可以委托其他专业人员或组织完成法案的起草工作。这种参与途径使一些具有相关专门知识的人员能够更有效地参与到立法过程中——根据实践需求结合理论和先进经验拟定草案,然后送立法机关进行审议。现阶段在我国,受委托起草的参与主体大多是一些涉及专业领域的专家、学者、组织等。

2. 从法案到法的阶段的公众参与

法案到法的阶段是指从立法草案的提出直到法的公布这一系列正式的立法活动所构成的立法阶段,[2]也是我国地方立法中公众参与的主要阶段。在这一阶段,参与的方式主要有:

(1)立法听证。是指立法机关在起草、审核法案或推出新的修正案时,听取利害关系人对于立法的意见和建议的活动,是公众参与立法的重要方式之一。自从2000年我国将立法听证会写入《立法法》后,许多地方在其地方性法规中明确了立法听证的地方立法公众参与途径,并在实践中广泛运用,并得到了公众的广泛了解和接受。

(2)法律草案征求意见。地方立法在征求法案意见时,可以将一些具有重大影响的草案在公众能够接触到的各种媒体上予以公布,并允许公众通过各种途径提出自己的意见和建议。通过这种参与途径有效地调动了公众参与的积极性,扩大了公众参与的范围,并促进了地方立法的民主化,提高了立法的质量。除了面向社会公开征求意见的方式外,立法机关还可以将草案印送给相关的专家、组织、事业单位等征求意见,并对征集到的建议进行汇总、整理,立法机关在对法案进行修改时可以参考这些意见。此外,立法调查也是一种征求意见的方式,通过多种媒体向社会公众或相关主体发放调查问卷以了解公众的意愿,为特定立法目的的实现提供支持。立法调查更具有针对性,可以更加细致地了解公

[1] 参见赵颖坤:《立法过程与立法程序》,载周旺生主编:《立法研究》(第2卷),法律出版社2001年版,第236页。

[2] 参见周旺生:《立法论》,北京大学出版社1994年版,第138页。

众的价值偏好,也可以相对容易地确定管治目标。

(3)立法座谈会。作为我国政府听取公众意见的一种传统方式,立法座谈会与听证会相比虽更简单、随意,但同样是一种重要的公众参与方式。在地方立法中,立法机关可以发出公告,召集与立法项目有关的公众、机关、团体或相关方面的专家等对草案中的特定问题进行征询或交流意见。我国《立法法》《行政法规制定程序条例》《规章制定程序条例》等都将其作为听取公民对立法意见的方式之一。

(4)立法论证会。论证会是指邀请有关专家对草案内容的必要性、可行性和科学性进行研究论证,并作出评估。[1] 这种参与途径主要针对法案中一些专业性较强的或有较大分歧的问题。参加论证会的人员一般为某一方面的专家,他们从专业知识角度对草案提出自己的观点,并附随相关的科学依据或合法性证明。

(5)来信、来访、来电。来信、来访也是我国公民表达意见的传统方式,公民可以将自己的意见或建议通过信件或者直接到访的形式提出,由专门机构接待和听取,并处理提出的立法问题。在地方立法活动中,几乎每个阶段公众都可以通过这一方式表达自己的意见。如今电信技术快速发展,各地政府也纷纷公开了自己的工作电话,如市长热线、法制办热线等,公众也可以通过电话直接向相关部门提出自己的意见。

(6)网络参与。随着网络技术的迅速发展,利用其听取公民的意见是我国立法发展出的一种新途径。公众可以通过立法机构官方网站、论坛、微博等发表立法意见和建议,也可以将意见和建议通过立法机关公布的电子邮箱传达给立法机关。全国已有多个省、市级立法机构建立了自己的网站,开设了立法项目建议专栏等。这种听取意见程序可以提高地方立法的效率,同时也便于公民了解地方立法草案并提出相应意见。

(7)立法旁听。作为公众参与的重要方式之一,立法旁听也是公民对国家机关进行监督的重要形式。公民旁听人大会议,架起了人大与公民交流的桥梁,促进了人大与公民的交流和沟通,公民旁听会议的过程,就是进行法治教育的过程,它扩大了人民群众的知情权,拓宽了人民群众参政、议政和督政的渠道。[2] 参加旁听的公民可以对相关议题提出自己的意见和建议,会后由立法机关专门召开座谈会听取旁听公民的意见和建议。为了更好地贯彻和实施国家法律法规,各地方立法机关也将设置旁听席写入了各地方人大议事规则。多个地方立法机关对公民立法旁听制度还制定了专门的规范性文件,如《重庆市人民代表大

〔1〕 参见乔晓阳主编:《立法法讲话》,中国民主法制出版社2000年版,第224页。

〔2〕 参见李林:《立法过程中的公共参与》,中国社会科学出版社2009年版,第70~71页。

会常务委员会会议旁听暂行办法》《吉林省公民旁听省人大常委会会议办法》等。

3. 立法完善阶段的公众参与

“在法案通过表决成为法之后，为使该法进一步科学化，更宜于体现立法目的、能够适应不断变化的新情况的需要，所进行的立法活动和立法辅助工作构成的立法阶段”[1]为立法的完善阶段。

法在制定后难免因为社会的发展或制定时的疏忽存在不切实际的情况，从而需要修改，为此应充分听取公众对法律规范实施情况的反映以及对其修改的建议，以了解法律规范的实施情况和执法过程中存在的问题，以便适时对法律规范进行修改或废止等。

此外，立法评估也成为保证立法民主化、科学化的一种重要方法，它既是对法规的再一次宣传，也为公众参与地方立法另辟蹊径。此外，立法在完善过程中的信息反馈也是一个重要的环节，公众可以通过上述立法过程中的各种方式来表达自己的意见和建议。

---

〔1〕 周旺生：《立法论》，北京大学出版社 1994 年版，第 146 页。

第五章　地方立法权限

第一节　地方立法权限概述

一、地方立法权限的内涵

“权限”一词最早源于行政学，一般被认为是国家行政机关处理行政事务的职责与职权范围。立法权限是《立法法》文本中直接使用的概念，意指享有立法权的主体行使立法权的范围与界限，有学者将其定义为“一个主权国家中现行全部有关需要通过立法方式加以调整、控制和规范的事项的权力范围，即立法主体行使立法职权的权力限度和内容范围”。可知，这一概念涉及的主要内容包括：有权主体可就何事项立法、不可就何事项立法；有关立法主体可立何种形式的法、不可立何种形式的法；立法主体之间的权力边界如何确定等问题。

所谓地方立法权实质上是一个学理上的概念，在《宪法》和《立法法》等法律文本中都未直接出现过“地方立法权”及相关字眼。有学者认为，地方立法权即指“存在于中央和地方实行分权国家的，地位低于国家立法权的，所立之法的形式和立法范围有别于国家立法权的，其本身往往是具有多层次、多类别的一种立法权”。[1] 作为由立法权限延伸而来的下位概念，在极广义上，地方立法权指一切地方立法主体具有的制定有普遍效力的法规范和法规则的权力；而在广义上，地方立法权又分为一般立法权和特别立法权。一般立法权是指各省、自治区、直辖市的人大及其常委会，以及设区的市的人大及其常委会、自治州的人民代表大会及其常务委员会制定的地方性法规的权力，省、自治区、直辖市政府，设区的市、自治州的政府制定地方政府规章的权力。特别立法权包括民族自治地方制定自治条例与单行条例的权力；经济特区制定经济特区法规的权力；特别行政区的立法权等。

依上位概念“立法权限范围，就是立法主体行使立法权的界限”，则地方立法权限即指享有立法权的地方国家政权机关行使立法权的界限。同理，地方立

〔1〕 周旺生：《立法学》，法律出版社 2009 年版，第 212 页。

法权限涉及的问题主要也包括以下三方面：其一，有关地方政权机关可立何种形式的法；其二，有关地方政权机关可就何类事项立法；其三，地方立法与中央立法以及地方行政的界限如何确定、各类类别和层次的地方立法之间界限如何确定。随着国家改革开放，确立建设社会主义国家法制的方略后，中央与地方不再是一条鞭似的行政领导方式，下级政府不能事事依赖中央或上级政府发出指示，而必须有弹性与活力来执行法律以发展建设。[1]

二、我国地方立法权限划分的历史回顾

“随着改革进入深水区，改革与法治的矛盾日益突出，这就需要更好地发挥地方立法对改革的引领和推动作用，通过地方局部的先行先试为国家立法和全国性的改革提供经验”。[2]最大限度发挥地方立法对改革的引领和推动作用，首先要求我们清晰地把握我国地方立法权的发展历程。通说认为，我国地方立法权的发展演变过程先后经历了三个阶段：分散立法时期、中央集权的立法时期、集权的分权立法时期。[3] 这种划分相对清晰地反映了各个时期地方立法权限的特征，有助于把握各阶段地方立法权限范围、中央与地方立法权的关系以及地方立法权限发展的大致趋势。

（一）分散立法阶段

多级分散型阶段是自1949年新中国成立到1954年宪法颁布期间，是中国实行分散立法模式的时期，鉴于该阶段人民代表大会制度尚未确立，国家立法权基本由中央人民政府委员会行使。在中央与地方立法权限的划分方面，立法权限相对分散，呈多层次的状态，具体表现为：(1)中央人民政府委员会行使国家立法权，制定并解释法律，颁布法令并监督其执行；废除和修改政务院与国家的法律、法令相抵触的决议和命令。(2)各大行政区有权拟定与地方政务有关的暂行法令，报政务院批准或者备案。(3)各省有权拟定与本省政务有关的暂行法令条例，报主管大行政区转请政务院批准或备案。(4)直辖市、大行政区辖市、省辖市人民政府，有权规定与市政有关的暂行条例，报请上级人民政府批准。(5)县人民政府有权规定与县政有关的单行法规，报请省人民政府批准或者备案。(6)民族自治地方的自治机关，有权制定本自治地方的单行法规，报上两级人民政府批准并报政务院备案。由于县级以上的政府或多或少的都享有一定的地方立法权，使地方立法的立法进程十分迅速，地方立法起到了贯彻中央政策精神和弥补中央立法的不足的作用，主要体现在禁烟、禁赌、稳定社会秩序、恢复生产、进行土地改革以及基层政权建设等方面，适应了当时政治制度改革、推动经

〔1〕 参见陈新民：《论中央与地方法律关系的变革》，载《法学》2007年第5期。

〔2〕 陈丽平：《进一步划清各立法机关权限》，载《法制日报》2014年10月10日，第3版。

〔3〕 参见李林：《立法理论与制度》，中国法制出版社2005版，第305～313页。

济发展以及稳定政权的需要。据统计,自1950年至1953年,浙江省制定暂行法令条例和单行法规共计653件,年均立法163件;内蒙古自1950年至1954年,制定各种条例和规范性文件共计368件,年均立法159件,地方立法之蓬勃发展,仅从两地的地方立法情况可见一斑。应当特别说明的是,该时期地方制定暂行法令、条例或单行法规的活动与当前意义上地方立法的活动虽有所出入,但此类立法尝试对确定我国的地方立法制度有一定进步意义。

(二)中央集权立法阶段

立法权限的集权化阶段是指,自1954年《宪法》颁布到1979年五届二次人大会议前,这一阶段的显著特点是,立法权高度集中于中央,地方上仅民族自治地方享有制定自治条例和单行条例的权力。1954年《宪法》第22条规定:全国人民代表大会是行使国家立法权的唯一机关。只有全国人民代表大会才有权修改宪法、制定法律,全国人大常委会有权解释法律和制定法令,1955年又授予全国人大常委会修改现行法律中不适当的条文的权力,根据该宪法文本,地方国家机关立法权力被限定在"在本行政区域内,保证法律、法令的遵守和执行"方面,各级人民代表大会只有发布决议权而无立法权。据有关数据统计,从1954年到1979年,中央立法文件为1115件,而地方立法的记录为零,以上数据直观地反映了立法权限之集中程度。

(三)统一领导下的适当分权阶段

立法权的适当分权时期自1979年五届二次人大会议一直持续至今,为适应该阶段社会主义现代化建设发展的需要,改变中央集权的状况,以达到调动中央和地方两个积极性的目的,1979年7月第五届全国人大第二次会议通过了《地方组织法》,该法明确规定省、自治区、直辖市的人民代表大会及其常委会,根据本行政区域的具体情况和实际需要,在和国家的宪法、法律、政策、政令不抵触的前提下,可以制定和颁布地方性法规,并报全国人大常委会和国务院备案。这是我国第一次以法律的形式,赋予地方立法权。1982年修改后的《地方组织法》,进一步规定:省政府所在地的市和经国务院批准的较大的市的人民代表大会及其常委会有"拟订"地方性法规草案、"提请"省级人大审议的权力。1982年《宪法》正式确立了中央与地方分享立法权的基本体制。在中央,全国人大、全国人大常委会、国务院享有各自的立法权;在地方,省级人大及其常委会、省级人民政府、民族自治地方人大享有各自的立法权。1986年,第二次修订的《地方组织法》又将省、自治区人民政府的立法权明确下来,规定地方人民政府可以制定地方规章。2015年新修订的《立法法》,不仅全面地确认了上述地方立法机关享有的立法权力,还进一步赋予设区的市以地方立法权,扩大了地方立法的主体范围。

上述宪法和法律的规定，基本确立了我国当前地方立法制度和立法权限划分模式，其特点主要是在中央对立法的统一领导的前提下，适当赋予地方一定的立法职权，作为对中央立法的补充和具体化。自1979年至今地方立法经历了初步探索、逐步完善、进一步发展以及全面提高等几个阶段，实质上取得了巨大的进步，已经基本形成包括省级（直辖市）人大及其常委会立法、省辖市和设区的市人大及其常委会立法、民族自治地方立法、授权立法（特区立法）、省级政府立法、省辖市和较大城市的政府立法在内的多层次、多主体的地方立法格局。据统计截至2003年，31个省市自治区直辖市共制定地方性法规超过1万件，154个民族自治地方（5个自治区、30个自治州、119个自治县）共制定自治条例480件。

三、确定我国地方立法权限范围的方式

对于地方立法权，直接列举是西方国家所普遍采用的方式，我国却并未直接明确规定和列举地方专属立法权，而是同时结合笼统授权、原则限制和间接列举等方式，以部分肯定、部分排除的手段灵活地将地方立法权力限于一定范围。

（一）宽泛授予

根据《宪法》、《立法法》和《地方组织法》的明确规定和特别授权，有权的地方人大及其常委会可就相关法定事项制定地方性法规；有权的地方政府机关可依据法律法规的规定，在不与上位法相抵触的情况下制定相关的政府规章。《立法法》第73条将地方立法粗略地分为两类：一类是“为执行法律、行政法规规定，需要根据本行政区域的实际，作出具体规定事项”；另一类是“属于地方性事务需要制定地方性法规的事项”；前一类属于执行性、实施性、操作性的法规，一般比较明确、具体，不需要像国家立法那样构筑完整而全面的框架，形成制定法的规范体系；而后一类相对较为自主、特殊或者不需要中央统一规范，先行立法即属于这一范畴。

（二）原则限定

所谓原则限定是指通过令相关立法主体恪守一定的法律原则来限制相应立法主体之立法权限的方式。原则限定的方式在我国当前主要表现为抽象意义和具体意义上的两种形式：其一，不相抵触原则，规范依据为宪法和法律规定，即一切地方立法不得同宪法、法律、行政法规相抵触。民族地区自行立法，要“依照当地民族政治、经济和文化特点制定”，而一般的行政区域地方立法，“要根据本行政区域的具体情况和实际需要制定”。这一类原则限定相对抽象，具有较强的概括性。其二，法律保留原则，即相关法律文本明确规定某些特定事项只能由法律进行规定，此类法律保留的立法事项一般都较为具体，如《立法法》第8条即以列举的方式，明确保留了十项专属全国人大及其常委会的立法权，此类专属立法权地方不得僭越行使。以上即分别是抽象意义和具体意义上对地方立法权的原则限定。

（三）间接列举

所谓间接列举，是与直接列举相对应的列举方式。如前文所述，《立法法》相对原则、笼统地规定地方人大可就“属于地方性事务需要制定地方性法规的事项”作出规定，而地方政府可针对“属于本地行政区域，具体行政管理事项”作相关规定。至于哪些事项属于地方事务或者地方具体行政管理事务，《立法权》没有直接、明确地列举。因此，在确定地方立法权范畴时，必须参阅《地方组织法》对于各级人大和各级政府权限的规定，《宪法》第8条和第39条列举了县级以上各级人大、各级政府的各项具体职权，有立法权力的各级人大和各级政府只能在其职权管辖范围内立法，此类规定即应视为法律法规对地方立法权的间接列举。

四、我国地方立法权限范围

根据《立法法》，地方立法权限之把握首先应当遵循两个原则：其一是不越权，即不得针对狭义第8条法律的专属立法事项进行地方立法；其二是不抵触，即地方立法内容不得与宪法、法律、行政法规等上位法相抵触。

其次，地方性法规的制定权限是根据地方的“具体情况和实际需要”进行，具体而言，可以为执行法律、行政法规的规定，针对需要根据地方“实际情况作具体规定的事项”以及“属于地方性事务需要”的事项来制定地方性法规。而地方政府规章的制定权限是可以“为执行法律、行政法规、地方性法规的需要”以及针对属于地方的“具体行政管理事务”来制定地方政府规章。

此外，除《立法法》上述规定之外，地方立法权限事实上还受到一定限制，如根据《行政处罚法》，地方性法规除不能设定专属法律立法权的限制人身自由的行政处罚外，还不得设定吊销企业营业执照的行政处罚。同时，如果上位法已对违法行为作出行政处罚规定，地方性法规的具体规定必须控制在上位法规定的行政处罚的行为、种类、幅度的范围内。根据《行政许可法》，地方性法规和省级政府规章，不得设定应当由国家统一确定的公民、法人或者其他组织的资格、资质的行政许可；不得设定企业或其他组织的设立登记及其前置性行政许可。由此，《行政处罚法》《行政许可法》等法律在《立法法》的基础上对地方立法权限作出了更为明确、具体的限制。至于地方权力机关、地方行政机关、民族自治地方以及经济特区立法权限的界定将在后文各章节作详细阐述。

第二节 地方权力机关的立法权限

一、地方人大及其常委会立法权限的历史发展

1979 年 7 月 1 日，第五届全国人大第二次会议审议通过了《地方组织法》，该法第 6 条规定，“省、自治区、直辖市的人民代表大会根据本行政区域的具体情况和实际需要，在和国家宪法、法律、政策、法令、政令不抵触的前提下，可以制定和颁布地方性法规，并报全国人民代表大会常务委员会和国务院备案”。第 27 条规定，“省、自治区、直辖市的人民代表大会常务委员会在本级人民代表大会闭会期间，根据本行政区域的具体情况和实际需要，在和国家宪法、法律、政策、法令、政令不抵触的前提下，可以制定和颁布地方性法规，并报全国人民代表大会常务委员会和国务院备案”。

1982 年《宪法》对地方性法规的立法权进行了规定，但其所规定的地方性法规立法主体和 1979 年《地方组织法》的规定相去甚远，具体表现在：1982 年《宪法》规定的有权制定地方法规的主体仅限于省、直辖市的人大，不包括自治区的人大。但 1979 年地方组织法规定的地方性法规立法主体却既包括省、直辖市人大，也包括自治区人大。自 1979 年《地方组织法》颁布实施后，全国人大常委会先后于 1982 年、1986 年、1995 年、2004 年对《地方组织法》进行了四次修改。将地方性法规的立法主体逐步拓展为既包括省、自治区、直辖市人大及其常委会，也包括省、自治区政府所在地的市以及国务院批准的较大的市的人大及其常委会。立法主体的立法依据也和与 1982 年《宪法》渐趋一致，即采用 1982 年《宪法》中确立的标准——不得和宪法、法律、行政法规相抵触，取消了 1979 年《地方组织法》颁行时所限定的一些条件，如不得和政策、法令、政令相抵触等。

2000 年 3 月 15 日，九届全国人大三次会议表决通过了《立法法》，该法第 71 条规定，省、自治区、直辖市的人民代表大会及其常务委员会根据本行政区域的具体情况和实际需要，在不同宪法、法律、行政法规相抵触的前提下，可以制定地方性法规。较大的市的人民代表大会及其常务委员会根据本市的具体情况和实际需要，在不同宪法、法律、行政法规和本省、自治区的地方性法规相抵触的前提下，可以制定地方性法规，报省、自治区的人民代表大会常务委员会批准后施行。此处所称“较大的市”是指省、自治区的人民政府所在地的市，经济特区所在地的市和经国务院批准的较大的市。该法第 64 条规定，地方性法规可以就下列事项作出规定：(1) 为执行法律、行政法规的规定，需要根据本行政区域的实际情况作具体规定的事项；(2) 属于地方性事务需要制定地方性法规的事项。除该

法第8条规定的事项外,其他事项国家尚未制定法律或者行政法规的,省、自治区、直辖市和较大的市根据本地方的具体情况和实际需要,可以先制定地方性法规。在国家制定的法律或者行政法规生效后,地方性法规同法律或者行政法规相抵触的规定无效,制定机关应当及时予以修改或者废止。

以上是地方人大及其常委立法权限大致的发展历程,粗略地看,可以认为地方权力机关的立法权限经历了一个从中央到地方、从宽泛到具体、从政策化到法治化的过程,地方立法主体的进一步扩大也赋予了地方法制发展以主动性和积极性,从立法的进步可以看出我国对自身国情和法制发展道路已有更为深刻的理解和认知。

二、《立法法》关于地方权力机关立法权限的规定

(一)地方权力机关立法事项及原则

2015年3月15日,第十二届全国人民代表大会第三次会议通过新《立法法》,该法第72条除对省、自治区、直辖市的人民代表大会及其常务委员会制定地方性法规作出明确规定外,还将地方权力机关立法主体扩大到设区的市,"设区的市的人民代表大会及其常务委员会根据本市的具体情况和实际需要,在不同宪法、法律、行政法规和本省、自治区的地方性法规相抵触的前提下,可以对城乡建设与管理、环境保护、历史文化保护等方面的事项制定地方性法规,法律对设区的市制定地方性法规的事项另有规定的,从其规定。设区的市的地方性法规须报省、自治区的人民代表大会常务委员会批准后施行……"[1]该条款明确了制定地方性法规应当遵循以下两大原则:

其一,根据本行政区域的具体情况和实际需要的原则。地方性法规的特性之一是具有地方性。也就是说,制定地方性法规的主体只能是地方国家权力机关,地方性法规的内容应当适应地方的实际情况,解决本行政区域的实际问题,地方性法规的效力仅及于本行政区域,超出本行政区域即丧失约束力。在制定地方性法规的过程中,无论是根据上位法制定执行性的地方性法规,还是在中央尚未立法而先行立法,都必须恪守根据本地方的具体情况和实际需要的原则,有针对性地开展地方立法工作。

其二,不与上位法相抵触的原则。宪法是国家的根本大法,法律以及行政法规均是地方性法规的上位法,制定地方性法规不能同宪法、法律和行政法规相抵触,否则即无效。根据我国宪法规定,中央和地方国家机构的职权划分,必须遵循在中央统一领导下充分发挥地方主动性、积极性的原则。"不抵触"原则正是在地方立法工作中体现上述中央与地方关系的总原则。对于专属立法权之外的

---

〔1〕 吴晓南:《赋予设区的市以地方立法权之审视》,载《法制博览》2016年第1期。

事项，考虑到国家处于改革时期，中央立法难以一步到位的，地方可以先行立法，在总结实践经验后，如有必要，再上升为中央立法。

《立法法》第 73 条规定，地方性法规可以就下列事项作出规定：(1) 为执行法律、行政法规的规定，需要根据本行政区域的实际情况作具体规定的事项；(2) 属于地方性事务需要制定地方性法规的事项。除《立法法》第 8 条规定必须由法律规定的事项外，其他事项国家尚未制定法律或者行政法规的，省、自治区、直辖市和设区的市、自治州根据本地方的具体情况和实际需要，可以先制定地方性法规。在国家制定的法律或者行政法规生效后，地方性法规同法律或者行政法规相抵触的规定无效，制定机关应当及时予以修改或者废止。设区的市、自治州制定地方性法规的范围，仅限于第 72 条第 2 款所规定的城乡建设与管理、环境保护、历史文化保护等方面的事项。此外，对于上位法已经明确规定的内容，地方性法规一般不作重复性规定。

根据《立法法》的规定，地方性法规可以作出规定的事项，包括三类：一是为执行法律、行政法规的规定，需要根据本行政区域的实际情况作具体规定的事项。这一规定是指，在有上位法的情况下，为保证法律和行政法规的高效实施，地方性法规可以制定执行性的规定。但是，地方制定执行性的、具体化的规定，不能和法律、行政法规相抵触。[1] 二是地方性事务中需要制定地方性法规的事项。何谓地方性事务？地方性事务是与全国性的事务相对应的，是指具有地方特色的各项事务，一般来说，在可预见的时期内没有必要制定法律、行政法规对其加以规范的事务。下文将对地方性事务的界定作深入阐述。三是在全国人大及其常委会专属立法权之外，中央尚未立法的事项。相反，最高国家权力机关的专属立法权，是地方性法规的"禁区"，无论国家是否制定法律，地方都不能对此作出规定，否则即属越权，是无效的。而对于最高国家权力机关专属立法权以外、国家尚未制定法律或者行政法规的事项，则允许地方性法规先行作出规定。但在实际立法实践中，即使允许地方先行作出规定的，如果涉及应由中央统一管理的事项，地方权力机关也不宜对此作出规定。

（二）地方性事务的界定

1. "地方性事务"的基本含义

地方性事务是一个相对抽象、宽泛的概念，地方性事务重在强调地方性，同时暗含该地方性事务需具有立法的必要性和价值意义，因此很难对其作出准确的定义。本书对地方性事务含义的明确可以从以下两方面入手：

第一，从事物本身的性质上来说，是指地方特有的事务，即在全国范围内不

---

〔1〕 参见丁祖年、路国连：《对进一步优化立法权限配置的思考》，载《法治研究》2015 年第 2 期。

具有普遍性,在其他地方也不存在类似的事务。“地方性事务”是与全国性的事务相对应的、具有地方特色的事务,一般来说,在可预见的时期内不需要由国家统一制定法律、行政法规对其加以规范。如畜牧业发达地区对畜牧业的管理,花卉产业发达地区对花卉的管理。“地方性事务”一般指本行政区域内的重大事项,具有全局性、根本性和长远性的特点。我们可以归纳地方性事务具有的特征:即地方特有性、事务本身的全局性和根本性。

第二,从地域范围上来说,是指地域性的事务。地域性事务包含地方特有性事务和非地方特有性的事务。非地方特有性事务是指需要规范的事物在全国范围内的其他地区也普遍存在,但是国家尚未制定专门的法律法规进行调整。可以说非地方特有性事务本身属于国家立法调整的事项,但是国家尚未制定相应的法律规范。而地方性事务则与此相反,为某一地域范围内所特有的,由于其地域性、独特性等,由地方权力机关根据本行政区域的具体情况,有针对性地制定地方性法规。

2.“地方性事务”的界定标准

明确“地方性事务”的界定标准,对于地方权力机关正当行使地方立法权意义重大。有学者针对“地方性事务”提出了“重要程度”的划分标准,即国家享有对重要事项进行立法调整的权力,例如,基本的刑事、民事、经济体制等涉及公民人身权利的事项由国家专享立法权,而在国家层面不具有重要性的事务,可以交由地方进行立法调整。还有学者就“地方性事务”的界定提出“影响范围”标准,即影响范围仅限于地方的,划定为地方性事务,而影响力及于全国的,则划定为非地方性事务。这些标准都在特定层面上揭示了地方事务的某些显著特征,但作为判断标准却稍显笼统,并未深刻揭露地方事务的最为本质的属性。实际上,地方性事务具有丰富的内涵,不适宜采取单一的标准进行判断,而应当多标准并用,以便对特定事务是否属于立法法规定的地方性事务作出更为准确的判断。为此,本书在标准归纳上进行了一些有益的探索。

(1)地方特有性标准

对于明显属于地方特有或具有明显地方特色的、其他地方根本不可能涉及的事务,可直接判断为属于地方性事务;对于少数地方存在,但不具有全国性的事务且不可能制定全国性法律法规的事务,也可以视为地方性事务。

对于地方性事务的理解有两种,其一指行政区划内的事务,其二指相邻或者多个区域存在的事物。从事物性质的角度来说,完全的、绝对的属于某一个地方独有的事务较少,更多的是属于少数地方共有的事务,显然第二种事务的范围一般大于第一种,在地方立法活动中也更为频繁地出现。因此,对“影响范围”标准的理解和掌握不能过于机械,不能说超出某一行政区划就不适用“影响范围”

标准了，实际上，只要这种影响从事物性质上来说的确具有一定的区域性或地方特色，且不可能成为全国普遍存在的、国家也不可能制定法律法规的事务，即可视为影响范围仅仅及于地方，本质上仍属于地方性事务。

（2）全局性、根本性和长远性标准

全局性、根本性和长远性标准是从地方事务本身的内在性质及重要程度来说的。地方事务众多，并非所有地方性事务都属于立法法意义上的“地方性事务”，即具有制定法律法规进行调整的必要性，某一项事务是否属于地方性事务，还应当判断其是否具有立法必要性和合理性。因此，应从事物本身的性质及其重要程度进行判断，那些对地方发展具有全局性、根本性和长远性的地方事务可以判断为地方性事务。

此处所称具有全局性、根本性和长远性的地方事务也可能包含一部分是应当由国家立法但国家尚未立法调整的事务，由于该标准仅对事务的重要程度加以考量，所以两者不相冲突。所谓全局性是指对地方的发展具有全面的影响，如不进行立法规范，将极大地不利于地方的整体发展。而根本性是指事物发展的本源、根基，具有根本性的地方性事务是指与该行政区划有极密切相关性，且对该地方发展具有深远影响，地方立法工作中如对此不加考虑即无法体现“根据本行政区域的实际情况”的事务。所谓长远性是指，该类事务将会影响地区未来较长一段时间的发展趋势和走向，即当前不予考虑，不久将来也必须考虑或者当前不予考虑，将来必成疏漏的事项，为保证该地方事务朝着预期方向发展、法律法规更体现合理性和科学性，确有必要就该类事项进行立法调整，即具有立法价值的事项。以上标准一般都具有事实上的关联性，即具有全局性的事务，通常具有根本性和长远性，在界定具有立法价值的地方性事务上全面、综合地适用以上标准对于保障立法资源的有效使用和最优配置大有裨益。

（3）不属于法律保留事项

特定事项，即便具有根本性、全局性、长远性，且在一定程度上具有地方性，但一旦属于法律保留事项，就绝不可能成立地方性事务。因此，在界定具有立法价值的地方性事务时，必须将法律保留的事项予以排除。何类事项应当由法律保留呢？主要是涉及国防、外交、刑事犯罪、公民人身自由以及某些政治权利的事项，对此，《立法法》第8条作了明确规定，下列事项只能制定法律：（1）国家主权的事项；（2）各级人民代表大会、人民政府、人民法院和人民检察院的产生、组织和职权；（3）民族区域自治制度、特别行政区制度、基层群众自治制度；（4）犯罪和刑罚；（5）对公民政治权利的剥夺、限制人身自由的强制措施和处罚；（6）税种的设立、税率的确定和税收征收管理等税收基本制度；（7）对非国有财产的征收、征用；（8）民事基本制度；（9）基本经济制度以及财政、海关、金融和外贸的基本制度;(10)诉讼和仲裁制度;(11)必须由全国人民代表大会及其常务委员会制定法律的其他事项。这些事项都属于国家法律保留的范围,地方无权制定,地方性事务不包括法律保留事务,这属于根本性标准。

三、法律询问答复对地方性法规立法界限的确定

全国性立法的立法程序复杂,出台时间长,而地方性立法相对较为灵活,能积极回应地方需求,但是根据《宪法》和《立法法》的规定,地方性立法的权限和范围仍不够明确。因此,借助法律询问答复等资料对地方立法权限作进一步界定非常必要。通常,地方立法的法律询问反映的是地方性法规立法权限不明的问题,而针对此类问题的询问,全国人大法工委依据宪法和法律作出了答复。从答复的内容来看,全国人大法工委从肯定和否定两个角度对地方立法权限问题进行了明确:即地方性法规立法主体可以就何类事项立法和不可就何类事项立法。

(一)地方性法规可以立法的事项分类

涉及地方性法规立法权限的法律问题询问答复共23条,其中8条涉及地方性法规可以立法的事项。对此8条法律答复进行具体分析,其明确地方性法规可以立法的事项类型主要有以下四种情况。

1. 地方立法工作程序事项

在2000年第4条法律询问的答复中,地方提出,“省人大能否对全省地方立法工作程序进行统一规定”? 全国人大法工委作出如下答复:“根据《立法法》第68条第1款规定:‘地方性法规案、自治条例和单行条例案的提出、审议和表决程序,由本级人民代表大会规定。’因此,较大的市的地方性法规的制定程序应由本级人大制定。较大的市关于地方性法规制定程序的规定,属于地方性法规,须报省人大常委会批准。自治州、自治县的人民代表大会可以根据《立法法》第68条第1款的规定,对自治条例和单行条例案的提出、审议和表决程序作出规定,这些程序性的规定不属于自治条例和单行条例,可以不按照自治条例和单行条例的批准程序报请省人大常委会批准。”

上述答复表明:省级人民代表大会可以对全省地方立法工作程序进行统一规定,即地方性法规可就地方立法工作程序问题进行立法,但须严格依照《立法法》的相关规定。由此可知,地方立法工作程序问题属于地方性法规立法权限范围内的事项,亦即地方立法工作程序属于地方性法规自主立法权限范围内的事项,是地方“可以立法事项”。地方人大可以对此类事项作出规定,而较大市所制定的地方性法规还需上报省人大常委会批准。

2. 无上位法依据的行政许可事项

在2004年第34条法律询问的答复中,地方提问,如何理解和掌握《行政许

可法》有关规定？全国人大作出的答复为："同意来函中的第一种意见。《行政许可法》第15条第1款规定，本法第12条所列事项，尚未制定法律、行政法规的，地方性法规可以设定行政许可。这一规定应当理解为，在尚未制定法律、行政法规的情况下，也就是无上位法依据时，地方性法规可以设定行政许可。如果某一领域或者某一事项制定了法律、行政法规，但法律、行政法规没有设定行政许可的，或者对该领域内某一事项未设定行政许可的，地方性法规不得设定行政许可。"

答复意见指出地方性法规可以和不可以设定行政许可的两种不同情形。可以设定行政许可的情形为：无上位法设定此项行政许可，地方性法规就可以先行立法，设定行政许可。不可以设定行政许可的情形为：某类行政许可事项或其所涉领域已有上位法依据，但上位法没有对此设定行政许可时，地方性法规就不得设定行政许可。由此可知，对于没有上位法依据的行政许可事项，地方性法规就可以将其纳入自身立法权限范围内，成为地方性法规"可以立法事项"。

3. 行政处罚相关事项

关于行政处罚相关问题的法律询问答复不止一个，而不同的法律答复涉及的具体行政处罚问题亦不相同。而法律答复对这些具体问题的处理主要有以下两种表现形式：

第一，地方性法规可以依照法律和行政法规对违法行为作出行政处罚的具体规定。在2003年第9条的法律询问答复中，地方询问："《气象法》没有规定给予行政处罚的行为，地方性法规规定给予行政处罚是否符合《行政处罚法》的规定"？全国人大法工委的答复为："《行政处罚法》第11条第2款规定：'法律、行政法规对违法行为已经作出行政处罚规定，地方性法规需要作出具体规定的，必须在法律、行政法规规定的给予行政处罚的行为、种类和幅度的范围内规定。'根据这一规定，地方性法规在对法律规定的行政处罚予以具体化时，应当在法律规定的行为、种类和幅度内作出规定，不能增加新的行为和种类。来函所列举的行为如果是对《气象法》第37条的具体化，则只能规定警告的行政处罚；如果有的行为需要行政处罚的，可以依据有关法律、法规的规定给予处罚。"由答复内容可知，当法律与行政法规对违法行为作出行政处罚时，地方性法规就可以根据此行政处罚作出具体规定，但需在法律规定的行为、种类和幅度内，即地方性法规有作出行政处罚具体规定的立法权力，而此种权力需要受到上位法的限制。但最重要的是地方性法规可以对行政处罚作出具体规定，这是地方性法规"可以立法事项"。

同样地，2005年第26条法律询问答复也属上述情况。地方就关于《文物保护条例》设置行政处罚的有关问题提出询问，全国人大法工委的答复如下："《文物保护法》已经对违反《文物保护法》的行为规定了相应的行政处罚，地方性法规应当依照《行政处罚法》第 11 条的规定，在法律规定的违法行为的范围内作出具体规定。法律没有规定的，地方性法规不应对此设定行政处罚。《文物保护法》第 64 条规定：‘故意或者过失损毁国家保护的珍贵文物，或者盗窃、哄抢、私分或者非法侵占国有文物，构成犯罪的，依法追究刑事责任。’《治安管理处罚法》第63 条第1 款第2 项规定：‘违反国家规定，在文物保护单位附近进行爆破、挖掘等活动，危及文物安全的，可以依法给予治安管理处罚。’根据这些规定，在施工中发现古文化遗址、古墓葬等珍贵文物后拒绝文物部门介入，强行施工造成珍贵文物毁损的，可以依法给予治安管理处罚，构成犯罪的，依法追究刑事责任”。由上述答复意见可知，《文物保护法》已对违反其规定的行为设置了相应的行政处罚。也就是说，地方性法规对此类问题进行规定时已有上位法依据。在地方性法规对此类违法行为进行处罚时，就必须依照上位法律的规定具体制定处罚。

第二，地方性法规可以在法律与行政法规设定的行政处罚幅度内规定处罚幅度事项。2005 年第 21 条法律询问答复，地方的疑问是“地方性法规应如何设置行政处罚的幅度”？全国人大法工委的答复是：“《行政处罚法》第 11 条第 2 款规定：‘法律、行政法规对违法行为已经作出行政处罚规定，地方性法规需要作出具体规定的，必须在法律、行政法规规定的给予行政处罚的行为、种类和幅度的范围内规定。’根据这一规定，地方性法规规定行政处罚的幅度时，可以在法律、行政法规规定的行政处罚的幅度内提高或者降低上限，但不得突破行政处罚的幅度，降低下限或者提高上限。《行政处罚法》第 52 条规定：‘当事人确有经济困难，需要延期或者分期缴纳罚款的，经当事人申请和行政机关批准，可以暂缓或者分期缴纳。’按照这一规定，对经济确有困难的当事人可以延期或者分期缴纳罚款。”此条答复意见表明，地方性法规有权规定行政处罚幅度，但此幅度须限制在法律与行政法规对行政处罚幅度的规定中。地方性法规的立法类型中有一种是执行性立法，而地方性法规对于法律与行政法规已有规定的行政处罚幅度的具体规定，即属于此种立法类型。既然是执行法律与行政法规的规定，自然必须在其规定的处罚幅度内设置地方性的处罚幅度。

2004 年第 17 条的法律询问答复，亦是关于行政处罚幅度问题的解答。不同的是，本条具体到了“罚款幅度”的规定。地方的提问是：“较大的市能否对违反《道路交通安全法》的行为制定罚款的具体执行标准?”全国人大法工委的答复为：“《道路交通安全法》对违反本法的行为规定了罚款幅度，对于各地具体的执行标准，在制定《道路交通安全法》时，考虑到我们国家大，各省、自治区、直辖市经济社会发展不平衡等实际情况，在该法第 123 条规定：‘省、自治区、直辖市人民代表大会常务委员会可以根据本地区的实际情况，在本法规定的罚款幅度内，规定具体的执行标准。'在一个省、自治区的范围内，以制定统一的具体执行标准为宜。"由此答复可知，省一级地方立法主体可以对违反《道路交通安全法》的行为制定罚款的具体执行标准，较大的市的立法主体却不可以。即省级地方性法规可以对此制定罚款的具体标准，而较大的市却没有此权力。至于罚款幅度的具体执行标准，地方性法规可以进行立法，但仍须遵从其直接上位法——《道路交通安全法》对于罚款幅度的规定。

4."保护性开采的特定矿种"的管理问题

在2004年第33条法律询问答复中，地方提出问题："地方性法规中对'保护性开采的特定矿种'应如何规定"？全国人大法工委答复如下："《矿产资源法》对属于国家规定实行保护性开采的特定矿种的矿产资源的勘查登记和开采审批已作了明确、具体的规定，地方性法规中可不再规定。对实行保护性开采的特定矿种的矿产品的加工、收购、销售等环节的管理，地方性法规可以在不同法律、行政法规相抵触的前提下作出规定。"

根据上述答复意见，因"保护性开采的特定矿产"的相关问题已由《矿产资源法》作出规定，而地方性法规在执行此规定时，就可以针对执行事项如管理问题作出具体规定，只要不与法律与行政法规相抵触即可。由此可知，在有上位法依据的情况下，"法律执行性相关问题"也成为"地方可以立法事项"。

（二）地方性法规不可以立法的事项分类

对涉及不可以立法事项的15条法律询问答复进行归纳，可将地方性法规不可以立法的事项分为以下几种类型。

1.不得超越"专属立法权"范围

地方性法规立法事项涉及"专属立法权"范围时，与之前的"法律保留"原则联系在一起。换言之，法律保留范围是地方性法规不可以立法事项。法律询问答复中的这类事项主要是法律专属立法权事项，具体包括：设立罪犯保证金事项、人事争议仲裁事项、"不动产登记"事项和毒品范围事项等。而法律询问答复关于这些不可以涉及"专属立法权"具体立法事项的解答如下：

第一，地方性法规不可以设立罪犯保证金事项。在2000年第1条法律询问答复中，地方提出的问题是："设立罪犯假释保证金、保外就医保证金是否属于中央立法权，地方性法规可否对此作出规定"？全国人大法工委的答复为："《刑法》对假释和保外就医的条件和执行作了明确规定，其中未规定被假释或者保外就医的人要交纳保证金。对于是否需要规定假释保证金和保外就医保证金，情况比较复杂，需要进一步研究，地方性法规不得对此作出规定。"由上述答复可知，设立罪犯假释保证金、保外就医保证金属于刑罚执行问题，已由基本法律《刑法》作出了规定,地方性法规不能就此专属立法权事项再行立法,即地方立法不得超越“专属立法权”。

第二,地方性法规不可以就人事争议仲裁作出规定。2004 年第 22 条法律询问答复中,地方提问:“地方能否就人事争议仲裁进行立法”？全国人大法工委的答复为:“根据《立法法》第 8 条的规定,仲裁制度是全国人大及其常委会的专属立法权,因此,地方性法规不能规定仲裁制度。从该市草拟的‘人事争议处理条例’的内容来看,该条例规定了人事争议仲裁制度,超出了《立法法》规定的地方性法规的权限范围。”答复意见已经很明确指出,因仲裁制度属专属立法权范围,地方性法规就不能对其进行规定,也就不能规定人事争议仲裁制度。

第三,地方性法规不宜规定涉及“不动产登记”事项。2004 年第 32 条法律询问答复中,地方提问:“地方性法规能否规定人防工程产权登记”？全国人大法工委给出了如下答复:“关于人民防空工程设施的登记问题,如属不动产权登记,则涉及民事法律基本制度。此外,这个问题比较复杂,各地情况也不完全一致,尚需中央有关部门统一研究解决,以不在地方性法规中规定为宜。”人防工程产权登记,属于不动产登记问题,其涉及民事法律基本制度。依据《宪法》和《立法法》的相关规定,民事法律基本制度属于“中央专属立法权”范围,因此,地方性法规不宜针对此问题进行规定。

2. 不得取消设置法制委员会

在 2001 年第 1 条的法律询问答复中,地方提出了“本届人民代表大会可否暂不设立法制委员会”的问题,全国人大法工委是这样答复的:“《立法法》第 68 条第 2 款规定:‘地方性法规草案由负责统一审议的机构提出审议结果的报告和草案修改稿。’全国人大常委会办公厅《关于贯彻实施〈立法法〉第 68 条有关规定的意见》中指出,‘负责统一审议的机构是指人民代表大会依照《政府组织法》设立的专门委员会。’‘凡没有设立法制委员会的地方,应当在 2001 年举行人民代表大会会议的时候,选举产生法制委员会。’作为专门委员会的法制委员会,由人大代表组成,履行统一审议的职责。常委会的工作机构不能代替法制委员会行使审议权。因此,设立法制委员会并使之履行统一审议职责,是贯彻落实《立法法》的需要,有地方立法权的地方人大应当在 2001 年举行的人民代表大会会议上,选举产生法制委员会。关于法制委员会组成人员的条件,法律除规定必须是人大代表外,没有其他具体规定,可在现有代表中选择一些比较合适的人员作为拟任人选。具体工作可以依靠法制工作委员会来做。各地都是按照这一精神办的”。

答复中的意见表明,因设立法制委员会是《立法法》的规定,地方性法规在涉及此项问题要作出规定时，不得违反上位法的规定，作出与其相抵触的规定，这也是遵循法律优位原则的体现。

3. 不得增设行政许可事项

在2004年第9条法律询问答复中，地方提问："如何理解《行政许可法》若干规定"？全国人大法工委的具体答复如下："一、关于地方性法规不得增设行政许可的问题……《行政许可法》第16条第2款规定：'地方性法规可以在法律、行政法规设定的行政许可事项范围内，对实施该行政许可作出具体规定。'第4款规定：'法规、规章对实施上位法设定的行政许可作出具体规定，不得增设行政许可；对行政许可条件作出的具体规定，不得增设违反上位法的其他条件'。因此，地方性法规在作具体规定时，只能在法律、行政法规设定的行政许可事项范围内对实施行政许可的条件、程序等作具体规定。地方性法规在作具体规定时，超出法律、行政法规设定的行政许可事项，设定相关的行政许可，包括来函所列举的情况，属于增设了行政许可。二、关于年检（定期检验）的问题……《行政许可法》第62条第2款规定：'行政机关根据法律、行政法规的规定，对直接关系公共安全、人身健康、生命财产安全的重要设备、设施进行定期检验。对检验合格的，行政机关应当发给相应的证明文件。'因此，只有法律、行政法规可以规定定期检验（年检），地方性法规不得规定定期检验（年检）。"这条答复意见表明，地方性法规对行政许可事项作出执行性规定时，不得超出法律与行政法规设定的行政许可事项范围。而地方提议中所列情况，属于增设行政许可，这不是地方性法规立法权限范围事项，不应予以规定。

4. 不得增设对机动车超标排放的罚款等行政处罚

在2005第35条法律询问答复中，地方询问："上路行驶的机动车排气污染超标能否设定行政处罚"？全国人大法工委答复："1. 在2000年修订《大气污染防治法》时，曾对在用机动车污染物排放不符合标准是否要给予罚款等行政处罚问题作过专门研究。考虑到引起机动车排放超标的情况比较复杂，并非都是因车主的违法、过错行为所致，不宜规定对车主给予罚款等行政处罚；罚款等处罚也不能有效解决机动车排放超标问题。关键是为防止机动车超标排放对环境的污染，应当禁止超标排放的机动车上路行驶。为此，《大气污染防治法》第33条第1款规定：'在用机动车不符合制造当时的在用机动车污染物排放标准的，不得上路行驶。'对于禁止超标排放的机动车上路行驶的措施，地方性法规可以作出具体规定（如可以规定由公安交通管理部门暂扣车辆行驶证）。但依照《行政处罚法》第11条第2款的规定，地方性法规不得增设对机动车超标排放的罚款等行政处罚。2. 为避免多头上路拦车检查，《大气污染防治法》第35条第3款明确规定：'县级以上地方人民政府环境保护行政主管部门可以在机动车停放地对在用机动车的污染物排放状况进行监督检测。'法律未授权环保部门可以上路拦车进行尾气排放抽测。"从答复意见中可以看出,地方性法规在作出执行性立法具体规定时,不能超出上位法——《行政处罚法》的范围,不得增设对机动车超标排放的罚款等行政处罚。这是法律询问答复明确给出的地方性法规不可以立法事项之一。

5. 其他事项

地方性法规在作出执行性立法规定时,在上位法已有规定的情况下,不得变更其规定,作出与上位法相抵触的立法规定。法律询问答复中具体有以下三种情况:

其一,地方性法规不可改变"暂扣运输车辆"的执法主体。2000 年第 12 条的法律询问中,地方提问:"地方性法规中对交通部门暂扣运输车辆的规定是否与《公路法》有关规定不一致?"全国人大法工委答复:"在《公路法》制定过程中,起草部门曾提出,建议在该法律中规定,对不按规定缴纳公路建设、养护费用的,交通主管部门可以暂扣车辆。立法机关经研究后,未采纳该意见,而是规定,由交通主管部门依法申请法院强制执行。因此,地方性法规不能因为不按规定缴纳公路建设、养护费用,而规定由交通主管部门'暂扣运输车辆'。"答复意见表明,因《公路法》已对暂扣车辆问题作出规定,地方性法规不能作与之相抵触的规定,否则违反法律优位原则,因此改变暂扣运输车辆执法主体等相关事项属于地方性法规不可以立法事项。

其二,地方性法规不可自行设定"用血互助金"。2002 年第 5 条的法律询问答复中,地方提问为:"在制定实施《献血法》的地方性法规中能否设置用血互助金"?全国人大法工委答复:"《献血法》第 14 条第 1 款规定:'公民临床用血时只交付用于血液的采集、储存、分离、检验等费用;具体收费标准由国务院卫生行政部门会同国务院价格主管部门制定。'该条明确限定了公民临床用血的收取范围,地方立法不应当在此范围之外自行设定'用血互助金'。"此答复表明,因《献血法》已明确限定了公民临床用血的收取范围,地方性法规就不能在此范围之外作出与其规定相左的内容,因此,设定互助用血金等相关问题是地方性法规立法权限排除事项。

其三,地方性法规不可改变"农用运输车"的管理主体。2001 年第 14 条法律询问答复中,地方询问:"农用运输车是由农机部门管理还是由公安部门管理"?全国人大法工委答复:"关于农用运输车的管理机关问题,国务院颁布的《道路交通管理条例》和《关于改革道路交通管理体制的通知》中已规定由公安机关按机动车辆进行管理。为了保证法制的统一,地方性法规不能同国务院行政法规相抵触,不能改变这一规定。"由此询问答复意见可知,关于农用运输车的管理机关问题，行政法规已作出规定。因此，地方性法规在作出执行性立法规定时，不能与之抵触。

第三节 地方行政机构的立法权限

一、行政立法权限的概念

现代行政国家的不断发展和行政事务的日益增长，加之行政机关所具有的专业性、具体性和便捷性等立法优势，使地方政府立法的增加成了一项无法阻挡的必然趋势。[1] 行政立法权，即行政立法设定权，是指在一国立法体系内部，根据宪法与相关法律的规定，行政机关可以行使的制定、修改或废除行政法规与行政规章的权力。行政立法权与行政立法权限是两个不同的概念，而在目前的学术研究中却经常将两者混为一谈。行政立法权是行政立法权限的上位概念，行政立法权限是行政立法权的深入化与详细化。一个行政机关只有首先拥有宪法和法律赋予的行政立法权，才能谈得上可以对什么事项立法，即行政立法权限问题。行政立法权要解决的是行政机关有没有立法权的问题，行政立法权限要解决的是行政机关针对哪些事项有行政立法权的问题。区分行政立法权与行政立法权限的意义在于：在解决了行政机关有无立法权的前提之后，只有继续探讨行政立法权限问题，即行政机关可以针对哪些事项拥有立法权，才能从理论上真正解决行政立法失控、违反行政立法权限的问题。

现阶段，我国大多数关于行政立法权限的研究成果在不同程度上混淆了这两个概念，将行政立法权限等同于行政立法权，仅观察到行政机关能否行使行政立法权，而忽略了行政机关可以针对哪些事项行使行政立法权等深层次问题，导致研究的肤浅化与表面化，这确是研究行政立法权限的一个大的误区。在此认识的基础上，我们可为行政立法权限下一个明确的定义，即行政立法权限是指享有行政立法权的行政机关依法制定行政法规或者行政规章的权力及其限制。在一个国家的立法体系中，行政立法权限问题是从属于国家总的立法权限的下位阶问题，“立法权限范围，就是立法主体行使立法权的界限，主要指能在多大范围内行使立法权，应在多大范围内行使立法权，事实上在多大范围内行使立法权的问题”。“立法权限范围”这一命题包含两层意思：一指立法权可以和应达到何种界限，另一指立法权不能超出何种界限。而行政立法权限是否法律化、制度化、规范化与明确化，关系到行政立法权是否能够规范与科学地被行使，也关系

[1] 参见张闯：《论地方政府立法的权限与范围》，载《南京社会科学》2011 年第 8 期。

到行政立法权是否能够受到正确的限制与指引，因此可以认为行政立法权限的确定是一个国家立法体系是否科学与民主的标志之一。

二、行政立法权限的规范分析

规范我国行政立法权限的法律主要是《宪法》《立法法》及多部单行法律，其中单行立法主要有《行政处罚法》与《行政许可法》。我国《宪法》与《立法法》以较大篇幅试图对国家不同立法主体的立法权限问题作出较为具体的规定，但我国的国体、政体以及国家结构形式上的诸多因素对我国《立法法》关于各个立法主体的立法权限划分构成了许多挑战，所以从《立法法》对各种立法主体的立法权限划分来看，仍然存在许多问题；而单行法律数量上的不足，以及对规范行政立法权限问题的忽略造成了单行法律规范行政立法的制度缺陷。

(一)《宪法》关于国家法律立法权限的保留规定

我国《宪法》对众多事项的立法事项作出了法律上的立法权限的保留规定。《宪法》第58条规定，全国人大及其常委会行使国家立法权，制定和修改刑事、民事、国家机构的和其他的基本法律。关于法律立法权限保留的具体规定有：(1)特别行政区设立及其实行的制度(第31条)；(2)全国人民代表大会代表名额和代表产生办法(第59条)；(3)国务院的组织(第86条)；(4)地方各级人民代表大会和地方各级人民政府的组织、自治机关的组织和工作(第95条)；(5)地方各级人民代表大会代表名额和代表产生办法(第97条)；(6)居民委员会、居民委员会同基层政权的相互关系(第111条)；(7)人民法院的组织(第124条)；(8)人民检察院的组织(第130条)。我国宪法规定以上八项事项的立法权限是专属于法律的立法权限范围内的，而不能由行政立法予以规定；同时我国《宪法》第89条规定了国务院的立法权限，国务院可以根据宪法和法律，规定行政措施，制定行政法规，发布决定和命令；《宪法》第90条规定国务院各部、委员会根据法律和国务院的行政法规、决定、命令，在本部门的权限内，发布命令、指示和规章。以上规定构成了《宪法》对我国立法权限的基本制度构建。

在我国，行政立法权限的划分问题首先是一个宪法问题。因为国家立法权是用来制定、认可和变动法的权力。洛克认为："立法权是最高的权力"，"因为它有权为社会的一切部分和每个成员制定法律，制定他们行为的规则"，而"谁能够对另一个人制定法律就必须在他之上"。同时，立法权也是其他一切权力的渊源，"社会任何成员或社会的任何部分所有的其他一切权力，都是从它获得和隶属于它的"。立法权作为国家最重要的权力，在一个国家中具有举足轻重的地位，而能够对立法权限作出基本划分的只能是国家的根本法，即由宪法对包括行政立法权限在内的整个立法权限体系作初步调整。这就要求我们在划分行政立法权限时必须维护与遵循宪法关于立法权限的基本原则。考察我国的行政立法权限划分时，必须首先从《宪法》出发，凡是由《宪法》规定的属于法律立法权限的事项只能由全国人大及其常委会以法律的形式规定，而不能由行政机关予以规定。

（二）《立法法》关于地方行政立法权限的划分

2015 年《立法法》对行政立法体系内部的行政立法权限作出了明确划分：第 65 规定国务院可根据宪法和法律就下列事项制定行政法规：(1) 为执行法律的规定需要制定行政法规的事项；(2)《宪法》第 89 条规定的国务院行政管理职权的事项。应当由全国人民代表大会及其常务委员会制定法律的事项，国务院根据全国人民代表大会及其常务委员会的授权决定先制定行政法规的，经过实践检验，制定法律的条件成熟时，国务院应当及时提请全国人民代表大会及其常务委员会制定法律。《立法法》的这一条文实质上是对地方行政机关立法权限的排除性规定。

《立法法》第 82 条规定省、自治区、直辖市和设区的市、自治州的人民政府，可以根据法律、行政法规和本省、自治区、直辖市的地方性法规，制定规章。地方政府规章可以就下列事项作出规定：(1) 为执行法律、行政法规、地方性法规的规定需要制定规章的事项；(2) 属于本行政区域的具体行政管理事项。设区的市、自治州的人民政府根据本条第 1 款、第 2 款制定地方政府规章，限于城乡建设与管理、环境保护、历史文化保护等方面的事项。已经制定的地方政府规章，涉及上述事项范围以外的，继续有效。除省、自治区的人民政府所在地的市，经济特区所在地的市和国务院已经批准的较大的市以外，其他设区的市、自治州的人民政府开始制定规章的时间，与本省、自治区人民代表大会常务委员会确定的本市、自治州开始制定地方性法规的时间同步。应当制定地方性法规但条件尚不成熟的，因行政管理迫切需要，可以先制定地方政府规章。规章实施满两年需要继续实施规章所规定的行政措施的，应当提请本级人民代表大会或者其常务委员会制定地方性法规。没有法律、行政法规、地方性法规的依据，地方政府规章不得设定减损公民、法人和其他组织的权利或者增加其义务的规范。

《立法法》上述条文是对行政立法内部的权限划分的基本规定，基本明确省、自治区、直辖市可以根据法律、行政法规和本省、自治区、直辖市的地方性法规就执行法律、行政法规、地方性法规的规定需要制定规章的事项以及属于本行政区域的具体行政管理事项制定规章。设区的市、自治州的人民政府的规章制定权在上述前提下仅限于城乡建设与管理、环境保护、历史文化保护等。相比原《立法法》，现行《立法法》在赋予所有设区的市以地方立法权等方面呈现出下放的趋势，由此构成我国当前行政管理领域立法"一个中心、两条主线"的基本格局。[1]

（三）单行立法对地方行政立法权限的影响

当前，单行立法对行政立法权限的规定主要表现为《行政处罚法》与《行政许可法》的有关规定，不仅调整国务院授权性行政立法的立法权限，而且还规范着部门规章与地方规章的立法权限。

单行立法对国务院的授权性行政立法进行了规范，例如，《行政处罚法》第10条规定，行政法规可以设定除限制人身自由以外的行政处罚；《行政许可法》第14条规定，法律尚未设定许可的，行政法规可以先行设定行政许可。在职权性行政立法与执行性行政立法方面，《行政处罚法》规定，部门规章与地方规章可以在法律、行政法规规定的给予行政处罚的行为、种类和幅度的范围内作出具体规定；尚未制定法律、行政法规的，规章可以设定警告或者一定数量罚款的行政处罚，罚款的限额由国务院规定。《行政许可法》规定，地方规章不得设定应当由国家统一确定的公民、法人或者其他组织的资格、资质的行政许可；不得设定企业或者其他组织的设立登记及其前置性行政许可；其设定的行政许可，不得限制其他地区的个人或者企业到本地区从事生产经营和提供服务，不得限制其他地区的商品进入本地区市场。

同时，单行立法对行政立法权限的规定在很大程度上弥补了《宪法》《立法法》有关法律法规的不足与缺陷，使行政立法权限符合法律规定的要求。从法治的要求来说，行政规范的作用范围，只能存在于法律所存在的缺陷之处，起弥补作用而非替代作用，或将法律规范置于一边而另起炉灶。在规范行政立法权限的问题上，单行立法的相关规定的作用是不容忽视的。

经以上分析，可初步得出结论：我国已经初步形成了以《宪法》《立法法》为主，以其他单行立法为辅的行政立法权限规范体系；其中具体权限划分按照执行性立法、职权性立法与授权性立法的分类框架，对三种行政立法权限进行了个别规定，形成了中国独特的行政立法权限规范方式。

第四节　民族自治地方的立法权限

一、民族自治地方立法概述

民族立法，即民族法的创制，是指有权的国家机关依照一定的程序，制定、认

[1] 参见王飞凡：《"行政立法三部曲"与立法法的立法权位移之比较》，载《四川警察学院学报》2015年第5期。

可、修改、变通、补充、解释、废止、编纂民族法律法规的活动，是依法调整国内民族关系、管理民族事务的前提和基础。民族自治地方立法是指民族自治地方的自治机关依法制定自治法规的行为，包括制定自治条例、单行条例、变通规定和补充规定；也包括自治行政立法，民族地方人民政府制定自治规章。[1] 民族自治地方立法是介于一般地方立法、经济特区立法和特别行政区立法之间的一种特殊地方立法形式，立法自主程度大于前者，小于后者。

二、民族自治地方的立法权限

民族自治地方自治权，是国家出于民族自治地方特殊政治地位而授予的一项特殊权力。民族自治地方的自治权问题是民族地方立法工作的核心，民族自治地方行使自治权首先就是要行使立法自治权。立法自治权是自治权力机构的基础，立法自治权是否充分行使是检验自治权落实情况的重要标准。现行宪法和民族区域自治法都把立法自治权放在其它自治权之首，除规定民族自治法规外，还有两条重要规定：第一，民族自治地方的自治机关根据本地方的实际情况，在不违背宪法和法律的原则下，有权采取特殊政策和灵活措施；第二，上级机关的决议、决定、命令和指示，如有不适合民族自治地方实际情况的，自治机关可以报请上级国家机关批准，变通执行或停止执行。

（一）制定自主性法规

《宪法》第116条规定："民族自治地方人民代表大会可以依照当地民族的政治和文化的特点，制定自治条例和单行条例。"《民族区域自治法》第19条规定："民族自治地方的人民代表大会有权依照当地民族的政治、经济和文化的特点，制定自治条例和单行条例。自治区的自治条例和单行条例，报全国人民代表大会常务委员会批准后生效。自治州、自治县的自治条例和单行条例报省、自治区、直辖市的人民代表大会常务委员会批准后生效，并报全国人民代表大会常务委员会和国务院备案。"自主权是自治权的关键所在，因此，民族自治地方在《宪法》第117～121条、《民族区域自治法》第21～45条所规定的各项自治权限范围内，可以根据需要自主制定自治法规。当然，这些自治条例和单行条例的制定，除依照当地民族的特点和实际需要外，还必须遵循宪法、民族自治法和相关法律的基本原则，以保证国家法制的整体统一性。

《立法法》第75条规定，民族自治地方的人民代表大会有权依照当地民族的政治、经济和文化的特点，制定自治条例和单行条例。自治区的自治条例和单行条例，报全国人民代表大会常务委员会批准后生效。自治州、自治县的自治条例和单行条例，报省、自治区、直辖市的人民代表大会常务委员会批准后生效。

---

〔1〕 参见尚晓玲：《当前我国民族自治地方立法权限问题探析》，载《行政与法》（吉林省行政学院学报）2004年第6期。

自治条例是民族自治地方人大行使自治权制定的有关本地区实行民族区域自治的基本制度的或综合性的规范性法律文件，单行条例是行使自治权制定的调整某一方面事项的规范性法律文件。自治条例和单行条例，是民族自治地方反映本地政治、经济、文化和其他方面的特殊情况，行使自治权，发展民族自治地方各相关事业，从本地特殊情况出发，贯彻实施宪法、法律、行政法规的重要的法的形式。自治条例和单行条例可以作为民族自治地方的法律依据，其类型包括自主性法规、变通性法规。自主性法规表现形式又可分为以下三种。

1. 补充性法规

由于社会关系的复杂性、民族地区的特殊性以及立法技术的局限性，国家法律、法规不可能把每个细微之处都涉及，特别是民族自治地方具有其民族特色，作为普通适用的国家法律无法将其囊括，因此必须赋予民族自治地方根据当地的特点制定补充规定的权力，拾遗补阙，使之更加完备，避免法律本身出现“真空地带”。民族自治地方所处地域的地貌、所保留的名称、文物、遗址和所拥有的自然资源具有极大的独特性，尤其是某些具有重要的政治、经济、历史、文化、科研、艺术等价值，能够较为真实完整地体现地域特色、民族风俗和传统文化的名胜、文物、遗迹及自然资源等，属于本级政府保护管理的，民族自治地方可以制定单行条例。例如，《伊犁哈萨克自治州伊犁河额尔齐斯河渔业资源保护条例》就是在遵循环境保护法、水污染防治法、野生动物保护法，渔业法等法律的基本原则和立法精神的基础上，结合伊犁河、额尔齐斯河渔业资源现状制定的条例，以达到协调各方关系、兼顾各方利益的目的，同时也便于自治州机关依法行使自主管理权。又如，2005 年 4 月 1 日出台的《昌吉回族自治州硅化木保护管理条例》，该条例是自治州第一部单行条例，具体规定了硅化木保护管理部门、保护管理经费来源、保护区域主管部门的主要职责等，而且对违反条例的各种行为将进行严厉处罚，从而使昌吉州境内历史意义重大的树木化石等资源受到了有效保护。

2. 特殊性立法

特殊性立法是指国家不便立法的事项，通过自治立法予以规范。我国作为多民族国家，一般不会针对各民族的个性问题进行专门立法，而只能通过自治法规的形式来规范、调整、解决本行政区内的重大且紧迫的问题，减少和避免自治地方管理的随意性。如《巴音郭楞蒙古自治州语言文字管理条例》，就是专门就自治地方蒙语、维语的学习及使用、研究发展等个性问题而制定的自治条例。此类特殊性立法在民族个性问题的处理和解决上起到了极大的积极意义，在维护国家法制统一的同时有效地保护了民族特殊性。

3. 先行性立法

先行性立法即国家尚未立法的事项，自治地方可以先行制定相关地方性法规。相关事项主要是《立法法》第8条规定的中央专属立法事项之外，国家尚未制定法律或行政法规的其他事项。在国家制定的法律或法规生效实施后，与之相抵触的自治法规无效，制定机关应当及时予以修改和废除。它既能满足各民族自治地方社会发展的实际需要，同时也为国家制定全国性同类法律探索方法，积累经验。因此，尽管《立法法》第73条第2款规定的享有"地方先行立法权"的主体只是省、自治区、直辖市、较大的市，不包括民族自治地方，但民族自治地方完全可以依据宪法和民族区域自治法所赋予的自治权，自主制定自治法规。

（二）立法变通权

变通立法是我国宪法赋予民族区域自治地方的重要权力之一，从理论上讲，它是指民族区域自治地方的权力机关根据《宪法》、《民族区域自治法》以及《立法法》的规定，在其权限范围内，对于不适合本地区实际情况的法律法规的部分规定，按照法定的程序进行变通规定。[1]《民族区域自治法》第20条规定，上级国家机关的决议、决定、命令和指示，如有不适合民族自治地方实际情况的，自治机关可以报经国家机关批准，变通执行或者停止执行。《立法法》第75条规定，民族自治地方的人民代表大会有权依照当地民族的政治、经济和文化的特点，制定自治条例和单行条例。自治区的自治条例和单行条例，报全国人民代表大会常务委员会批准后生效。自治州、自治县的自治条例和单行条例，报省、自治区、直辖市的人民代表大会常务委员会批准后生效。

《立法法》赋予民族自治地方制定变通规定的立法权限充分考虑到了民族自治地方的客观实际情况，也是民族自治地方在制定自治条例和单行条例时能够发展的基本途径。因此，实行民族区域自治的自治机关，在编制民族立法规划和计划时，由于少数民族基本特征方面的事项有可能是国家法律、行政法规和地方性法规所无法全面顾及的，应当根据本民族政治、经济、语言文字、风俗习惯以及宗教信仰等方面的特点，制定相应变通的立法项目，及时填补法律、法规在这些方面的空白，使上述民族特色事项或权利得到实现。例如，针对新疆少数民族在饮食方面的禁忌变通制定的《清真食品卫生管理条例》，该条例尊重食用清真食品民族的饮食习惯，加强清真食品管理，规范了清真食品生产经营活动。

除《宪法》《民族区域自治法》《立法法》的规定外，部分法律还对民族自治地方制定变通或补充规定设立了授权条款。比如，《婚姻法》第50条规定，民族自治地方的人民代表大会有权结合当地民族婚姻家庭的具体情况，制定变通规定。自治州、自治县制定的变通规定，报省、自治区、直辖市人民代表大会常务委员会批准后生效。自治区制定的变通规定，报全国人民代表大会常务委员会批准后

---

〔1〕 参见曹平、曹全来、杨鹏：《扩大地方立法主体背景下我国民族自治地方立法研究——以广西壮族自治区立法为研究视角》，载《广西民族研究》2015年第6期。

生效;《继承法》第 35 条授权"民族自治地方的人民代表大会可以根据本法的原则,结合当地民族财产继承的具体情况,制定变通的或者补充的规定";《刑法》第 90 条规定,民族自治地方不能全部适用本法规定的,可以由自治区或者省的人民代表大会根据当地民族的政治、经济、文化的特点和本法规定的基本原则,制定变通或者补充的规定,报请全国人民代表大会常务委员会批准施行;《森林法》第 48 条规定:"民族自治地方不能全部使用本法规定的,自治机关可以根据本法的原则,结合民族自治地方的特点,制定变通或者补充规定……"

(三)立法变通的例外

宪法、民族区域自治法赋予民族自治地方较大的自治权,这种自治权力在立法上的体现即自治法规可根据本地方的实际对中央和地方上级国家机关的法律、法规作出相应的变通规定。《宪法》和《民族区域自治法》规定,民族自治地方的自治机关"根据本地区实际情况贯彻执行国家的法律、政策";"民族自治地方的自治机关根据本地方的情况,在不违背宪法和法律原则下,有权采取特殊政策和灵活措施,加速民族自治地方经济、文化建设事业的发展";"民族自治地方的人民代表大会有权依照当地民族的政治、经济和文化的特点,制定自治条例和单行条例"。这些规定表明,民族自治地方的自治机关在贯彻执行国家法律方面,具有比同级一般国家机关更大的灵活性。民族自治地方可以通过制定自治条例、单行条例对国家法律中某些不适应本地区情况的规定进行变通。广泛的自治权力决定变通内容的广泛性、多样性,但无论变通的权限有多大,必然有其边界和禁区。《立法法》第 75 条第 2 款规定:"自治条例和单行条例可以依照当地民族的特点,对法律和行政法规的规定作出变通规定,但不得违背法律和行政法规的基本原则,不得对宪法和民族区域自治法的规定以及其他有关法律、行政法规专门就民族自治地方所作的规定作出变通规定。"为了更好地维护国家法制的统一,民族自治地方立法在变通国家法律时应遵循以下原则:

第一,宪法不能变通。宪法是一切法律及行政法规、地方性法规的立法依据,民族自治地方立法不能以本民族、本地区特点为由变通宪法条文。宪法规定的国家各项基本制度及原则,如国家统一原则,民族平等、民族团结、各民族共同繁荣的原则等,必须严格遵循。

第二,国家专门规定民族区域自治制度的基本法律及其他法律中直接规定民族问题的条文不能变通。民族区域自治法根据宪法规定的原则,对我国的民族区域自治制度作了全面、明确规定。此类规定既有利于整个国家的利益,又有利于各少数民族的利益,对促进各民族的共同繁荣具有重大的作用。因此,自治法的规定不能变通,实际上也没有变通的必要性。民族自治地方立法应当根据本地方的实际情况,把自治法规定的原则进一步具体化。我国的民族关系涉及政治、经济、文化和社会生活的一切领域,国家许多法律必然涉及民族问题。这些法律虽然属于不同的法律部门,但是它们处理各自领域内民族关系方面的内容和宪法中关于民族问题的基本原则是一致的,因此,此类法律直接规定民族问题的条文也不能变通。

第三,法律的基本原则不能变通。变通法律不是修改法律,而是根据民族自治地方的实际情况,对法律中不适用或者不能全部适用于当地少数民族的具体规定作相应变通或补充规定。这些变通或补充规定,不得同该法律的基本原则相抵触。例如,对婚姻可以就婚龄等具体问题作出变通规定,但婚姻法中关于婚姻自由、一夫一妻、男女平等、保护妇女儿童和老人的合法权益等基本原则是不能变通的。

第四,变通规定一般只适用于当地的少数民族。国家法律适用于包括民族自治地方在内的国家一切地区和各民族公民。对法律作出变通或补充规定不能代替该项法律本身。法律的基本原则以及未被变通的其他法律条文仍应得到切实的遵守和执行。一般来说,为照顾少数民族的特点,保护少数民族的特殊利益而作出的变通或补充规定,只适用于当地少数民族。如果这些变通或补充规定对当地汉族公民适用或者对当地少数民族公民不适用的,则应明确规定附加条件。民族自治地区相关的变通规定并不会影响法律法规在全国范围内其他地区的适用,也即以统一适用为原则,变通规定为例外。

第五节 经济特区的立法权限

一、经济特区立法的性质

经济特区的最初形式为自由贸易区和自由港,其萌芽于古希腊时期,产生于封建社会末期。〔1〕 我国的经济特区始建于20世纪80年代,是实行对外开放政策以来,为发展贸易,尤其是吸引外资、引进技术而实行特殊政策的地区。〔2〕 属国家改革开放战略的直接产物。国内现有的经济特区如深圳、珠海、厦门、汕头、海南(包括成立于2010年的喀什经济特区)等基本可归于综合性经济特区的范畴,横跨生产、流通两大领域,具有多元化的产业构成,规模大、功能齐全,实行国家规定的特殊经济政策和特殊管理体制,在较长的历史时期乃至当下,都扮演着改革开放和现代化建设的“实验田”和示范者的角色。经济特区通过借助制度

〔1〕 参见钟坚:《世界经济特区发展模式研究》,中国经济出版社2006版,第2页。

〔2〕 参见宋方青:《拓展立法空间:经济特区授权立法若干关系思考》,载《时代法学》2004年第6期。

创新与制度优势以实现促进区域经济快速发展的目的，其特征归纳起来主要包括：设立目的的经济性、特定区域的隔离性、经济政策的特殊性以及经济活动的更为开放性等。

根据《立法法》第72条、第74条的规定，我国经济特区立法的立法主体主要包括经济特区所在地的省、市的人民代表大会及其常务委员会，在我国国家机构体系中属于地方权力机关的范畴；而上述立法主体之立法权限则仅在于针对经济特区内的实际情况，以满足特区经济、社会发展的需要为考虑，制定经济特区法规或规章。经由经济特区立法所制定出来的法规、规章等规范性法律文件仅在经济特区范围内实施。因此，从基本属性上讲，经济特区立法仍属于我国地方立法的范畴。但是，作为以政策、制度优势区别于其他地区的行政区域，经济特区在立法上也体现出较之国内一般地方（省、自治区、直辖市以及较大市）的明显不同之处。其特征主要有如下几个方面。

（一）经济特区立法的内容具有特殊性

通常，特区立法的内容主要包含三个方面：一是根据特区实际需要，将国家法律、法规加以补充和细化的实施性立法；二是在国家相关法律尚未出台的情况下，先行先试的探索性立法；三是适应特区城市管理和精神文明建设需要的创制性立法。详述如下：

首先，对国家法律、法规加以补充和细化的实施性立法是地方性立法的共有内容，而探索性立法和创制性立法则属于经济特区立法的特有内容和类型。如珠海市早在1993年就通过广东省人大常委会制定了《广东省珠海经济特区职工社会保险条例》，建立起生育、养老、医疗、工伤和失业五类社会保险；2000年在全国率先出台了《珠海市社会保障基金监督条例》，保障社保基金的安全；2003年出台全国首部《律师执业保障条例》，对律师执业中的"调查取证难、会见难、阅卷难、辩护难"作了针对性规定，为2006年《律师法》的修订提供了有益借鉴和经验；2005年制定的《珠海市社会养老保险条例》中又率先创设了延续缴纳养老保险金制度，扩大了社会保险制度的覆盖面。

其次，制定体现经济特区特色的法规，为经济特区经济社会发展以及社会稳定提供有力的法制保障。经济特区立法的重要任务之一，就是因地制宜，制定特色法规创造性地解决特区经济社会发展中不断涌现的新问题，这也是经济特区立法的题中应有之义。据此制定的这类法规，充分反映和体现了经济特区的经济水平、历史传统、法制环境、民情人文等状况，重点解决特区经济、社会发展中无法可依的问题，有较强的针对性和实用性，为经济特区社会的稳定和经济的发展释放更多的活力。如海南省人大常委会于2003年制定通过的《关于加快处置海南经济特区停缓建工程的决定》，有针对性地解决海南房地产泡沫后遗症问题的处理，具有鲜明的地方色彩。深圳市拟于未来十年制定六十多项社会领域的法规，包括公共服务、社会组织、社区建设等多个方面，其中，民生方面的立法占了相当大一部分。截至 2006 年，厦门市人大及其常委会先后制定了符合厦门市经济建设、政治建设、文化建设、社会建设需要，具有鲜明地方特色的法规 77 件、规章 123 件，这些法规和规章的制定与实施，对于加强厦门民主与法制建设，推动依法治市进程，促进特区改革开放和社会主义现代化建设，发挥了巨大的作用。

最后，制定与国家法律相配套的实施性法规，保证国家法律在经济特区得到有效实施。根据法制统一原则，地方立法不能与作为上位法的法律相冲突。而我国幅员辽阔，各地情况千差万别，由于历史的原因，经济社会发展不平衡，中央立法不可能把各种情况都规定进去，有的只能作出原则性规定。因此，为了使法律适应本地的具体情况，需要经济特区人大在维护国家法制统一的前提下，从特区实践出发，进行实施性立法，与上位法相呼应、相配套，保持法律体系内在逻辑上的一致性。例如，在 2008 年以前的 16 年授权立法实践中，深圳经济特区行使授权立法权，制定的约有 1/3 的地方性法规即属于实施性立法。

（二）存在职权立法和授权立法的类型区分

检视我国《立法法》的规定，可以作为经济特区立法之规范依据的主要有第 72 条和第 74 条。依据《立法法》第 72 条，经济特区所在地的省级人民代表大会及其常务委员会可以根据本行政区域的具体情况和实际需要，在不与宪法、法律、行政法规相抵触的前提下，制定地方性法规；根据该法第 72 条第 4 款规定，经济特区所在地的市亦可以以“较大的市”的身份，在不同宪法、法律、行政法规和本省、自治区的地方性法规相抵触的前提下，制定地方性法规。“不抵触”原则的含义是什么？在立法实践中，不抵触原则除地方性法规不得与上位法已有的明文规定相抵触外，还不得与上位法的基本原则和基本精神相抵触，既不能直接抵触，也不能间接抵触。[1]《立法法》第 74 条规定，经济特区所在地的省、市的人民代表大会及其常务委员会可根据全国人民代表大会的授权，制定法规，在经济特区内实施。以上两个规范在阐明我国经济特区立法权来源的同时，也实际造就了经济特区立法的两种不同类型，即职权立法与授权立法。

所谓职权立法，主要是指《立法法》第 72 条规定的情形，即经济特区所在地的省或市作为我国的一级行政区域，其有关国家机关依据《宪法》以及《立法法》等法律所赋予的权力，按照法定程序制定、修改或废止适用于经济特区范围内的法律规范性文件的活动，其实际上属于一般地方立法的范畴，与其他省、自治区、

---

〔1〕 参见姚明伟：《结合地方立法实际对不抵触问题的思考》，载《人大研究》2007 年第 2 期。

直辖市以及较大的市的普通立法无异。而授权立法，按通常的解释，即是指一个立法主体将本属于自身的立法权授予另一个能够承担立法责任的机关，而由被授权的机关根据授权要求所进行的立法活动。《立法法》第 74 条中关于“根据全国人民代表大会的授权”的措辞实际表明了，经济特区立法中包含的授权立法类型。授权立法的存在，构成了经济特区立法赖以区别于一般地方立法的主要事实，经济特区立法较之一般省、自治区、直辖市以及较大的市立法而具有其他特点，皆因其授权立法而产生。

授权立法与职权立法之间具有明显的区别：一是授权立法须经全国人民代表大会授权，经济特区立法主体可以在不违反宪法、法律以及行政法规基本原则的前提下制定各项法规，因而，经济特区立法享有较之一般地方立法更为灵活的立法权限。二是授权立法一般仅需向授权机关备案，进而导致特区立法与一般地方立法在立法程序上的差别。三是因授权而制定的法律相当于授权机关自己制定的法律的事实，也使经济特区立法在效力位阶上时有高于一般地方立法的情形。

二、经济特区职权立法权的权限范围

根据《立法法》的规定，地方性法规可以作出规定的事项包括三类，即为执行法律、行政法规的规定，需要根据本行政区域的实际情况作具体规定的事项；属于地方性事务需要制定地方性法规的事项；在全国人大及其常委会专属立法权之外，中央尚未立法的事项。第一类实质上是中央行使立法权，对一些事务作出规范，地方的立法实际上是作出实施性、执行性的、具体化的规定，其目的是保证法律和行政法规在本行政区域内得到有效执行。对于全国人大及其常委会专属立法权以外、国家尚未制定法律或者行政法规的事项，为了解决地方的实际问题，允许地方先于中央立法。一旦国家对有关事项完成立法，则地方先行作出的规定就必须对照法律、行政法规进行修改，凡相抵触则属无效，制定机关应当及时修改或者废止。可见，只有第二类即“地方性事务”需要立法作出规范的事项，是国家授予地方的完全立法权。何为“地方性事务”，张春生主编的《立法法释义》对地方性事务解释为：其一，地方性事务是与全国性事务相对应的，是指具有地方特色的事务。其二，通常不需要或者可预见的时期内不需要由国家制定法律、行政法规来作出统一规定的事项。该释义举了两个例子，一是本行政区域内某一风景名胜区的保护，二是某一城市制定管理烟花爆竹燃放的地方性法规。实际上，职权立法权的基本范围包括地方人民代表大会及其常务委员会制定、修改地方性法规的权力，地方人民政府制定、修改地方政府规章的权力。

（一）地方人民代表大会制定和修改地方性法规的权力

地方人民代表大会制定和修改地方性法规的权力来源于我国《宪法》、《地方组织法》和《立法法》的直接规定。地方立法主体制定的地方性法规在我国的法律体系中的效力等级虽然低于宪法、法律和行政法规，且不得与上位法相冲突，但地方性法规对贯彻实施宪法、法律和行政法规的内容和精神，起到了补充、细化、完备的作用。同时，地方性法规通常是针对本地的实际情况和具体问题制定相应的法律法规来规范具体事项，起到了行之有效的作用。

（二）地方政府制定和修改地方政府规章的权力

政府规章的制定是为满足行政机关在行政管理中处理日常事务的需要，也是为人民群众更好地提供公共产品和公共服务的需要。这一权力直接来源于《地方组织法》和《立法法》的直接规定。有权制定和变更地方政府规章的行政主体，是省、自治区、直辖市和较大的市的人民政府，其中较大的市的人民政府包括省、自治区政府所在地的市、经济特区政府所在地的市和经国务院批准的较大的市的人民政府。上述行政主体可以在本行政区域范围内依照一定的程序和权限针对具体事项制定政府规章。政府规章的内容一方面是具体地执行法律、行政法规、地方性法规中规定的事项，使其具有可操作性；另一方面是制定具体的行政管理措施，用于处理日常行政事务。众所周知，地方政府规章的效力低于宪法、法律和行政法规的效力，其效力与国务院部门规章等同。政府规章是中国法律体系中位阶最低的法的表现形式和法律渊源，但它在日常生活中普遍大量的存在，具有较强的可操作性，对贯彻执行宪法、法律、行政法规及其精神内涵，起到了积极而行之有效的作用。

具体就经济特区地方人大而言，其立法权限主要体现在：其一，设定权。依据《行政处罚法》第 11 条的规定，经济特区权力机关行使行政处罚设定权的权限范围是：法律、行政法规没有规定或者法律、行政法规对违法行为未制定行政处罚规定的，可以根据需要设定除限制人身自由、吊销企业营业执照以外的行政处罚。也就是说，经济特区权力机关进行地方立法时，可以区分情况根据需要设定五种行政处罚类型，包括警告、罚款、没收违法所得、没收非法财物、责令停产停业、暂扣或者吊销许可证、暂扣或者吊销除企业营业执照以外的其他执照。在行政许可设定权方面，依据《行政许可法》第 15 条、第 16 条规定，经济特区权力机关在进行地方立法时，对《行政许可法》第 12 条规定允许设定行政许可的六大类事项，在国家尚未制定法律、行政法规而地方根据实际确需设定行政许可的情况下，遵循设定的行政许可不限制其他地区的个人或企业到本地从事生产经营和提供服务，不限制其他地区的商品进入本地市场的原则，地方人大有权在地方法规中设定行政许可。其二，规定权。关于行政处罚的规定权，对有法律或者行政法规并且法律或者行政法规对违法行为已经作出行政处罚规定的情形，经济特区权力机关在进行地方立法时，享有在法律或者行政法规规定的行政处罚的行为、种类和幅度的范围内的具体规定权。关于行政许可的规定权，对法律、行政法规设定的行政许可事项，在法律、行政法规设定的范围内，经济特区权力机关可就该事项进行地方立法，享有在不增设行政许可和不增设违反上位法的其他条件前提下的具体实施规定权。

通过以上分析，可以发现经济特区地方人大的立法权有两种类型：事项权和行为权。事项权包括三种不同类型，既有不同类型的"实施型事项权"，又有"地方自主型事项权"，还包括没有上位法的"创制型事项权"。无论是否存在必须遵循的上位法，地方权力机关的设定权和规定权无疑都是存在的。理由在于，设定权和规定权是具有不同法律地位的立法主体的固有权能内容，其设定权和规定权的大小，是各层级立法主体法律地位不同的显著标志，与各个层级立法主体的主体资格的独立存在密不可分，具有不可流转性。至于事项权能否流转的问题，《立法法》的规定比较明确。《立法法》对各个层级立法主体的立法权事项均作出了明确规定，该法第 8 条和第 9 条特别规定了关于全国人大及其常委会的立法权限极其重要的法律相对保留事项和法律绝对保留事项，并对法律相对保留事项的授权立法进行了规范。由此可见，立法事项权是可以流转的，而授权立法所授之权也仅仅限于事项权。

三、经济特区授权立法权的权限范围

经济特区授权立法的范围有必要深入研究，因为最高权力机关的授权决议未予明确规定。实践中，至少存在两种理解：一种是《立法法》第 8 条规定，法律明确规定下列事项只能制定法律；另一种则是《立法法》第 9 条规定，《立法法》第 8 条规定的事项尚未制定法律的，全国人大及其常委会有权作出决定，授权国务院根据实际需要，对其中部分事项先制定行政法规，但是，有关犯罪和刑法、对公民政治权利的剥夺和限制人身自由的强制措施和处罚、司法制度等《立法法》第 9 条确定授权立法权的一般范围，即使第 8 条规定的需要法律保留的部分事项，最高权力机关也可以授权国务院制定行政法规。因此，就理论的纯粹性而言，由于不存在其他限制，所以最高权力机关当然也就可以授权制定地方性法规。《立法法》第 9 条但书规定的绝对保留事项，只能由最高权力机关制定法律作出规定，下位法不能够僭越，否则其规定都是无效的。《立法法》第 8 条规定的其他相对保留事项，在大多数情况下，最高权力机关可以授权下位法作出相应规定。授权立法主体在授权范围内所行使的立法权属于最高权力机关的立法权。但由于授权行为的发生，原本属于最高权力机关的立法权已转移为经济特区授权立法主体的立法权，在授权的有效期内，经济特区授权立法主体不是以最高权力机关的名义进行立法，而是以自己的名义进行立法。所以，经济特区授权立法的性质应定位为地方立法的性质，而非全国人民代表大会或常务委员会立法的性质。从立法的权限范围来说,经济特区授权立法主体的立法权限不同于职权立法。不同于职权立法的关键在于,经济特区授权立法主体享有授权机关的部分立法权,可以在最高权力机关的立法权限范围内进行立法。

经济特区授权立法权限范围主要包括:第一,根据最高权力机关的授权规定,就最高权力机关尚未制定为法律的事项制定经济特区法规在经济特区实施。第二,根据最高权力机关的授权决定,结合经济特区的具体情况和实际需要,制定解决经济特区特殊问题的法规。而根据《立法法》的规定,《立法法》制定之前原归属于经济特区授权立法主体的授权事项就完全由职权立法主体作出规定。对于授权立法的具体权限范围,《立法法》仍和过去最高权力机关的授权决定一样,并没有作出明确具体的规定。在新时期,特区立法要着眼"增创新优势,更上一层楼"的时代要求,着力在明确特区授权立法权限范围、增创体制新优势、法域立法冲突的协调三大方面再取得突破,以发挥排头兵、试验田的作用。[1]

---

〔1〕 参见陈俊:《经济特区增创新优势之立法展望》,载《法商研究》(中南政法学院学报)2001 年第 3 期。

第六章　地方立法监督

党的十八届四中全会报告明确指出，完善立法体制机制，坚持立、改、废、释并举，增强法律法规的及时性、系统性、针对性、有效性是我国当前立法工作的主要目标与基本任务。提高立法质量、建立和完善中国特色的立法监督机制为重中之重。地方立法是我国立法体制的重要组成部分，地方立法监督是完善地方立法制度、维护和实现地方立法所要实现的民主、科学、法治等多重价值目标的重要制度设置。

第一节　地方立法监督制度概述

一、地方立法监督的概念及其内涵

（一）地方立法监督的概念

学术研究肇始于概念。从法学方法论上讲，概念的证立对法学学科体系的建设具有重要意义。德国学者魏德士在其《法理学》一书中指出："在借助语言描述事实或问题的时候，明确的定义是科学研究成功的前提。只有语言表达方式统一才能使科学交流成为可能。"但就目前关于立法监督研究的现状而言，针对"立法监督"理论的探讨分属两个截然不同的概念范畴，概念混乱导致的歧路为学术研究的长期发展带来了先天局限。周旺生教授在其《立法学》一书中指出："立法监督一词，有宪法学和立法学两种意义上的理解。所谓宪法学上的立法监督，是指立法机关的一项重要权能，立法监督实际上就是立法权对行政权、司法权行使的监督。所谓立法学上的立法监督是指有权主体对立法的监督，即有权主体对立法行为（过程）及其结果的审查和控制。"国内现有的研究将"立法监督"这一个概念分置于两个不同的逻辑范畴中使用，造成了概念谱系的混乱。

"立法监督"一词，并非一个固有的基础词汇，也不是舶来词，而是一个萌生于中国本土立法实践中的合成词汇。虽然早在20世纪90年代就已有学者对"立法监督"这一命题进行过研究。大型法学类辞书中仅《法学辞源》对"立法监督"这一词条作了以下收录："拥有立法监督权的国家机关依法定职权和程序对立法的合宪性、合法性进行的监督。”因此,《法学辞源》对“立法监督”一词的定义立足于立法过程中对立法行为进行监督这一逻辑范畴。

我们认同上述定义逻辑,并认为广义的立法监督是指国家机关、社会团体公民在内的一切组织和个人对立法活动与法律文件进行监督;狭义的立法监督是指依法享有监督权的国家机关对立法主体的立法活动和基于立法活动产生的法律文件进行监督。本章所指的立法监督是狭义的立法监督。而地方立法监督则是指依法享有监督权的国家机关对地方国家机关根据本地区的政治、经济、文化生活的特点制定地方性法规或规章的活动和结果进行监督。

(二)地方立法监督的内涵

地方立法监督的具体内涵包括:

1. 对地方立法权进行监督,地方立法权是立法监督的重要客体,监督的内容是地方立法权的配置,主要针对地方立法权限的问题。

2. 对地方立法活动进行监督,指有权机关对立法主体正在进行的立法过程进行监督,包括对立法从提出、审议到表决、公布、解释、修正、废止的各个环节进行监督,主要针对立法活动本身的合法性问题。

3. 对地方立法文本进行监督,指对地方立法内容的合法性、适当性进行监督,如下级立法与上级立法间的非矛盾性、同级法律规范之间的协调性、立法内容与立法价值之间的一致性等内容,主要针对地方立法成果的合法性与适当性问题。

二、地方立法监督的法律依据

自1949年新中国成立以来,中国的法制建设经历了一段曲折起伏、坎坷不平的道路。随着中国立法实践的非规律性发展,中国的立法监督制度也经历了一个形成、发展和逐步完善的阶段。这集中体现在1954年《宪法》、1978年《宪法》和1982年《宪法》以及依据《宪法》而制定的《地方组织法》《立法法》等法律之中。

(一)宪法

《宪法》中关于立法监督的原则性条款主要见于对国家机关职权的相关规定中。我国《宪法》第5条规定:国家维护社会主义法制的统一和尊严。一切法律、行政法规和地方性法规都不得同宪法相抵触。《宪法》中关于全国人大及其常委会监督权的条款为立法监督提供法律依据。《宪法》第62条第2项规定:“全国人民代表大会有权监督宪法的实施。”第67条第8项规定,全国人民代表大会常务委员会有权“撤销省、自治区、直辖市国家权力机关制定的同宪法、法律和行政法规相抵触的地方性法规和决议”。第100条规定:“省、直辖市的人民代表大会和它们的常务委员会,在不同宪法、法律、行政法规相抵触的前提下,可以制定地方性法规,报全国人民代表大会常务委员会备案。"第116条规定:"自治区的自治条例和单行条例,报全国人民代表大会常务委员会批准后生效。"

《宪法》中关于国务院职权的部分规定是国务院行使地方立法监督权的宪法依据。如《宪法》第89条第13、14项规定:"国务院有权改变或者撤销各部、各委员会发布的不适当的命令、指示和规章;有权改变或者撤销地方各级国家行政机关的不适当的决定和命令。"

《宪法》中关于地方各级人大及其常委会职权的部分规定是地方各级人大及其常委会行使地方立法监督权的宪法依据。如《宪法》第116条规定:"自治州、自治县的自治条例和单行条例,报省或者自治区的人民代表大会常务委员会批准后生效,并报全国人民代表大会常务委员会备案。"

《宪法》中关于县级以上地方各级政府部分职权的规定是地方政府行使地方立法监督权的宪法依据。如《宪法》第104条规定:"县级以上地方各级人民代表大会常务委员会有权撤销本级人民政府的不适当的决定和命令;撤销下一级人民代表大会的不适当的决议。"第108条规定:"县级以上的地方各级人民政府领导所属各工作部门和下级人民政府的工作,有权改变或者撤销所属各工作部门和下级人民政府的不适当的决定。"

(二)立法法

《立法法》是立法监督制度最主要的法律渊源。2000年3月15日,《立法法》的颁布,则标志着我国的立法监督制度进入了一个制度化、规范化的发展时期。《立法法》不仅对我国的立法监督制度进行了总结,并且在此基础上以专章的形式进一步完善了我国的立法监督制度,规定了对各类规范性法律文件进行监督的具体运作程序,从而较好地解决了我国长期以来进行立法监督缺乏具体立法规制的状况。2015年《立法法》修改后,立法监督制度也进一步完善。

《立法法》第72条规定:"设区的市的地方性法规须报省、自治区的人民代表大会常务委员会批准后施行。"省、自治区的人民代表大会常务委员会对报请批准的地方性法规,应当对其合法性进行审查,同宪法、法律、行政法规和本省、自治区的地方性法规不抵触的,应当在4个月内予以批准。省、自治区的人民代表大会常务委员会在对报请批准的设区的市的地方性法规进行审查时,发现其同本省、自治区的人民政府的规章相抵触的,应当作出处理决定。除省、自治区的人民政府所在地的市,经济特区所在地的市和国务院已经批准的较大的市以外,其他设区的市开始制定地方性法规的具体步骤和时间,由省、自治区的人民代表大会常务委员会综合考虑本省、自治区所辖的设区的市的人口数量、地域面积、经济社会发展情况以及立法需求、立法能力等因素确定,并报全国人民代表大会常务委员会和国务院备案。自治州的人民代表大会及其常务委员会可以依照本条第2款规定行使设区的市制定地方性法规的职权。自治州开始制定地方性法规的具体步骤和时间,依照前款规定确定。省、自治区的人民政府所在地的市,经济特区所在地的市和国务院已经批准的较大的市已经制定的地方性法规,涉及本条第2款规定事项范围以外的,继续有效。

《立法法》第75条规定:"民族自治地方的人民代表大会有权依照当地民族的政治、经济和文化的特点,制定自治条例和单行条例。自治区的自治条例和单行条例,报全国人民代表大会常务委员会批准后生效。自治州、自治县的自治条例和单行条例,报省、自治区、直辖市的人民代表大会常务委员会批准后生效。"

(三)地方组织法

《地方组织法》的相关条文是地方立法监督的主要渊源。《地方组织法》第7条规定:省、自治区、直辖市的人民代表大会根据本行政区域的具体情况和实际需要,在不同宪法、法律、行政法规相抵触的前提下,可以制定和颁布地方性法规,报全国人民代表大会常务委员会和国务院备案。设区的市的人民代表大会根据本市的具体情况和实际需要,在不同宪法、法律、行政法规和本省、自治区的地方性法规相抵触的前提下,可以制定地方性法规,报省、自治区的人民代表大会常务委员会批准后施行,并由省、自治区的人民代表大会常务委员会报全国人民代表大会常务委员会和国务院备案。《地方组织法》第60条规定,省、自治区、直辖市的人民政府可以根据法律、行政法规和本省、自治区、直辖市的地方性法规,制定规章,报国务院和本级人民代表大会常务委员会备案。设区的市的人民政府可以根据法律、行政法规和本省、自治区的地方性法规,制定规章,报国务院和省、自治区的人民代表大会常务委员会、人民政府以及本级人民代表大会常务委员会备案。

(四)民族区域自治法

《民族区域自治法》中规定了对地方民族自治立法的监督制度,如《民族区域自治法》第19条规定,民族自治地方的人民代表大会有权依照当地民族的政治、经济和文化的特点,制定自治条例和单行条例。自治区的自治条例和单行条例,报全国人民代表大会常务委员会批准后生效。自治州、自治县的自治条例和单行条例报省、自治区、直辖市的人民代表大会常务委员会批准后生效,并报全国人民代表大会常务委员会和国务院备案。第20条规定:上级国家机关的决议、决定、命令和指示,如有不适合民族自治地方实际情况的,自治机关可以报经该上级国家机关批准,变通执行或者停止执行;该上级国家机关应当在收到报告之日起60日内给予答复。

(五)其他法律法规

《立法法》出台后,一些规范性文件的出台,也具体规定了立法监督的运行程序。如1990年国务院发布了《法规规章备案规定》(2002年又作了修订)，详细规定了地方性法规、地方规章、部门规章的备案程序。2000年九届全国人大常委会第三十四次委员长会议通过了依据《立法法》制定的《行政法规、地方性法规、自治条例和单行条例、经济特区法规备案审查工作程序》，使法规备案工作有了规范化程序。《立法法》颁布实施后，地方各级人大及其常委会对立法监督工作逐步重视，一些省市专门制定了规章备案审查的地方性法规，其他省市也都在其制定的地方立法条例中对立法监督工作作出了专门规定，使地方立法监督工作有法可依，避免了随意性。这些规范性文件的制定和实施，为立法监督的实际运作发挥了重要作用，对于我国立法监督制度的发展具有积极的现实意义。

三、地方立法监督的主要类别

(一)宪法监督与法律监督

所谓地方立法的宪法监督，是指对地方立法活动与立法结果的合宪性进行审查监督。宪法是国家的根本大法，地方立法不但要做到合法，还要做到合宪。以法治的眼光审视立法活动、立法结果与宪法的关系，主要分为以下两个方面：(1)地方立法所涉及的重大事项是否有宪法规定的内容或事项作为依据；(2)地方立法内容是否违反宪法规定或宪法原则。

所谓地方立法的法律监督，是指对地方立法活动与立法结果的合法性进行审查监督。立法的合法性是现代法治国家的基本要求，对地方立法的合法性进行监督，审查立法主体、立法活动、立法结果是否具有合法性是立法监督的主要内容。地方立法的法律监督包括以下内容：(1)立法主体所进行的地方立法活动是否有法律依据；(2)立法主体行使的地方立法权是否合乎法律规定；(3)地方立法活动是否合乎法定程序；(4)地方立法的内容、调整对象是否超越法定界限；(5)地方立法活动所产生的法律文件是否与上位法相抵触；(6)地方立法活动和立法结果是否存在其他违法违规情形。

(二)事前监督与事后监督

所谓地方立法的事前监督，是指是指有权监督主体在地方性法规、规章及其他规范性文件生效前，对其所实施的监督。监督的主体是有法定监督权的主体，监督对象是已经产生但尚未生效的地方立法，监督内容是地方立法的合宪性、合法性、适当性，监督结果是对所监督地方立法文本予以认同批准，或是予以修改、否决。事前监督与过程监督有一定相似性。但过程监督注重对各种立法过程进行监督，事前监督注重对过程已经基本结束后所产生的法律文本进行监督。

所谓地方立法的事后监督，是指在地方立法生效之后，运行过程中，发现地方立法文件有违反上位法甚至违反宪法的问题，或出现与同位阶立法不协调，或其他不适当、不科学的问题，对这些问题予以监督并处理。一般情况下，事后监督都是发生在具体个案中，相关当事人发现立法存在问题，向有关国家机关提出，要求解决问题。有关国家机关受理后，对相关立法实施审查，并作出相应的处理。也有部分是由立法主体或有权监督机关直接发现并进行监督处理。

（三）过程监督和结果监督

地方立法的过程监督，是指在地方立法出台前，对从立法计划到立法过程环节的监督。在立法准备阶段，主要监督地方立法主体的立法预测、规划、创意和决策是否科学、必要和紧迫，法案起草的人员搭配是否合理，法案草案是否符合质量标准、能否反映立法宗旨和立法意愿。在法案审议过程中，主要监督立法主体是否具备立法资格，提案、审议、表决、公布是否符合法定权限和程序。地方立法的修改、补充、撤回、废止、清理、汇编、编纂等程序，是否合法、必要、适时、科学、有效。

地方立法的结果监督，是指对经过制定或修改、补充而产生的地方立法文件所实行的监督。主要监督地方性法规、规章和其他规范性文件是否具有合法性，是否符合立法目的，是否科学、合理、适当，是否存在立法技术上的缺陷，是否便于施行，是否符合现实形势需要，是否需要修改、补充处理。

四、地方立法监督的实践意义

地方立法监督是保障地方立法活动合法有序运行的重要机制。当代中国，地方立法权已推进至设区的市一级，今后相当长的一段时期内，地方立法将逐渐呈现繁荣发展态势。数量众多、内容丰富的地方立法能够对地方的经济社会发展作出贡献，但良莠不齐的立法质量也必然影响立法功能的发挥。因此，对地方立法的监督控制是我国地方法治建设的必由之路，其重要意义主要表现在以下两个方面。

（一）保障我国地方立法权的有序运行

恩格斯曾指出："法必须是不因内在矛盾而自己推翻自己的内部和谐一致的表现。"任何国家的法律体系都强调不同层级立法间的和谐有序，不相互矛盾。我国是单一制国家，地方立法不得与国家立法、行政法规相抵触，这样才能保证国家法制体系的统一，同时保证立法权的有序运行。对地方政府立法权的监督，首要任务是使地方政府立法在形式上达到内在协调统一。按照《立法法》等规定，地方政府立法主要分为两部分：一部分为贯彻执行上位法而开展的执行性立法，另一部分为管理本行政区域具体行政事项而开展的创制性立法。执行性立法只有与上位法立法原则和精神相一致，不与上位法法律规范相冲突，才能确保上位法在本行政区域得以顺利贯彻实施。我国地方立法数量较多，难免会出现相互冲突、相互矛盾的情况，从而造成法律适用与司法的困难。这必将损害地方民主法制建设的基础，损害地方人大和政府的权威。加强对地方政府立法权的监督是维护法制统一、政令畅通的需要。

再者,加强对地方政府立法权的监督也是提高立法质量,推进法治政府建设的必然要求。地方政府制定的规范性文件是各级政府行使权力,作出具体行政行为的重要依据,如果立法先天不足,存在质量问题,执法、守法就不可避免地会出现这样那样的问题,甚至引起不良后果。加强对地方政府立法权的监督,可以预防不合法、不合理的地方政府立法结果的产生,促使地方政府为开展行政事务管理提供良法,进而推进法治政府建设。

(二)防范地方立法中的利益保护主义

地方保护主义是一种动用行政的手段和方法保护当地利益,特别是经济利益的观念和行动。虽然地方保护主义有合法与违法之分,也有褒贬两意,但我们这里所说的地方保护主义专指地方政府和执法机关为了保护地方利益,超越法律权限,滥用权力,损害国家整体利益,影响国家法制统一的不当观念和行为。目前在立法工作中,影响法制统一的主要问题是部门利益倾向和地方保护主义比较突出。

法律是调整社会关系的,立法涉及各个方面的利益,特别是在市场经济条件下,不同的利益群体、阶层,都会通过立法来反映或维护其自身的利益。出现部门利益倾向和地方保护主义往往成为立法的难点。在我国的法律体系中,地方立法位阶较低,但数量较大,且其调整的对象也多为地方事务,或国家立法在地方的具体实施。由于其调整内容关系地方有关方面的切身利益,因而地方立法中更容易出现地方保护主义的倾向。

立法权源于人民,一切立法权的行使都要受到人民监督。只有建立完善的立法监督机制,才能防止地方立法权异化为谋取地方利益的工具。实行立法监督制度,可以制约地方立法权的行使,避免为了谋求地方利益而出现的随意立法、不负责任且偏离民主轨道甚至损害国家利益的立法,可以使立法主体间避免因争夺地方利益而进行侵权立法与越权立法。

第二节 地方立法的批准、撤销和废止

一、地方立法的批准

地方立法的批准,是指地方立法的出台,必先得到法定主体的认可才能公布和实施。地方立法的批准是地方立法监督的主要方式之一,属于事前监督方式的一种,对地方立法进行事前批准可以有效防止不当立法或“恶法”的出台,进而保障国家法制统一。

（一）法律依据

根据《立法法》的相关规定，设区的市、自治州的人民代表大会及其常务委员会制定的地方性法规和民族自治地方人民代表大会制定的自治条例和单行条例须经过批准后才能生效。《立法法》第72条规定，设区的市的地方性法规须报省、自治区的人民代表大会常务委员会批准后施行。省、自治区的人民代表大会常务委员会对报请批准的地方性法规，应当对其合法性进行审查，同宪法、法律、行政法规和本省、自治区的地方性法规不抵触的，应当在4个月内予以批准。《立法法》第75条规定，自治地方的人民代表大会有权依照当地民族的政治、经济和文化的特点，制定自治条例和单行条例。自治区的自治条例和单行条例，报全国人民代表大会常务委员会批准后生效。自治州、自治县的自治条例和单行条例，报省、自治区、直辖市的人民代表大会常务委员会批准后生效。《立法法》第78条规定，设区的市、自治州的人民代表大会及其常务委员会制定的地方性法规报经批准后，由设区的市、自治州的人民代表大会常务委员会发布公告予以公布。自治条例和单行条例报经批准后，分别由自治区、自治州、自治县的人民代表大会常务委员会发布公告予以公布。

《地方组织法》第7条第2款规定，设区的市的人民代表大会根据本市的具体情况和实际需要，在不同宪法、法律、行政法规和本省、自治区的地方性法规相抵触的前提下，可以制定地方性法规，报省、自治区的人民代表大会常务委员会批准后施行，并由省、自治区的人民代表大会常务委员会报全国人民代表大会常务委员会和国务院备案。

《民族区域自治法》第19条规定，民族自治地方的人民代表大会有权依照当地民族的政治、经济和文化的特点，制定自治条例和单行条例。自治区的自治条例和单行条例，报全国人民代表大会常务委员会批准后生效。自治州、自治县的自治条例和单行条例报省、自治区、直辖市的人民代表大会常务委员会批准后生效，并报全国人民代表大会常务委员会和国务院备案。第20条规定，上级国家机关的决议、决定、命令和指示，如有不适合民族自治地方实际情况的，自治机关可以报经该上级国家机关批准，变通执行或者停止执行；该上级国家机关应当在收到报告之日起60日内给予答复。

（二）程序机制

2015年《立法法》修改，其中引人关注的变化之处就是扩大了地方立法权的主体范围，普遍赋予“设区的市”立法权，而地方立法批准程序则沿用了以往有关“较大的市”的程序规定，即“设区的市的地方性法规须报省、自治区的人民代表大会常务委员会批准后施行”。此次《立法法》的修改表明，全国人大对颇受争议的地方立法批准程序持充分肯定的态度，故仍将其作为“设区的市”地方性法规得以生效的必经程序。

在实践中,各省对设区的市的地方性法规的批准程序多有规定,多沿用针对原“较大的市”立法批准的程序规定。如《山东省地方立法条例》《湖南省地方立法条例》《浙江省地方立法条例》等。这些条例中都有关于省级人大常委会如何批准地方性法规的规定。地方性立法条例对《立法法》有较多补充的地方,细化了《立法法》的规定,以最新修订的《山东省地方立法条例》为例,地方性法规的批准程序可包括以下程序机制:

(1)立法计划的批准:设区的市的人民代表大会常务委员会地方立法规划和年度立法计划在确定前,应当征求省人民代表大会常务委员会法制工作机构的意见。设区的市的人民代表大会常务委员会的地方立法规划和年度立法计划,应当在通过后及时报送省人民代表大会常务委员会法制工作机构。

(2)征询意见程序:设区的市的地方性法规案经常务委员会会议第一次审议后,常务委员会法制工作机构应当将地方性法规案报送省人民代表大会常务委员会法制工作机构征求意见。省人民代表大会常务委员会法制工作机构应当将地方性法规送交有关的专门委员会、省人民政府有关部门和其他有关单位征求意见。

(3)提交材料程序:设区的市的人民代表大会及其常务委员会审议通过的地方性法规,报请批准时,应当提交报请批准地方性法规的书面报告、地方性法规文本和说明。

(4)初步审议程序:报请省人民代表大会常务委员会批准的设区的市的地方性法规,由常务委员会法制工作机构提出初步审查意见,经法制委员会审查后向主任会议汇报,由主任会议决定列入常务委员会会议议程,法制委员会向常务委员会全体会议作审查情况的报告。

(5)权力机关审议程序:省人民代表大会常务委员会对报请批准的设区的市的地方性法规,应当对其合法性进行审查,同宪法、法律、行政法规和本省的地方性法规不相抵触的,应当在4个月内予以批准;相抵触的,不予批准。省人民代表大会常务委员会在对报请批准的设区的市的地方性法规进行审查时,发现其同省人民政府的规章相抵触的,应当作出处理决定:认为设区的市的地方性法规不适当的,可以要求设区的市人民代表大会常务委员会进行修改;认为省人民政府的规章不适当的,应当批准设区的市的地方性法规,并对省人民政府的规章作出处理决定。

(6)审批表决程序:报请省人民代表大会常务委员会批准的设区的市的地方性法规,经常务委员会会议审查后,应当就批准该法规的决定草案进行表决,以常务委员会全体组成人员的过半数通过。

(7)法规撤回程序:报请批准的设区的市的地方性法规,在列入省人民代表大会常务委员会会议议程前,设区的市人民代表大会常务委员会可以撤回;列入会议议程后交付表决前要求撤回的,经主任会议同意,可以撤回。

(8)通知程序:省人民代表大会常务委员会批准的设区的市的地方性法规,由常务委员会办公厅书面通知制定该法规的设区的市的人民代表大会常务委员会;不予批准的,应当说明理由。

二、地方立法改变或撤销

地方立法改变和撤销是依法享有立法改变职权的特定主体对存在违宪、违法或不适当等问题的地方立法的部分条款或内容进行修改、补充、删除或对整部地方立法文件予以撤销的立法监督活动。地方立法改变和撤销制度作为立法体制中的一项重要制度,其权力只能由特定主体依法享有,而且在制度运行过程中,必须严格依据法定的职权和程序进行监督。

(一)法律依据

《立法法》第 96 条规定,法律、行政法规、地方性法规、自治条例和单行条例、规章有下列情形之一的,由有关机关依照本法第 97 条规定的权限予以改变或者撤销:超越权限的;下位法违反上位法规定的;规章之间对同一事项的规定不一致,经裁决应当改变或者撤销一方的规定的;规章的规定被认为不适当,应当予以改变或者撤销的;违背法定程序的。第 97 条规定,改变或者撤销法律、行政法规、地方性法规、自治条例和单行条例、规章的权限是:全国人民代表大会有权改变或者撤销它的常务委员会制定的不适当的法律,有权撤销全国人民代表大会常务委员会批准的违背宪法和本法第 75 条第 2 款规定的自治条例和单行条例;全国人民代表大会常务委员会有权撤销同宪法和法律相抵触的行政法规,有权撤销同宪法、法律和行政法规相抵触的地方性法规,有权撤销省、自治区、直辖市的人民代表大会常务委员会批准的违背宪法和本法第 75 条第 2 款规定的自治条例和单行条例;国务院有权改变或者撤销不适当的部门规章和地方政府规章;省、自治区、直辖市的人民代表大会有权改变或者撤销它的常务委员会制定的和批准的不适当的地方性法规;地方人民代表大会常务委员会有权撤销本级人民政府制定的不适当的规章;省、自治区的人民政府有权改变或者撤销下一级人民政府制定的不适当的规章;授权机关有权撤销被授权机关制定的超越授权范围或者违背授权目的的法规,必要时可以撤销授权。全国人民代表大会不可以撤销地方权力机关的不适当地方性法规,该撤销权应由全国人大常委会履行。

上级立法主体改变下级立法主体制定的地方立法,或高位阶立法主体改变低位阶立法主体制定的法,可以视为特殊的地方立法的修改。《地方组织法》关于县级以上地方人大的职权中涉及改变对人大常委会不适当的决定条款，可被视为这种特殊修改方式的法律依据。《地方组织法》第8条第10、11项规定：地方人大有权改变或者撤销本级人民代表大会常务委员会的不适当的决议；有权撤销本级人民政府的不适当的决定和命令；《地方组织法》第44条第7、8项规定：地方人大常委会有权撤销下一级人民代表大会及其常务委员会的不适当的决议；有权撤销本级人民政府的不适当的决定和命令；《地方组织法》第59条第3项规定：县级以上地方政府有权改变或者撤销所属各工作部门的不适当的命令、指示和下级人民政府的不适当的决定、命令。

（二）程序机制

有权主体改变或撤销其他机关制定或者颁行的立法文件，其程序机制并未被法律所明确规定。有权改变地方立法的主体通常与地方立法的制定者是领导与被领导的关系，或者是地方人大常委会在地方人大闭会期间对人大立法予以改变。参考一般做法，其程序主要包括：

（1）启动程序。有权主体认为地方立法存在以下问题：超越权限的；下位法违反上位法规定的；规章之间对同一事项的规定不一致，经裁决应当改变一方的规定的；规章的规定被认为不适当，应当予以改变或者撤销的；违背法定程序的，可以启动改变或撤销地方立法的程序。

（2）建议自行纠正程序。有权主体认为地方立法确实存在问题时，可建议地方立法制定主体自行修正。

（3）审查程序。地方立法制定主体拒绝自行改正之后，进入监督主体的审查程序，审查该地方立法是否存在应予撤销的情形。

（4）决定程序。有权主体在审查后，认为该地方立法确实存在应予改变或撤销的情形，可以直接作出改变或撤销的决定。《立法法》第97条规定：全国人民代表大会有权改变或者撤销它的常务委员会制定的不适当的法律，有权撤销全国人民代表大会常务委员会批准的违背《宪法》和《立法法》第75条第2款规定的自治条例和单行条例；全国人民代表大会常务委员会有权撤销同宪法和法律相抵触的行政法规，有权撤销同宪法、法律和行政法规相抵触的地方性法规，有权撤销省、自治区、直辖市的人民代表大会常务委员会批准的违背《宪法》和《立法法》第75条第2款规定的自治条例和单行条例；国务院有权改变或者撤销不适当的部门规章和地方政府规章；省、自治区、直辖市的人民代表大会有权改变或者撤销它的常务委员会制定的和批准的不适当的地方性法规；地方人民代表大会常务委员会有权撤销本级人民政府制定的不适当的规章；省、自治区的人民政府有权改变或者撤销下一级人民政府制定的不适当的规章；授权机关有权撤销被授权机关制定的超越授权范围或者违背授权目的的法规，必要时可以撤销授权。

(5)通知备案程序。有权主体在改变或撤销地方立法后,应通知原立法制定主体,并履行所需的备案程序。《立法法》第 98 条规定:省、自治区、直辖市的人民代表大会及其常务委员会制定的地方性法规,报全国人民代表大会常务委员会和国务院备案;设区的市、自治州的人民代表大会及其常务委员会制定的地方性法规,由省、自治区的人民代表大会常务委员会报全国人民代表大会常务委员会和国务院备案;自治州、自治县的人民代表大会制定的自治条例和单行条例,由省、自治区、直辖市的人民代表大会常务委员会报全国人民代表大会常务委员会和国务院备案;自治条例、单行条例报送备案时,应当说明对法律、行政法规、地方性法规作出变通的情况;部门规章和地方政府规章报国务院备案;地方政府规章应当同时报本级人民代表大会常务委员会备案;设区的市、自治州的人民政府制定的规章应当同时报省、自治区的人民代表大会常务委员会和人民政府备案;根据授权制定的法规应当报授权决定规定的机关备案;经济特区法规报送备案时,应当说明对法律、行政法规、地方性法规作出变通的情况。

(6)公布程序。地方立法被改变或撤销后,应当及时公布。

三、地方立法的修改和补充

地方立法的修改和补充,是指通过对现行地方立法进行审查后发现,部分立法内容已不能适应现有社会形势的需要,进而通过改变某些规定的内容或补充增加新的内容,使立法达到预期目的,适应新的社会形势的需要。立法是一项系统工程,完善立法,是实现立法科学化、系统化的根本要求。完善立法、提高立法质量的一个最重要的方式就是及时开展法律法规的立、改、废工作。例如,在《立法法》修改后,设区的市被赋予地方立法权,地方立法形势已不同于原来的状况。各地方的相关立法条例就需要紧跟社会形势,予以修改。一定程度上,作出修法决定属于立法监督制度的一部分,同时也属于立法的范畴,具有立法活动的一般特征。通过修改地方立法,不仅可以使地方立法适应新的情况和要求,改变地方性法规、规章中某些不合时宜的规定,还可以通过增加新的内容,消除法律法规中存在的弊病,使地方立法根据现实社会的实际需要发挥其应有功能。

(一)法律依据

地方立法修改和补充,是立法主体对现行地方立法进行变动,使其呈现新面貌的活动。其主要依据是宪法、法律中关于立法权的相关条款。《立法法》第 2 条规定:法律、行政法规、地方性法规、自治条例和单行条例的制定、修改和废止,适用本法。对于修法的具体条款,可见于《立法法》第 73 条第 2 款的规定:除本法第 8 条规定的事项外,其他事项国家尚未制定法律或者行政法规的,省、自治区、直辖市和设区的市、自治州根据本地方的具体情况和实际需要,可以先制定地方性法规。在国家制定的法律或者行政法规生效后，地方性法规同法律或者行政法规相抵触的规定无效，制定机关应当及时予以修改或者废止。通常情况下，不合时宜的地方立法由其制定者修改或补充，但在某些情况下，修改和补充的主体并非是制定者。如修改或补充地方人大制定的地方性法规，在地方人大闭会期间，可由其常设机关——地方人大常委会进行修法。例如《山东省地方立法条例》第9条第2款规定："在省人民代表大会闭会期间，省人民代表大会常务委员会可以对省人民代表大会制定的地方性法规进行部分补充和修改，但是不得同该地方性法规的基本原则相抵触。"《湖南省地方立法条例》第13条规定："常务委员会制定除应当由省人民代表大会制定的地方性法规以外的其他地方性法规；在省人民代表大会闭会期间，可以对省人民代表大会制定的地方性法规进行部分补充和修改，但不得同该地方性法规的基本原则相抵触。"

（二）程序机制

一般地方立法的修改和补充活动，其程序大体与法的制定程序相同或相仿。特殊地方立法的修改和补充活动，其程序与法的制定程序有所差异。《立法法》对法律的修改程序作出了规定，地方立法的修改程序多由地方的立法条例所规定。一般修改程序又分为自发性修改和依申请修改，自发性地方立法的一般修改程序可分为以下几个部分：

（1）提案程序。地方立法需要修改，应向有权机关提出修法请求。法制委员会和有关的专门委员会审议地方性法规案时，认为需要修改或者废止其他地方性法规相关规定的，应当提出处理意见。在审议制定其他地方立法时，认为可能与其他地方立法出现冲突时，可及时提出修改议案。例如《山东省地方立法条例》规定，省地方性法规草案有关内容与省其他地方性法规相关规定不一致的，提案人应当予以说明并提出处理意见，必要时应当同时提出修改或者废止其他地方性法规相关规定的议案。

（2）提交材料。申请修改地方立法应当提交相关材料。《山东地方立法条例》第63条规定：修改地方性法规的，还应当提交修改前后的对照文本。说明应当包括修改地方性法规的必要性、可行性和主要内容，以及起草过程中对重大分歧意见的协调处理情况。

（3）审议表决程序。修改申请提交后，进入立法审议表决程序，对是否需要进行修改进行表决。

（4）决定程序。有下列情形之一的，地方人民代表大会常务委员会应当组织进行地方性法规清理，亦即可以启动地方立法修改程序：全国人民代表大会常务委员会、国务院或者法律、行政法规要求进行清理的；国家制定、修改或者废止法律、行政法规后，地方立法与上位法不一致的；地方立法不适应经济社会发展需要的;其他需要进行清理的情形。决定启动修改程序后,将其列入修改计划。

(5)修改程序。修改和补充地方立法,须依法定权限进行,非制定者充当地方立法修改和补充活动的主体时,须于法有据。地方立法修改和补充程序受到比制定程序更加严格的限制,尤其是非制定者进行的修改和补充。随后的修改和补充程序即重新进入立法程序,由特定主体依法定权限、法定程序和其他法定要求进行,其具体内容与程序机制在此不一一赘述。

(6)公布程序。地方立法被修改的,应当公布新的地方立法文本。

(7)实施情况反馈程序。部分地方立法条例规定,负责地方立法实施的单位,应当于修改的地方立法后实施满一定时期内,向有权机关书面报告地方立法实施情况。

国家机关、社会团体、企业事业组织以及公民发现地方立法的内容与法律、行政法规相抵触,或者与相关地方立法不协调,或者不适应新的形势要求的,可以向有权机关提出修改和废止的意见、建议。依申请的一般修改程序,由申请人向有权机关提交修改申请后,提交相关说明材料,有权机关认为应当启动修改程序的,依上述程序进行地方立法修改,认为不应当修改的,应予答复并说明理由。

四、地方立法的废止

地方立法的废止,是指地方立法主体依据一定的职权,使其所制定的法律文件失去法律效力的立法监督活动。地方立法的废止,是完善地方立法的重要组成部分,是实现地方立法推陈出新、适应新的社会关系之所需,是重要的地方立法监督活动之一。地方立法的废止与地方立法的制定、修改和补充一样,都需要法定主体依法定权限进行。通常情况下,地方立法的废止主体也是该地方立法的制定主体。即当地方立法已经过时或不适合需要时,应当由制定者自己予以废止。

(一)法律依据

《立法法》是地方立法废止的核心法律依据。《立法法》第 2 条规定:“法律、行政法规、地方性法规、自治条例和单行条例的制定、修改和废止,适用本法。国务院部门规章和地方政府规章的制定、修改和废止,依照本法的有关规定执行”。《立法法》第 73 条第 2 款规定:“除本法第 8 条规定的事项外,其他事项国家尚未制定法律或者行政法规的,省、自治区、直辖市和设区的市、自治州根据本地方的具体情况和实际需要,可以先制定地方性法规。在国家制定的法律或者行政法规生效后,地方性法规同法律或者行政法规相抵触的规定无效,制定机关应当及时予以修改或者废止。”

(二)程序机制

地方立法的废止程序和地方立法的制定、修改和补充一样,也要经历审议、表决和公布等基本程序，在此不一一赘述。其不同之处是，地方立法废止的准备阶段，无须像制定、修改和补充地方立法那样经过一个复杂的过程，不必十分强调预测、规划等活动。公布地方立法废止后，也不必像制定、修改和补充地方立法那样强调完善立法，而且在提案、审议、表决和公布等程序上，地方立法的废止都相对简化。在地方立法实践中，地方立法的废止可通过以下程序机制予以实现。

（1）以公布专门文件的形式废止。有权机关通过发布决定或其他形式的法律，宣布某些地方立法被废止。这通常是群体性废止，是地方立法清理的结果之一。十八届四中全会以来，为了全面深化改革和推进依法治国的需要，从中央到地方，进行了大规模的立法清理活动。大多数地方立法主体都对先前制定的地方立法进行清理，对该保留的继续保留，该修改的纳入修改计划，该废止的作出集中废止决定。例如 2016 年 11 月 25 日，北京市第十四届人民代表大会常务委员会第三十一次会议通过北京市人民代表大会常务委员会《关于废止部分地方性法规的决定》，宣布废止《北京市农民负担管理条例》《北京市密云水库怀柔水库和京密引水渠水源保护管理条例》《北京市博物馆条例》等十部地方立法。

（2）随着新法公布，旧法即行废止。新法公布后，与之名称相同或调整对象相一致的旧法即行废止。这是地方立法实践中最主要的法的废止方式。部分新法以明文规定的形式废止旧法。如 2014 年通过的《重庆市产品质量条例》第 53 条规定，先前的《重庆市产品质量监督管理条例》同时废止。另有部分新法中未明确规定旧法废止，但根据“新法优于旧法”的原则，旧法与新法相抵触的条款也不再适用。

（3）自行废止。地方立法有效期满自行废止。如地方立法中表明“暂行”“试行”的有效期为 2 年，有效期满的规范性文件自行废止。地方立法文件规定了生效期限的，生效期满，自行废止。还有一些地方立法，因其调整对象已不存在等原因自行失效。

第三节　地方立法的备案审查制度

地方立法的备案与审查制度，都是立法监督的重要实现方式。相关法律法规对备案审查制度的规定相对详细。备案与审查二者关系密切，其中备案属于知情权，是立法监督主体了解报备机关地方立法情况的方式，它可以独立完成。审查属于决定权，它必须在知情权的基础上行使。备案与审查是立法监督工作的两个环节、两种监督方式。备案审查制度相比其他立法监督制度，显得相对规范和完整，宪法对备案审查制度有一定规定，《立法法》作出了相对集中的规定，国务院《法规规章备案条例》更是作出了专门规定。形成了多层次、系统化的规范体系。

一、地方立法的备案审查主体

中国现行法规规章备案审查制度需要处理两大核心问题，即哪些主体有权接受备案，和哪些立法需要备案。就备案审查主体而言，各级人大常委会与各级人民政府都是法定的有权接受备案审查的主体。不同级别的人大常委会与政府，接受备案审查的权限有所差异。

（一）各级人大常委会

中国是实行人民代表大会制度的国家，在权限范围上，全国人大常委会，省、自治区、直辖市人大常委会，设区的市人大常委会，都有权接受地方立法的备案审查。

全国人大常委会是我国最主要的接受立法备案审查的机关。所有地方性法规（省、自治区、直辖市的人民代表大会及其常务委员会制定的地方性法规，报全国人民代表大会常务委员会备案；设区的市、自治州的人民代表大会及其常务委员会制定的地方性法规，由省、自治区的人民代表大会常务委员会报全国人民代表大会常务委员会备案）、自治州和自治县的自治法规（自治州、自治县的人民代表大会制定的自治条例和单行条例，由省、自治区、直辖市的人民代表大会常务委员会报全国人民代表大会常务委员会备案；自治条例、单行条例报送备案时，应当说明对法律、行政法规、地方性法规作出变通的情况）、经济特区法规（经济特区法规报送备案时，应当说明对法律、行政法规、地方性法规作出变通的情况）以及根据全国人大及其常委会授权制定的地方立法，都要报送全国人大常委会备案。

省级人大常委会也享有较大的备案审查权。设区的市的地方性法规，自治州、自治县的自治条例和单行条例，经所在地的省级人大常委会报送全国人大常委会和国务院备案；经济特区法规经由所在地的省级人大常委会报送全国人大常委会和国务院备案。省级政府规章报送本省人大常委会备案；设区的市、自治州的政府规章报送所在地的省人大常委会备案。

设区的市、自治州人大常委会有权接受本市、州地方政府规章的备案。

（二）各级政府

中国作为统一的单一制国家，国务院作为中央政府，在国家权力体系中的重要性仅次于全国人大及其常委会，国务院是非常重要的接受立法备案的机关。所有地方政府规章都要报送国务院备案。所有地方性法规须报送国务院备案（省、自治区、直辖市的人民代表大会及其常务委员会制定的地方性法规，报国务院备案;设区的市、自治州的人民代表大会及其常务委员会制定的地方性法规,由省、自治区的人民代表大会常务委员会报国务院备案;经济特区法规报送备案时,应当说明对法律、行政法规、地方性法规作出变通的情况)。所有自治州、自治县的自治条例和单行条例须报送国务院备案(自治条例、单行条例报送备案时,应当说明对法律、行政法规、地方性法规作出变通的情况)。国务院制定的《法规规章备案条例》专门规定,国务院的法制机构专门负责法规、规章的备案审查工作,履行备案审查监督职能。

省级人民政府有权接受设区的市、自治州的人民政府制定规章的备案。

二、地方立法的备案审查对象

地方立法的备案审查主体解决哪些机关有权接受备案的问题,而地方立法的备案审查对象则解决哪些地方立法需要备案的问题。在我国的立法体系中,除宪法、法律、自治区的自治条例和单行条例无须备案外,其他立法如行政法规、地方性法规、自治州和自治县的自治条例和单行条例、部门规章和政府规章、经济特区法规、授权立法都需要备案。

(一)地方性法规

地方性法规由省、自治区、直辖市和设区的市人民代表大会及其常务委员会,根据本行政区域的具体情况和实际需要,在不与宪法、法律、行政法规相抵触的前提下制定,由大会主席团或者常务委员会用公告公布施行的文件。地方性法规在本行政区域内有效,其效力低于宪法、法律和行政法规。地方性法规包括,省、自治区、直辖市的人民代表大会及其常务委员会制定的地方性法规,设区的市、自治州的人大及其常委会制定的地方性法规,经济特区的人民代表大会及其常务委员会制定的经济特区法规,省、自治区、直辖市的人民代表大会及其常务委员会制定的地方性法规;设区的市、自治州的人民代表大会及其常务委员会制定的地方性法规,由省、自治区的人民代表大会常务委员会报全国人民代表大会常务委员会和国务院备案。经济特区法规报送备案时,应当说明对法律、行政法规、地方性法规作出变通的情况。

(二)地方政府规章

地方人民政府规章是指由省、自治区、直辖市以及省、自治区人民政府所在地的市、经国务院批准的较大的市、经济特区市和其他设区的市的人民政府根据法律和行政法规按照规定程序所制定的普遍适用于本地区行政管理工作的规定、办法、实施细则、规则等规范性文件的总称。其效力等级低于宪法、法律、行政法规和地方性法规。具体表现形式有,规程、规则、细则、办法、纲要、标准、准则等。地方政府规章报送国务院备案;地方政府规章应当同时报送本级人民代表大会常务委员会备案;设区的市、自治州的人民政府制定的规章应当同时报送省、自治区的人民代表大会常务委员会和人民政府备案。

(三)自治条例和单行条例

自治条例是指民族自治地方的人民代表大会根据宪法和法律的规定,并结合当地民族政治、经济和文化特点制定的有关管理自治地方事务的综合性法规。其内容涉及民族区域自治的基本组织原则、机构设置、自治机关的职权、活动原则、工作制度等重要问题。单行条例是指民族自治地方的人民代表大会及其常务委员会在自治权范围内,依法根据当地民族的特点,针对某一方面的具体问题而制定的法规。自治区人民代表大会制定的自治条例和单行条例无须备案,自治州、自治县的人民代表大会制定的自治条例和单行条例,由省、自治区、直辖市的人民代表大会常务委员会报全国人民代表大会常务委员会和国务院备案;自治条例、单行条例报送备案时,应当说明对法律、行政法规、地方性法规作出变通的情况。

三、地方立法的备案审查程序

关于地方立法备案审查的相关程序,《立法法》中有少量规定。第九届全国人民代表大会常务委员会第三十四次委员长会议通过的《行政法规、地方性法规、自治条例和单行条例、经济特区法规备案审查工作程序》及国务院办公厅《关于地方政府和国务院各部门规章备案工作的通知》作出了系统规定。我国地方立法的备案审查程序主要包括报送程序、审查程序、沟通反馈程序与决议程序四部分。

(一)报送备案

报送期限:根据《立法法》相关规定,省、自治区、直辖市和较大的市的人大及其常委会制定的地方性法规,自治州和自治县制定的自治条例和单行条例,经济特区根据授权制定的法规,应当在公布后的30日内报全国人大常委会备案。每年1月底前,各报送机关应将其上一年度制定的法规的目录报全国人大常委会办公厅备查。省、自治区、直辖市,省、自治区人民政府所在地的市和国务院批准的较大市的人民政府,以及国务院各部委、各直属机构制定和发布的规定、办法、实施细则等规章,应于批准之日起的30日内报送国务院备案。

报送主体:地方性法规按法律规定,由省、自治区、直辖市人民代表大会常务委员会报国务院备案。地方人民政府规章,由省、自治区、直辖市人民政府统一报国务院备案。地方性法规,自治州、自治县制定的自治条例和单行条例由各省、自治区、直辖市人大常委会办公厅负责报送;经济特区根据授权制定的法规由制定机关办公厅(室)负责报送。

接收主体:报送备案的法规由全国人大常委会办公厅秘书局负责接收、登记、存档。国务院法制局具体负责法规、规章的备案审查和管理工作。

报送内容形式:法规备案内容包括:备案报告、国务院令或公告、有关修改、废止或批准的决定、法规文本、说明及审议结果报告等有关文件,装订成册,一式十份;规章备案须将规章文本、起草说明、备案报告等有关材料一式二十五份,报送国务院备案。

(二)审查

审查权是立法监督权的核心。审查包括被动审查和主动审查两种。所谓主动审查是指审查机关主动对报送备案的地方立法进行检查审视,依法作出裁决;被动审查是指有关机关或者公民提出审查要求或审查建议,审查机关才开展对报送备案的地方立法的检查审视,并依法作出裁决。审查程序包括以下环节:

(1)审查启动。分为被动启动程序和主动启动程序两种。国务院、中央军事委员会、最高人民法院、最高人民检察院和各省、自治区、直辖市的人大常委会认为法规同宪法或者法律相抵触,向全国人大常委会书面提出审查要求的,由常委会办公厅报秘书长批转有关的专门委员会对法规进行审查。上述机关之外的其他国家机关和社会团体、企业事业组织以及公民认为地方立法同宪法或者法律相抵触,向有权机关提出审查建议的,由审查机关的负责工作机构先行组织有关人员进行研究。这是被动审查程序的启动。根据《立法法》的相关规定,审查机关也可以针对报送备案的地方立法直接启动审查程序。

(2)审查审议。全国人大常委会内部审议程序规定如下:需要审查的,由常委会办公厅报秘书长批准后,送有关的专门委员会对法规进行审查。被审查的法规的内容涉及两个或者两个以上专门委员会的,应同时分送有关的专门委员会进行审查。专门委员会及常委会工作机构收到涉及法规审查建议的信函后,应及时转交常委会办公厅秘书局办理。报送国务院备案的法规、规章,由国务院法制局负责就下列几个主要方面进行审查:地方性法规是否同法律、行政法规相抵触;规章是否同法律、行政法规相违背;地方性法规与部门规章之间、规章相互之间是否矛盾;规章的制定是否符合法定程序及规范化要求。

(三)信息沟通与反馈

根据相关法律法规,全国人民代表大会专门委员会、常务委员会工作机构在审查、研究中认为地方性法规、自治条例和单行条例同宪法、法律相抵触的,可以向制定机关提出书面审查意见、研究意见,也可以由法律委员会与相关专门委员会、常务委员会工作机构召开联合审查会议,要求制定机关到会说明情况,再向制定机关提出书面审查意见。制定机关应在两个月内研究提出是否修改的意见,并向全国人大法律委员会和有关的专门委员会或常务委员会工作机构反馈。

国务院法制办(现司法部)对地方或者部门报送国务院备案的法规和规章,在审查过程中,认为需要征求国务院有关部门或者地方人民政府意见的,被征求意见的机关应当在限期内回复。

(四)决议

经过审查后,审查机关先行作出决议。全国人大专门委员会一般应在收到秘书长批转的审查要求或者审查建议的3个月内,提出书面审查意见。经专门委员会会议审查,认为法规同宪法或者法律不抵触的,专门委员会应当书面告知常委会办公厅;认为法规同宪法或者法律相抵触的,专门委员会应向制定机关提出书面审查意见。由两个或者两个以上专门委员会共同进行审查的,有关的专门委员会经交换意见,认为法规不同宪法或者法律相抵触的,可以共同或者分别书面告知常委会办公厅;认为法规同宪法或者法律相抵触的,应共同向制定机关提出书面审查意见。有关的专门委员会认为有必要和法律委员会召开联合审查会议的,由常委会办公厅报经秘书长同意后,由法律委员会和有关的专门委员会召开联合审查会议,要求制定机关到会说明情况,再向制定机关提出书面审查意见。专门委员会向制定机关提出的书面审查意见应抄送常委会办公厅。制定机关研究提出的是否修改的意见,在向专门委员会反馈后,由接收反馈意见的专门委员会将原件一式三份送常委会办公厅。法律委员会和有关的专门委员会审查认为,法规同宪法或者法律相抵触而制定机关不予修改的,可以向委员长会议提出书面审查意见和予以撤销的议案,由委员长会议决定是否提请常委会会议审议决定。

国务院法规、规章经审查发现同法律、行政法规相抵触的,由国务院提出处理意见提请全国人民代表大会常务委员会处理;地方性法规同国务院部门规章之间有矛盾的,由国务院提出处理意见提请全国人大常务委员会处理。

四、地方立法的备案审查处理

审查地方立法就意味着在审查之后,需要作出审查决定,即审查后果。虽然《立法法》第96条、97条规定了改变和撤销两种审查处理方式,在在立法实践中,还包括以下几种情形。

(一)审查无异议

监督主体在审查之后,认为地方立法没有不合法和不合理的情况出现,则无须作出改变和撤销决定。因此,维持或者审查无异议的决定也是审查的结论。

(二)责令改正

根据国务院《法规规章备案规定》的相关要求,对于不报规章备案或者不按时备案者,国务院法制办(现司法部)应当通知原报机关,限期报送;拒不报送的,由法制办(现司法部)向国务院汇报,给予通报批评,并限期改正。规章同法律、行政法规相违背的,国务院有权责令地方规章制定主体改正。

(三)改变或撤销

通过改变和撤销的方式实现对地方立法的监督,是中国立法监督的显著特色。根据《立法法》的相关规定，地方性法规、自治条例和单行条例、规章有下列情形之一的，由有关机关依照法定权限予以改变或者撤销：超越权限的；下位法违反上位法规定的；规章之间对同一事项的规定不一致，经裁决应当改变或者撤销一方的规定的；规章的规定被认为不适当，应当予以改变或者撤销的；违背法定程序的。

改变或者撤销地方性法规、自治条例和单行条例、规章的权限是：全国人民代表大会有权撤销全国人民代表大会常务委员会批准的违背《宪法》和《立法法》第75条第2款规定的自治条例和单行条例；全国人民代表大会常务委员会有权撤销同宪法和法律相抵触的行政法规，有权撤销同宪法、法律和行政法规相抵触的地方性法规，有权撤销省、自治区、直辖市的人民代表大会常务委员会批准的违背《宪法》和《立法法》第75条第2款规定的自治条例和单行条例；国务院有权改变或者撤销不适当的部门规章和地方政府规章；省、自治区、直辖市的人民代表大会有权改变或者撤销它的常务委员会制定的和批准的不适当的地方性法规；地方人民代表大会常务委员会有权撤销本级人民政府制定的不适当的规章；省、自治区的人民政府有权改变或者撤销下一级人民政府制定的不适当的规章；授权机关有权撤销被授权机关制定的超越授权范围或者违背授权目的的法规，必要时可以撤销授权。

（四）其他

要求有关机关处理监督对象，通常适用于下位阶的立法主体要求上位阶立法主体针对地方立法进行处理，如国务院提请全国人大常委会处理同国务院部门规章有矛盾的地方性法规，或者针对地方立法的冲突提请有权机关裁决等。

在西方国家立法实践中，还存在对立法予以宣告无效的处理方式。一般由宪法委员会、宪法法院或其他有权机关宣告某项立法因违宪而无效。而我国处理此类立法违宪案例时，一般采用撤销方式处理。

第三编　地方立法过程

第七章　地方立法规划和决策

第一节　地方立法规划

一、地方立法规划的概念及作用

地方立法规划，又称地方立法计划，是指享有立法权的地方机关根据国家的方针政策、国民经济和社会发展计划，在科学的立法预测基础上，作出的有关立法目标、措施、步骤等的设想和安排。

制定立法规划的目的，就是要使立法工作有组织、有计划、有步骤地进行，增强立法工作的主动性、计划性和科学性。具体而言，立法规划具有以下作用：

第一，有利于分清轻重缓急，突出重点，增强立法的计划性、主动性，从而使立法工作更好地为地方的发展和建设服务。

第二，有利于法制统一。地方立法规划的制定，必须要注意法制的统一和协调，要做到与中央立法的统一，也要做到与地方既有立法的统一，减少和避免立法工作中的重复、交叉等现象。

第三，有利于立法科学化。因为立法规划是在现实需要的基础上，根据程序，经过多方论证后形成的，因此，它可以避免立法工作的随意性，使立法达到最佳的社会调整效果。

第四，有利于调动和组织有关方面参与立法工作的积极性，确保立法的速度和进程。

当然，立法规划的上述作用要能得到充分发挥，不仅需要科学、合理的立法规划，还需要严格地将立法规划落到实处。

二、制定地方立法规划的指导思想和原则

制定地方立法规划的指导思想，就是制定立法规划的基本依据和立法规划的总体目标。一般来说，制定立法规划的指导思想是很稳定的，但也需要与时俱进，随着国家的发展进步而发生相应的变化。例如，八届全国人大常委会制定的立法规划的指导思想是，“以邓小平同志建设有中国特色社会主义的理论和党的基本路线为指导，以宪法为依据，全面贯彻党的十四大和十四届三中全会精神，

加快立法步伐,争取在八届人大任期内,大体形成社会主义市场经济法律体系的框架,同时基本健全其他方面的法律"。[1] 而十届全国人大常委会制定的立法规划的指导思想是,"以邓小平理论和'三个代表'重要思想为指导,以宪法为依据,贯彻党的十六大和十六届三中全会精神,进一步加强立法工作,提高立法质量,努力形成中国特色社会主义法律体系,为依法治国、建设社会主义法治国家,为从法律上、制度上保证社会主义物质文明、政治文明和精神文明的协调发展和全面建设小康社会做出贡献"。[2] 《国务院 2016 年立法工作计划》的指导思想是:全面贯彻党的十八大和十八届三中、四中、五中全会精神,适应协调推进"四个全面"战略布局的新要求,牢固树立创新、协调、绿色、开放、共享的发展理念,加强重点领域立法,为"十三五"时期经济社会发展的良好开局提供法制保障。

地方立法规划指导思想确定既要符合中央的精神,同时也需要照顾各地的实际情况,体现地方特色。比如《湖北省人民政府 2013 年—2017 年立法规划》的指导思想是:"根据党的十八大和省第十次党代会精神,按照省委、省政府确定的工作总体部署和主要任务的要求,省政府 2013 年至 2017 年立法的指导思想是:以邓小平理论、'三个代表'重要思想和科学发展观为指导,认真贯彻党的十八大和省第十次党代会精神,按照完善中国特色社会主义法律体系的基本要求,围绕中心,服务大局,服务发展,坚持依法立法,推进科学立法,突出重点领域立法,拓展人民有序参与立法途径,加强立法协调,进一步增强立法规划的科学性、民主性、指导性和可操作性,切实提高立法质量,为保障和促进我省科学发展、跨越式发展,构建促进中部地区崛起重要战略支点创造良好的法制环境。"《北京市政府 2016 年立法工作计划》的指导思想是,全面贯彻落实党的十八大和十八届三中、四中、五中全会精神,深入学习贯彻习近平总书记系列重要讲话和对北京工作的重要指示精神,坚持"五位一体"总体布局和"四个全面"战略布局,牢固树立创新、协调、绿色、开放、共享的发展理念,牢牢把握首都城市战略定位,深入实施京津冀协同发展战略,充分发挥立法引领作用,加强重点领域立法,解决首都发展面临的主要矛盾和突出问题,不断提高政府服务管理水平,为实现"十三五"时期首都经济社会发展的良好开局提供法制保障。

制定立法规划的原则,是在制定立法规则指导思想的指引下,在立法规划工作中所遵循的,具有可操作性的基本准则和方法。根据我国各地在制定立法规划时所遵循的原则,归纳起来,主要有以下几个原则:

---

〔1〕 曹志:《关于八届全国人大常委会立法规划(草稿)的说明》,载《人大工作通讯》1994 年第 5 期。

〔2〕 吴邦国:《加强立法工作提高立法质量　为形成中国特色社会主义法律体系而奋斗》,载《求是》2004 年第 3 期。

第一,从实际出发,坚持与国民经济和社会发展规划相衔接。确定规划项目,要紧紧围绕地方的整体工作发展,使立法工作与本地经济社会发展协调一致,特别是地市一级立法,要把城乡建设与管理、环境保护和历史文化保护工作中的重点、难点、热点作为立法工作的重点,将符合地方经济社会发展的迫切需要和广大人民群众的迫切要求的事项作为立法项目列入立法规划,用法律手段推进经济社会协调发展。

第二,坚持发挥人大常委会在立法中的主导作用。在立法规划编制的各个环节,要充分发挥地方人大常委会的主导作用,坚决杜绝部门化倾向和争权诿责现象。涉及综合性、全局性、基础性等重大事项的规划项目,地方人大有关专委会和常委会法工委要广泛征求意见,综合考虑,科学论证,使规划项目既符合地方立法权限范围,又符合地方实际、切实可行。

第三,坚持发挥立法的引领和推动作用。确定规划项目,要注重前瞻性、可行性,实现改革决策与立法决策相衔接,做到重大改革于法有据,切实发挥地方立法在协调社会利益关系、化解矛盾冲突、强化公共服务保障等方面的重要作用,保证全面深化改革措施得到有效落实。

第四,突出重点,注重法律体系协调的原则。确定规划项目,要突出重点,针对某一时期地方发展所面临的重大技术问题设定立法项目。作为地方立法规划,要注意与上位法的协调,也要注意与本地区已有立法相协调。

三、地方立法规划的制定主体

地方立法规划一般由地方人大和地方政府分别制定。人大的程序一般是先由其工作机构(办公厅或者法制工作机构)研究拟定初步意见,主任会议审议或者同意后,印发常委会讨论决定。需要说明的是,这里的常委会“讨论决定”与审议表决有着重要区别,前者是一种不具有法律效力的行为,而后者则是具有完整法律效力的立法行为。值得注意的是,确有个别地方在立法条例中明确规定,立法规划须由人大常委会审议通过。而实践中,由人大常委会直接审议并表决通过地方立法规划的例子并不少见。比如,2012 年 6 月 25 日,海口市人大常委会就审议并表决通过了该市 2012 年到 2016 年的五年立法规划。2013 年 12 月 30 日,重庆市人大常委会也审议通过了重庆市第四届人大及其常委会立法规划,并由重庆市人大常委会以公告形式发布这一规划。这些情况说明,对于立法规划的制定主体究竟为何,地方人大常委会的规定和做法并不一致,甚至存在混乱局面。[1] 地方政府立法一般由立法具体承办机构研究拟定初步意见,政府常务会议审议通过后,由政府部门发布。比如,《湖南省人民政府 2017 年立法计

〔1〕 参见刘松山:《立法规划之淡化与反思》,载《政治与法律》2014 年第 12 期。

划》便由湖南省人民政府办公厅发布。

四、地方立法规划的分类

立法规划根据不同的标准,可以作不同的划分。

(1)权力机关与行政机关的立法规划。这是根据立法规划的编制主体不同而作的划分。权力机关的立法规划是由国家权力机关编制的立法规划,包括省、自治区、直辖市的人大及其常委会的立法规划,较大的市的人大及其常委会的立法规划,拥有立法权的设区的市的人大及其常委会的立法规划。行政机关的立法规划是由行政机关编制的立法规划,包括省、自治区、直辖市的人民政府,较大的市的人民政府的立法规划,拥有立法权的设区的市的人民政府的立法规划。

(2)短期、中期及长期立法规划。这是根据立法规划的时间来划分的。这个时限并无明确、统一的界限。一般而言,短期立法规划是指1年规划,即对未来立法的计划;中期立法规划是指3~5年的立法规划;长期立法规划是指5年以上的立法规划。我国目前的地方立法规划以短期和中期规划为主,年度立法计划在我国较为常见,而我国地方人大一般会在一届任期开始之年发布本届人大的立法规划,以5年立法规划比较常见。

五、规划编制的程序

《立法法》对立法规划和年度计划的编制提出了总体要求。第52条规定:"全国人民代表大会常务委员会通过立法规划、年度立法计划等形式,加强对立法工作的统筹安排。编制立法规划和年度立法计划,应当认真研究代表议案和建议,广泛征集意见,科学论证评估,根据经济社会发展和民主法治建设的需要,确定立法项目,提高立法的及时性、针对性和系统性。立法规划和年度立法计划由委员长会议通过并向社会公布。全国人民代表大会常务委员会工作机构负责编制立法规划和拟订年度立法计划,并按照全国人民代表大会常务委员会的要求,督促立法规划和年度立法计划的落实。"

《立法法》第66条对国务院行政立法规划编制也提出了具体要求,要求国务院法制机构应当根据国家总体工作部署拟订国务院年度立法计划,报国务院审批。国务院年度立法计划中的法律项目应当与全国人民代表大会常务委员会的立法规划和年度立法计划相衔接。国务院法制机构应当及时跟踪了解国务院各部门落实立法计划的情况,加强组织协调和督促指导。

各地也对本地区的立法规划和年度立法计划编制提出了具体要求。《湖南省地方立法条例》第48条第1款规定,省人民代表大会常务委员会主任会议根据本行政区域的具体情况和实际需要,编制立法规划和年度计划。立法规划和年度立法计划应当向社会公布。《湖南省人民政府制定地方性法规草案和规章办法》第8条规定,"省政府法制机构于每年第四季度对立项申请进行汇总研究，根据本省总体工作部署和改革、发展、稳定的需要，突出重点，统筹兼顾，拟定下一年度法规草案和规章制定工作计划，报省人民政府批准后执行。制定法规草案年度工作计划，省政府法制机构在报请省人民政府批准之前，应当与省人民代表大会法制委员会和有关专门委员会充分协商”。

我国编制地方立法规划的步骤可以分为以下 4 个阶段：

第一阶段，提出立项项目。立法项目是立法规划的重要内容，而提出立法项目是编制立法规划的第一步。在省一级政府，主要是由省政府有关部门提出立法项目。在省一级人大常委会，则是由省人大各专门委员会、省政府有关部门、省人民法院、省人民检察院、省人大常委会工作机构以及人民团体等，提出立法项目。就目前情况而言，还应当扩大提出立法项目的主体范围。

第二阶段，汇总立法项目。有关部门按规定提出立法项目后，由相应的单位接受并汇总这些立法项目。在省一级，是由省政府法制办负责接收并汇总立法项目。在省一级人大常委会，是由省人大常委会秘书处负责接收并汇总立法项目。

第三阶段，审查立法项目并编制立法规划。有关部门提出的立法项目，经汇总后，由接收单位进行认真、全面的审查，在此基础上，编制立法规划。这是制定立法规划的一个重要步骤。在审查基础上，有关单位着手编制立法规划，形成立法规划草案。立法规划的内容大体上包括：规划的指导思想和原则；规划的目标、任务；规划的主要内容；落实规划的组织和措施。

第四阶段，审议、批准立法规划。立法规划草稿（草案）编制完成后，还应该继续在一定范围内征求意见。然后正式提请有权的机关进行审议、批准。在省人大常委会，先由主任会议予以讨论，然后再提请常委会会议审议，目前有的地方需要常委会通过，有的地方仅提交给常委会审议即可。在省一级法制机构，对政府各部门报送的行政规章立项申请进行汇总，根据地方政府总体工作部署，结合本地社会经济发展的重点工作，统筹兼顾，研究拟定地方政府年度立法工作计划，报省一级政府审批，通过后一般由省政府办公厅行文发布。立法规划审议通过后，一方面要按照规划要求组织实施，在人员、经费等方面进行保障，保障立法规划目标的实现；另一方面也可以在实践过程中，根据实际需要适时地调整规划。

第二节　地方立法决策

“决策”，按照《现代汉语词典》的解释，是指决定策略或者办法。立法决策，就是决定立法的策略或办法。地方立法决策则是指地方在行使立法权时的决定策略或者方法。立法决策十分重要,它直接关系到立法采取什么策略或办法,关系到立法速度的快慢、立法质量的高低。

一、地方立法决策的主体

决策的主体是指依法决定立法的方法、方针、策略或办法的机构或个人。它可以分为主要立法决策主体和辅助立法决策主体两类。[1] 主要立法决策主体是指依法具有立法决策权的机构或者个人,辅助立法决策主体是指可以参与立法决策,并对立法决策施加一定影响的机构或个人。在我国地方人大立法系统,主要立法决策主体应该是主席团和委员长会议。

(一)主席团

我国《宪法》第61条第2款规定:“全国人民代表大会举行会议的时候,选举主席团主持会议。”《地方组织法》第18条第1款规定,凡向地方各级人民代表大会提出属于地方各级人民代表大会职权范围内的议案,都要“由主席团决定提交人民代表大会会议审议,或者并交有关的专门委员会审议、提出报告,再由主席团审议决定提交大会表决”。《湖南省地方立法条例》第6条规定,省人民代表大会主席团可以向省人民代表大会提出地方性法规案,由省人民代表大会会议审议。省人民代表大会常务委员会、省人民政府、省人民代表大会专门委员会,可以向省人民代表大会提出地方性法规案,由主席团决定列入会议议程。第7条第1款规定,一个代表团或者十名以上代表联名,可以向省人民代表大会提出地方性法规案,由主席团决定是否列入会议议程,或者先交有关专门委员会审议、提出是否列入会议议程的意见,再决定是否列入会议议程。上述规定表明,在地方人民代表大会举行会议时,主席团是主要立法决策主体。

(二)主任会议

在我国地方立法中,主任会议是另一个主要立法决策主体。主任会议主要是在地方人大常委会行使立法决策权。比如《湖南省地方立法条例》第14条规定,主任会议可以向常务委员会提出地方性法规案,由常务委员会会议审议。省人民政府、省高级人民法院、省人民检察院、省人民代表大会专门委员会,可以向常务委员会提出地方性法规案,由主任会议决定列入常务委员会会议议程,或者先交有关专门委员会审议、提出报告,再决定列入常务委员会会议议程。如果有关专门委员会认为该地方性法规案有重大问题需要进一步研究,经主任会议决定,可以建议提案人修改完善后再向常务委员会提出。该条例第15条还规定,常务委员会组成人员五人以上联名,可以向常务委员会提出地方性法规案,由主

[1] 参见郭道晖:《法的时代呼唤》,中国法制出版社1998年版,第431页。

任会议决定是否列入常务委员会会议议程,或者先交由有关专门委员会审议、提出是否列入会议议程的意见,再决定是否列入常务委员会会议议程。

在我国,立法工作必须坚持中国共产党的领导,加强党委领导立法工作的制度建设,对党委审定立法计划、提出立法建议、讨论重要法规草案等程序作出具体规定,2016 年,《中共中央关于加强党领导立法工作的意见》发布,对党领导立法工作作了具体规定。地方立法的重大问题,人大常委会党组应向同级党委报告,涉及重大体制和重大政策调整的,必须报同级党委讨论决定。有的省市还出台了具体的落实意见,2016 年,为贯彻落实《中共中央关于加强党领导立法工作的意见》,湖南省人大出台了《贯彻〈中共中央关于加强党领导立法工作的意见〉若干规定》,对湖南省在立法工作中如何加强党的领导提出了更为具体的要求,进一步完善了党委领导地方立法的制度机制,明确了重大立法事项向省委请示报告等制度,确保湖南省的地方立法工作在党的领导下,体现党的意志,实现党的主张。

(三)辅助立法决策主体

在我国,辅助立法决策主体较多,在人大,各专门委员会都在自己的职责范围内有辅助立法决策的作用,这一点在我国的有关法律中是有明文规定的。特别是其中的法制委员会,在立法决策中有更大的权威,发挥着更大的作用。比如《湖南省地方立法条例》第 17、18 条对法制委员会在法规的立改废中的角色作了明确规定。

二、地方立法决策的步骤

地方立法决策事关重大,直接影响到一个地方的立法进展甚至立法质量,必须遵循相应的步骤和程序,这样才有可能作出科学、正确的决策。一般认为,地方立法决策应该遵循以下 3 个步骤:

(1)明确问题。地方立法决策首先要明确什么样的问题需要立法,一般情况下,需要相关问题已经发展得比较成熟,已经适合用法律进行解决。只有针对这种问题,才能作出立法决策,地方立法决策主体应该充分进行调研,广泛听取各方意见,分清轻重缓急,确定适当的立法项目,确定哪些问题可以进入立法规划,哪些项目暂时还不能进入立法规划。

(2)设计方案。要使问题的解决达到预期的目标、程度,就要有相应的解决问题的方案。可以制定一个方案,也可以制定多个方案,供具体的决策者进行选择。设计解决方案,要注意解决问题的必要性,更应注意问题的可行性,特别是要结合地方的需要。这样设计出来的方案,才可能是最佳方案。

(3)作出决策。这是地方立法决策过程中最重要的步骤,也是最后的步骤。在决定采取什么样的方式方法制定法律后,就应该马上进入立法的法定程序,即着手起草、审议、通过等。当然，在这个过程中，所选定的方案仍然可能会因为实际情况的变化而被修改。

三、地方立法决策与全面深化改革

立法决策应与改革发展重大决策相结合，既是对我国立法决策和立法工作经验的深刻总结，也是立法决策的重要指导原则。目前，我国在推进全面深化改革，党中央强调，凡属重大改革都要于法有据，需要修改法律的可以先修改法律，先立后破，有序进行。在整个改革过程中，要高度重视运用法治思维和法治方式，加强对相关立法工作的协调。

全国人大常委会法工委研究室负责人表示，今后立法将对改革起到引领作用，党中央作出政治决策之后，要先立法后推行，确保一切改革举措都在法治轨道上进行，不允许在存在法治轨道之外的改革试点。过去的立法模式，通常是先试点，总结经验之后上升为法律，立法是为了总结和巩固改革经验。但这种模式将成为历史。立法将引领改革，先立法、后改革，即便是先行先试，“摸着石头过河”，也要先有法。有的重要改革举措需要得到法律的授权，应当按照法律程序进行，确保一切改革举措都在法治轨道上进行。

立法先于改革，这对立法工作提出了新的要求；一方面，立法决策主体在作出立法决策时，必须自觉地与党和国家全面深化改革的重大决策结合起来，使立法服务于全面深化改革的大局；另一方面，立法决策要积极响应党和国家的全面深化改革部署，积极立法，为全面深化改革提供法律依据。充分利用法律为全面深化改革服务，使全面深化改革在法治轨道上顺利进行。这是改革、发展与法治建设相协调的必然要求，也是坚持和实行依法治国，建设社会主义法治国家的基本治国方略和目标的必然要求。

当然，在我国，立法决策者在进行立法决策时，在回应改革需求的同时，还要注意遵循宪法的基本原则，坚持从国家利益出发，维护社会主义法治的统一和尊严，体现人民的意志等。

第八章　地方立法的起草

第一节　地方立法起草及其问题

一、地方立法起草的内涵

通常而言，地方立法需要经过立法规划立项、征集地方立法建议、地方立法起草、审议草案、通过草案、公布草案这几个阶段。其中，地方立法起草则是最重要的环节之一。地方立法起草是指“享有地方立法提案权的机关、组织和人员或者受其委托的机关、组织和人员，将提案所涉事项转化为具体法律条文的活动”。[1] 在起草过程中，起草主体必须按照一定的体例和格式，巧妙妥当地运用词汇表达立法目的和指导思想，最终将其转化为具体的法规、规章条文。根据我国《立法法》第72条、75条以及第82条的规定，地方立法起草的内容包括地方性法规、自治条例、单行条例以及地方政府规章。

根据我国《立法法》的规定，地方立法规制的事项范围可以从三个层面来理解：第一，地方立法不得超越其立法权限，不得就《立法法》第8条[2]中规定的事项立法。第二，地方立法应当仅就以下三个方面的事项作出规定：(1)为执行法律、行政法规、地方性法规的规定而需要规制的事项；(2)本行政区域的具体行政管理事项、地方性事务；(3)国家尚未制定法律或者行政法规的其他事项。第三，地方立法的范围应区分不同的立法主体。其中，设区的市的人民政府和人大只能就城乡建设与管理、环境保护、历史文化保护等方面的事项作出地方立法；对于省、自治区的人民政府所在地的市，经济特区所在地的市和国务院已经批准的较大的市，此类主体的人民政府和人大可以就第二层面中的事项作出地

---

〔1〕 王建华、杨树人：《地方立法制度研究》，四川人民出版社2009年版，第83页。

〔2〕 《立法法》第8条：下列事项只能制定法律：(1)国家主权的事项；(2)各级人民代表大会、人民政府、人民法院和人民检察院的产生、组织和职权；(3)民族区域自治制度、特别行政区制度、基层群众自治制度；(4)犯罪和刑罚；(5)对公民政治权利的剥夺、限制人身自由的强制措施和处罚；(6)税种的设立、税率的确定和税收征收管理等税收基本制度；(7)对非国有财产的征收、征用；(8)民事基本制度；(9)基本经济制度以及财政、海关、金融和外贸的基本制度；(10)诉讼和仲裁制度；(11)必须由全国人民代表大会及其常务委员会制定法律的其他事项。

方立法，其中也包括城乡建设与管理、环境保护、历史文化保护等方面的事项。

我国现行法律中没有关于地方立法起草的程序性规定，但在实践中，地方立法起草基本遵循一定的程序，即作出立法起草决策、明确立法目的、确定立法起草主体、组建起草小组、论证研究调查、拟定草案框架和大纲、正式起草、征求意见、修正和审查、形成草案正式稿。

二、我国地方立法起草存在的问题

自改革开放以来，我国加大力度进行法制建设。党的十七次全国代表大会正式宣布“中国特色社会主义法律体系已经基本形成”。截至2014年9月底，全国的地方性法规共计9489件，地方政府规章共计8820件。可见，地方立法工作在全国十分普遍且极为重要，作为第三阶层的法律形式，地方立法的重要性不言而喻。但是在庞大数字的背后，我国的地方立法起草工作仍然存在一些问题。

首先，数量庞大但缺乏地方特色，可操作性不强。我国《立法法》第72条、73条要求地方立法机关在进行地方立法时考虑本行政区域的具体情况和实际需要，包括但不限于城乡建设与管理、环境保护、历史文化保护、人口数量、地域面积、经济社会发展情况以及立法需求、立法能力等因素。而现实中，地方立法工作人员自身缺乏立法知识、经验，在立法过程中担心与上位法冲突而畏首畏尾，导致地方立法只是对上位法的照抄照搬，没有结合地方需求和特色，不能满足立法目的，结果就是空有其表，无法真正施行。如《甘肃省消费者权益保护条例》第9条〔1〕的规定几乎照搬我国《消费者权益保护法》第10条〔2〕，缺乏地方特色，浪费国家立法资源。

其次，起草工作未充分保障公众参与，民主性不够。我国《立法法》第5条明确规定了民主立法原则，〔3〕要求必须保障人民参与地方立法，随着社会法制教育的普及和人民文化程度的提高，参与立法也成为人民的需求。现实中，社会公众很少能参与到地方立法的过程中，一方面是由于起草工作者往往侧重于征求专家、相关部门的意见，而忽略社会公众这一群体；另一方面，来自社会公众的意见往往被立法工作者所忽视，这导致立法只是立法工作者在立法，而不是人民在立法，无法体现人民意志。

最后，起草工作难以协调，部门化倾向较明显，科学性不足。现实中，地方法

〔1〕《甘肃省消费者权益保护条例》第9条：消费者享有公平交易的权利。消费者在购买商品或者接受服务时，有权享有质量保障、价格合理、计量正确等公平交易条件，有权拒绝经营者的强制交易行为。

〔2〕《消费者权益保护法》第10条：消费者享有公平交易的权利。

消费者在购买商品或者接受服务时，有权获得质量保障、价格合理、计量正确等公平交易条件，有权拒绝经营者的强制交易行为。

〔3〕《立法法》第5条：立法应当体现人民的意志，发扬社会主义民主，坚持立法公开，保障人民通过多种途径参与立法活动。

规大多由地方政府主管部门负责起草，在起草过程中，政府主管部门、人大专门委员会、法工委等相关机构各自负责相关事宜，这种“接力式”的起草程序导致起草工作难以协调：一方面，负责起草的主体会维护其自身利益，而导致各方利益冲突，阻碍立法工作的进行；另一方面，相关部门、机构之间缺乏有效的沟通，彼此权责模糊，甚至产生重复立法等现象。如《吉林省经营性婚姻介绍和婚姻登记管理办法》第 37 条[1]就增设了一项“早婚费”，属于民政部门恣意扩大其行政权力，损害人民群众利益的现象。

第二节　地方立法起草主体

一、我国地方立法起草主体现状

形式上多元分布。我国地方立法的起草主体可以分为三类：地方人大相关部门、地方政府相关部门以及接受委托的第三方主体。具体包括地方人大有关专门委员会、人大法制委、人大法工委，地方政府主管部门、地方政府法制部门，接受上述主体委托的第三方主体，如教学科研机构、社会组织等。

尽管起草主体多元，但实质上，我国地方立法起草的主体大多数都是地方政府主管部门，主要原因在于：(1)地方性立法的多数内容涉及政府行政管理的事项，相关政府职能部门掌握的信息资料较之地方人大更为全面，此类立法也由地方政府执行；(2)地方政府拥有更多的人力、物力资源。启动一项立法工作，需要大量的准备工作，其中包括专业的立法队伍，以及充足的资金保障，地方人大在这方面则有所欠缺。

起草集中化导致“地方立法部门化，部门立法利益化”[2]的现象。习近平在《关于〈中共中央关于全面推进依法治国若干重大问题的决定〉的说明》中指出：“我们在立法领域面临着一些突出问题，比如……立法工作中部门化倾向、争权诿责现象较为突出，有的立法实际上成了一种利益博弈，不是久拖不决，就是制定的法律法规不大管用，一些地方利用法规实行地方保护主义，对全国形成统一开放、竞争有序的市场秩序造成障碍，损害国家法治统一。”

在我国，地方性法规多数由地方政府主管部门负责起草，在起草过程中，政

---

〔1〕《吉林省经营性婚姻介绍和婚姻登记管理办法》第 37 条：未到法定结婚年龄的公民以夫妻名义同居的，由婚姻登记管理机关责令分居，并向双方当事人分别收取限制早婚费。限制早婚费按距法定婚龄的时间计算，每 1 年收取 500 元，不足 1 年的，按 1 年计算。

〔2〕秦前红、许志淼：《论地方人大在地方立法工作中的主导作用——以法规立项和起草为中心》，载《荆楚学刊》2015 年第 3 期。

府主管部门往往会维护其自身利益：一方面，过度地扩大本部门的行政权力范围，并弱化其承担的责任，对行政相对人的义务则作出较为全面的规定；反之，对相对人的权利则规定得较片面；另一方面，地方政府在起草过程中不断扩大其立法权，而地方政府各部门则过度重视部门自身利益，从而导致地方保护主义，部门封锁以及各自为政的现象。

二、发挥地方人大在起草过程中的主导作用

党的十八届四中全会审议通过的《中共中央关于全面推进依法治国若干重大问题的决定》提出：人大主导立法、健全立法起草机制、发挥人大代表参与立法起草的作用，从地方政府部门主导立法向地方人大及其常委会主导立法转变，克服政府部门组织立法起草中的行政化倾向、"部门利益保护"倾向，确定地方人大在立法体制中的主体地位和主导作用，是新时期提高立法质量的重要保证，是实现科学立法、民主立法的必然要求。因此，由地方人大主导立法起草工作，不仅是解决当前问题的最佳途径，也是实现保障人民当家作主的必然要求。

值得注意的是，地方人大主导起草工作，不意味着地方人大要承揽全部的起草工作，也不意味着政府部门不能参与起草过程。在这里，地方人大的主导地位体现在：一方面，相对于其他主体（如地方政府主管部门）而言，地方人大要居于主要地位；人大在立法起草过程中，指导、规范并监督草案的价值目标、适用对象、立法程序、立法技术等。

（一）拓宽起草渠道

在保障地方人大对起草过程的指导和监督的前提下，应当根据草案的不同性质，确定不同的起草主体和起草方式，以拓宽起草渠道，打破地方立法部门化的僵局。对于涉及人大自身建设、社会公共利益事项等综合性、全局性、基础性的地方性法规，由地方人大专门委员会及其常委会工作机构直接起草；对于管理内容单一、权责关系明确、执行性的行政管理的地方性法规、规章，如果只涉及单一行政部门，可以由该政府部门起草，或者由地方人大会同该行政部门共同起草，如果涉及多个行政部门，则由政府法制部门和地方人大相关专门委员会牵头，另行成立专门的起草班子起草，或者由地方人大相关专门委员会会同政府法制办共同起草；对于专业性、技术性地方性法规、规章，可以委托专家学者或者科研机构等社会组织起草，地方人大和政府部门应当组织相关人员参与起草工作。地方人大享有对整体起草工作的组织、协调与重大事项的决定权，享有确定起草主体、选择起草方式的权利，对于非综合性、全局性、基础性的法规，地方人大也应有组织起草权。

（二）完善草案集中起草机制

打破地方立法部门化的僵局，必须要保证其他主体在起草过程中的充分参与，建立由地方人大主导的集中起草机制。总体来说，就是将地方人大、政府部门、专家学者以及社会组织集中起来，由地方人大统一协调、指导、监督。具体实现方式包括：(1)地方人大另行组建临时性立法起草小组，专门负责法规草案具体起草工作，小组应当吸纳政府主管部门、专家学者以及社会组织的成员；(2)地方人大依据法规、规章草案内容的不同，将起草权限划给地方人大法制工作机构或相关专门委员会，由地方政府主管部门、专家学者或者社会组织配合地方人大相关机构的起草工作。值得注意的是，起草过程中应当保障各方共同参与，充分了解相关信息，加强调查研究力度，听取利益相关方的意见和建议。在集中起草过程中，要避免以往"接力式"的立法起草模式，地方人大要充分发挥主导作用，积极指导、规范和监督起草过程，并协调各方利益冲突。例如当法规、规章的内容涉及两个以上政府主管部门的管理权限时，可以由地方人大的相关专门委员会或者法制工作机构来负责起草工作，在组建起草小组时，应当充分吸纳政府主管部门的相关人员，合理安排人员结构，既能够有效协调利益冲突，也能保证充分吸纳各方面的意见。

（三）建立多轨制起草机制

现实中，一方面，由政府部门负责起草的法规、规章草案的数量居多，政府部门在起草过程中，难免会照顾本部门的利益；另一方面，由于政府部门单方面起草，地方人大难以介入起草过程，导致地方人大在审议环节无法判断草案优劣。因此，应当改变传统的政府部门"闭门造法"的单轨起草机制，[1]建立多轨制起草机制。也就是说，在政府部门立法的同时，地方人大可以通过招标或委托，使具备专业知识的第三方主体另行承担起草工作，如大学、科研机构以及律师事务所等社会组织。政府部门和第三方主体双线同步进行起草工作，地方人大在过程中进行指导监督，最后由地方人大对多个草案进行对比论证，可以择优采用，也可以取长补短，形成最终的法规、规章草案。多轨制的起草机制既能够利用政府主管部门在行政事务中的丰富经验，也能发挥专家学者以及实务工作者的专业知识，更能保证地方人大在比较各方优劣的前提下，发挥其主导作用。

（四）保障地方人大充分介入起草过程

我国的地方立法起草主体呈现出多元分布的状态，尽管地方人大应当发挥其主导作用，但也不能完全取代地方政府部门或第三方主体作用，为了防止政府部门的恣意，也方便地方人大在后续阶段对草案进行审议，地方人大应当充分介入政府部门的起草过程。地方人大的各专门委员会以及法制工作机构应当在起草工作启动之时，派出工作人员与地方政府部门相关起草人员共同组成起草小

---

〔1〕 参见秦前红、许志淼：《论地方人大在地方立法工作中的主导作用——以法规立项和起草为中心》，载《荆楚学刊》2015年第3期。

组,提前介入法规、规章草案的调研论证和起草修改。值得注意的是,地方人大的工作人员应当在充分了解起草详情的前提下,贯彻地方人大的立法指导思想,明确草案旨在解决的问题;监督法规、规章的合理性以及合法性;明确法规、规章的体例结构;督促起草工作的进度;在起草工作中出现分歧时,应当保证公平公开,发挥民主、科学精神,协调各方利益冲突,涉及重大事项时,还应当向地方人大相关专门委员会或者法制工作机构汇报。

(五)通过专业化立法培养立法人才

我国地方人大相关立法工作人员普遍缺乏立法经验、立法专业知识,出现地方人大在立法工作中"有心无力"的现象,是导致地方立法的起草工作集中于政府部门、地方人大审议草案形式化的原因之一。因此,有必要通过参与专业化立法提高地方人大立法人员的专业素质。首先,要保证地方人大立法工作人员充分参与到立法起草工作中,不仅包括地方人大自身起草,还包括各方协同起草以及地方政府起草。其次,地方人大立法工作人员要积极与各方交流、讨论,充分学习、利用地方政府部门的管理经验和专家学者、社会组织的专业知识。最后,可以邀请起草过程中的专家学者、社会组织为地方人大立法工作人员开展系列讲座、实务培训,包括起草工作中的经验心得,对地方人大的意见和建议等。

第三节 地方立法起草的原则

一、地方立法起草的基本原则

地方立法作为我国社会主义法律体系中的重要组成部分,在国家管理、人民生活、社会事务中有不可或缺的重要作用。因此,地方立法起草必须符合一定基本原则,既是对立法主体的基本要求,也是地方立法应遵循的价值取向。而起草作为地方立法最重要的环节之一,也应当遵循相应的基本原则。根据我国《立法法》的相关规定,可以将基本原则分为合宪性原则、统一性原则、科学性原则和民主性原则。

(一)合宪性原则

我国《立法法》第 3 条明确了合宪性原则,即立法应当遵循宪法的基本原则。[1] 合宪性原则要求,我国一切立法活动都必须符合宪法的规定。在形式上,拥有立法权的地方主体、立法权限范围、地方立法起草应当遵循的程序应当符合宪法中的规定;在实质上,地方立法的内容不能和宪法冲突,包括宪法

〔1〕《立法法》第3条:立法应当遵循宪法的基本原则,以经济建设为中心,坚持社会主义道路、坚持人民民主专政、坚持中国共产党的领导、坚持马克思列宁主义毛泽东思想邓小平理论,坚持改革开放。

中的指导思想、基本原则以及宪法中的其他条文。宪法具备最高位阶的效力，是一切地方立法的合法性源泉，所有与宪法冲突的地方立法都不具备法律效力。

（二）统一性原则

统一性原则是指一切法律、法规、自治条例和规章的制定，都必须依法进行，不得与上位法相抵触，所有的法律规范都应当维护社会主义法律体系的稳定性、系统性、权威性以及协调性。我国《立法法》第4条明确了统一性原则。[1] 地方立法起草应当遵循统一性原则：首先，地方立法起草活动必须做到"有法可依"以及"依法立法"。地方立法起草工作应当依据我国《立法法》而进行，体现在起草主体、起草法律规范的调整范围、起草方式、起草程序等都必须符合《立法法》的规定。地方立法能够使宪法、法律和行政法规在本行政区域得到有效的落实，也能在一定程度上弥补上位法的不足，因此地方立法起草工作也应当同时满足上位法对主体、程序、方式等要求，不能滥用地方立法权力，超越上位法的原则、精神以及规定起草法规、规章。其次，地方立法起草工作必须符合法定的程序和技术要求。起草工作是一项逻辑有机的、配套完善的系统性工程。[2] 地方立法对公、私权的配置不能与上位法相冲突，不能在起草过程中降低上位法规定的立法程序标准以及技术要求。正因如此，地方立法可谓"在笼子里跳舞"，须符合宪法、法律以及上位法的要求，不得与上位法的规定相违背，而是对上位法的补充与细化。

（三）民主性原则

我国《立法法》第5条[3]明确了立法工作应当遵循民主性原则。就地方立法工作而言，民主性原则要求，人民群众参与地方立法过程，立法机制和成果维护人民利益，地方立法活动受人民群众监督。起草是一项地方法规、规章形成的最重要的阶段，必须在起草阶段贯彻民主性原则，使人民群众的意志在起草工作中得到体现，最终形成的草案才能够保障人民群众利益。首先，坚持地方人大在地方立法起草中的主导地位。国家一切权力都属于人民，人民代表大会则是人民群众意志的集中代表，在地方，拥有立法权的主体只有地方人大及其常委会，必须形成以地方人大为主导，地方政府部门、专家学者和社会组织为辅的集中起草机制，逐渐扩大地方人大起草的比例，增强地方人大对起草活动的监督，保障

---

〔1〕《立法法》第4条：立法应当依照法定的权限和程序，从国家整体利益出发，维护社会主义法制的统一和尊严。

〔2〕参见王建华、杨树人：《地方立法制度研究》，四川人民出版社2009年版，第57页。

〔3〕《立法法》第5条：立法应当体现人民的意志，发扬社会主义民主，坚持立法公开，保障人民通过多种途径参与立法活动。

地方人大在起草活动中的充分介入。其次,贯彻落实公开参与机制。在地方立法起草过程中,起草活动、内容应当面向社会公开,建立多渠道的意见征集机制,全面审核来自社会的意见和建议,并建立意见反馈机制。最后,地方立法起草机构应当接受人民的监督。对于起草机构违反法定程序、立法精神和原则、以权谋私等"立法不作为""立法乱作为"等现象,人民群众可以行使批评、建议、启动审查的权利。还应当建立相应的群众举报制度、信访制度,保障人民群众对起草机构的有效监督。

(四)科学性原则

党的十八大报告指出:"要推进科学立法、严格执法、公正司法、全民守法,坚持法律面前人人平等,保证有法可依、有法必依、执法必严、违法必究。"科学立法是中国建设法治社会的前提,我国《立法法》第6条也明确了科学立法原则。〔1〕科学立法原则要求,地方立法起草工作应当从实际出发,遵循客观世界的发展规律;合理配置公权和私权;结构上具备合理性;程序上具备合法性;立法效益和社会效益统一。

(1)从实际出发,遵循客观世界的发展规律是指,地方立法应当总结地方社会生活经验,从社会共同实践中抽象出共性的规则,而不是形而上地凭空想象。

(2)合理配置公权和私权是指,在地方立法起草过程中,应当充分考虑不同主体的利益,明确各自应当承担的责任和义务,保障社会公众积极参与地方立法起草的权利,应当拓宽起草渠道,地方人大在起草过程中应当协调其与政府部门、专家学者、社会组织以及社会公众的关系,集中专业知识和生活、管理经验,共同起草地方立法。

(3)结构上具备合理性是指,起草工作必须保证草案在体系上的融贯性、稳定性和确定性,草案不能和各级、各类法律法规相矛盾;〔2〕起草工作应当考虑地方立法的稳定性,不能出现"朝令夕改"的现象,在平衡法之合目的性与法之安定性的冲突的基础上,如果通过其他途径(如制定立法解释、自由裁量等方式)仍不能解决问题,才可以合理起草地方立法;对列举式的事项应当尽量穷尽,排除逻辑错误,草案语言应当精准、细致,必要时应当予以释明。

(4)程序上具备合法性是指,起草工作应当符合《立法法》以及其他上位法

---

〔1〕《立法法》第6条:立法应当从实际出发,适应经济社会发展和全面深化改革的要求,科学合理地规定公民、法人和其他组织的权利与义务、国家机关的权力与责任。法律规范应当明确、具体,具有针对性和可执行性。

〔2〕参见朱志昊:《地方立法科学性的判定标准》,载张春生、朱景文主编:《地方立法的理论与实践》,法律出版社2015年版,第150~157页。

中的规定，应当保障利益相关方了解信息、提出建议和意见等权利。

(5)立法效益和社会效益相统一是指，地方立法是一个大量耗费人力、物力以及时间的工作，在起草阶段，已经投入大量成本，因此需要保证最终通过的草案能够带来一定社会效益，一方面，必须在起草阶段广泛吸取社会各方面的意见和建议，特别是相关领域的专家学者、社会组织的意见，必要时可以邀请上述主体参与起草工作；另一方面，地方人大必须发挥主导作用，协调起草过程中的矛盾冲突，促进各方信息沟通，集中资源从而减少立法成本。

二、地方立法起草的特殊原则

(一)突出地方特色以增强灵活性

我国《立法法》明确地方人大及其常委会可以根据本行政区域的具体情况和实际需要，针对涉及城乡建设与管理、环境保护、历史文化保护等方面的事项进行地方立法，但在立法过程中应当充分考虑本行政区域的人口数量、地域面积、经济社会发展情况以及立法需求、立法能力等因素。[1] 地方立法建立在实事求是、一切从实际出发的基础之上，在地方有现实需求的前提下，结合地方的经济、政治、文化、历史等因素，起草具有地方特色的法规、规章，以弥补全国性立法的僵化和空白，增强法规、规章的灵活性。

首先，地方立法较之于全国性立法更具备特殊性。全国性的立法具备极高的抽象性，不足以体现各地方的实际情况，也不能很好地解决各地方出现的特殊问题。地方立法要突出地方特色不意味着与全国性立法相抵触，两者之间呈现主导与从属、源泉与派生、抽象与具体的关系。其次，地方立法较之于其他地区的立法更具备特色性。一部好的地方立法总是在深入考量本行政区域内的实际问题和现实需求的基础上而形成，因此，地方立法具备鲜明的时代特色和地域特色。在内容上，地方立法应当解决地方特殊的政治、经济、文化、环境方面出现的问题；在形式上，地方立法应当避免照抄、套用全国性立法或其他地方立法，充分利用地方的法律变通权、现行立法权以及立法自主权。

在进行地方立法起草时，需要对地方实际情况作深入调研，地方人大、政府

---

〔1〕《立法法》第72条：省、自治区、直辖市的人民代表大会及其常务委员会根据本行政区域的具体情况和实际需要，在不同宪法、法律、行政法规相抵触的前提下，可以制定地方性法规。

设区的市的人民代表大会及其常务委员会根据本市的具体情况和实际需要，在不同宪法、法律、行政法规和本省、自治区的地方性法规相抵触的前提下，可以对城乡建设与管理、环境保护、历史文化保护等方面的事项制定地方性法规，法律对设区的市制定地方性法规的事项另有规定的，从其规定……

除省、自治区的人民政府所在地的市，经济特区所在地的市和国务院已经批准的较大的市以外，其他设区的市开始制定地方性法规的具体步骤和时间，由省、自治区的人民代表大会常务委员会综合考虑本省、自治区所辖的设区的市的人口数量、地域面积、经济社会发展情况以及立法需求、立法能力等因素确定，并报全国人民代表大会常务委员会和国务院备案。

必须进行充分讨论，应当充分吸收与行业相关的专家学者、社会组织的知识经验，并广泛征集社会意见和建议，以期达到切合地方实际，突出地方特色的目的。例如，湖南省《益阳市安化黑茶文化遗产保护条例》草案的起草工作就充分体现了益阳市的地方特色。安化黑茶文化是益阳市特有的文化传统，不仅给地方带来经济效益，也是益阳市的文化招牌，为了加强对安化黑茶历史文化等方面的保护，益阳市人民政府将“益阳市安化黑茶文化遗产保护条例”纳入益阳市2017年地方性法规立法计划，将起草工作指定给安化县，安化县人民政府委托湘潭大学进行起草工作，起草团队通过前期调研，充分了解和把握安化黑茶有关的地方性规范经验、文化元素和产业愿景，通过座谈、访谈等方式，广泛听取各界代表的意见，最终形成条例草案。

（二）强化可操作性以补充上位法

党的十八届四中全会指出我国现行立法存在“针对性、可操作性不强”的问题。法律的生命在于实施，如果一部地方立法缺乏可操作性，那就只能是“纸上的法”。党的十八届四中全会还指出“完善立法体制机制，坚持立改废释并举，增强法律法规的及时性、系统性、针对性、有效性”。因此，必须在起草阶段强化地方立法的可操作性，形成对上位法的实质性补充。具体而言，需要在以下几个方面增强地方立法的可操作性：（1）起草工作要有针对性、及时性，切实保障人民利益。起草工作应当紧紧围绕本地社会发展面临的迫切问题，及时在草案中提出应对方法；抓住改革的重点领域和关键环节，适应改革发展的形势；充分考虑社会各方主体的利益，重点保护人民群众利益。（2）起草工作应保证草案体系完整、逻辑清晰、用语精确。草案条文应当在体系上完整，不同条文之间、同一条文内部结构逻辑严密，条文明确、具体，用语准确、简洁。（3）起草工作应保证草案条文具备可执行性。起草条文应当准确表达人与人、人与自然之间的关系；适应地方经济发展水平，如罚款、奖励的数量应当结合地方经济发展水平制定；具体日期、期间的确定应当考虑相关合理因素等。

以《益阳市安化黑茶文化遗产保护条例》送审稿为例，条例第10条、11条规定了非物质文化遗产传承人制度，针对黑茶文化认定传承人，一方面，通过建立安化黑茶文化传习基地，资助授徒、传艺、交流等活动鼓励支持其开展传承、传播活动；另一方面，传承人应当承担一定义务，例如，开展传承活动、培养新的传承人、配合调查、参与公益性宣传等。该传承人制度不仅能够给传承人带来利益，也能通过激励机制鼓励传承人传播、发展黑茶文化，带来经济效益的同时，也能满足人民群众的文化需求，具备较强的可操作性。

（三）专家参与起草以强化科学性

立法活动是一次社会利益再分配的过程，规则一经制定将深刻影响社会秩序的运行与生产效率的变化,关系到社会的和谐与稳定。[1] 因此,必须保证地方立法的科学性和民主性,而专家参与起草则是实现科学立法和民主立法的重要保障。无论是专业性的立法还是非专业性的立法,都需要专业领域的专家学者参与立法起草工作。专家学者可以在立法起草活动中发挥重要作用:他们具备专业领域的知识、技能、经验和专业素养,能够客观中立地处理和权衡立法过程所牵涉的各种利益表达与冲突。因此,要严格把关专家学者的遴选工作,参与起草的专家学者应具备良好的专业素养和知识机能、较强的社会责任感、公正无私和客观中立的态度立场。不仅如此,在选定专家后,立法机关应当组织相关专家、地方政府工作人员以及地方人大立法工作人员形成专业团队,并为团队提供良好的工作环境以及充足的立法资源,在起草过程中应当组织团队进行深入调研和充分论证,以保障草案质量。

以湖南省益阳市安化黑茶文化遗产保护立法为例,安化县政府委托湘潭大学进行起草工作,湘潭大学及时组建包括立法法、程序法、知识产权法、文化保护等方面专家的起草团队,并制定了详细工作计划。团队通过座谈、访谈等方式,广泛听取各界代表的意见,并通过前期调研,经过反复讨论,最终形成立法草案初稿、起草说明及条文释义。整个立法起草过程充分体现专家学者的严谨、专业、民主和中立精神,为安化黑茶文化遗产的保护作出了巨大贡献。

(四)多渠道征求意见以彰显民主性

目前我国地方立法存在征求意见狭隘的现象,仅将法规、规章草案向专家学者征求意见,导致立法成为对个人服务、对个别部门服务的工具。[2] 在起草过程中,多渠道征求意见,保证草案反映社会各方的意志,适应地方社会发展的需求,同时也是实现地方立法民主化的重要途径。多渠道征求意见体现在两个方面:一是征求对象广泛;二是征求意见方式多元。

征求意见的对象不仅包括地方人大、地方政府以及专家学者,更应该包括人民群众、企业法人和其他社会组织。征求意见的方式不仅包括传统的立法听证会、座谈会和论证会,还可以聘任立法顾问,深入基层调研,必要时公民或人大代表还可以直接参与起草工作,通过微博、微信等互联网平台面向社会广泛征求意见。同时,在起草阶段,应当充分公开立法信息,扩大公众对起草事宜的知情度,并建立相应的意见反馈机制,提高公众参与立法的积极性。例如,在安化黑茶文化保护立法中,起草团队通过座谈、访谈等方式,广泛听取了安化县人大、县政协、县政府以及茶业主管职能部门、企业界、文化界、律师界、茶农等各界代表的

---

〔1〕 参见康健:《论专家在地方民主立法中的作用——以制定〈辽宁省市场中介组织管理条例〉为例》,载张春生、朱景文主编:《地方立法的理论与实践》,法律出版社2015年版,第235~244页。

〔2〕 参见朱述洋:《地方人大主导立法起草的困境与出路》,载《人大研究》2016年第5期。

意见,意见涉及 26 个方面,数量达到 144 条。充分体现了民主立法的原则,是多渠道征求意见的典范。

第四节　地方立法起草技术

关于立法技术的定义,存在"规则说"〔1〕、"方法和技巧说"〔2〕以及"活动或过程说"〔3〕等观点。从词源本义来讲,《现代汉语词典》将技术定义为:"人类在认识自然和改造自认的反复实践汇总积累起来的有关生产劳动的经验和知识,也泛指其他操作方面的技巧。"结合立法技术在立法实践中的具体应用,立法技术的定义应当采取"方法和技巧说",即关于立法的方法和技巧。而地方立法起草技术则是指地方立法起草主体在起草地方法规、规章时运用的方法和技巧。地方立法起草技术水平直接关系着地方立法的质量,巧妙运用地方立法起草技术,能够科学合理地调整社会关系,从而维护社会秩序。在地方法案起草阶段,立法技术可以分为文本的结构表达技术、语言表达技术以及起草阶段的活动运筹技术。

一、草案文本的结构表达技术

草案文本的结构表达技术要求草案文本结构的形式和内容满足一定条件,草案文本必须能够系统、完整地表现地方立法目的,反映地方特色社会关系。

形式条件是指,草案文本的排列、组合等结构设计应当体系完整、逻辑清晰。具体包括:草案文本的名称、目录以及标题必须简明扼要,体现草案及其条文的核心内容;草案文本的题注、附录应当完备、必要,能够清晰释明草案条文;草案文本的结构符号必须科学排列,逻辑严密,如严格按照编、章、节、条、款、项、目的等级对草案条文进行排列,数字排列也应当遵循一定标准,如一、(一)、1、(1)等。

内容条件是指,草案文本中的内容应当完备、精确。具体包括:草案文本的非规范性内容如立法目的、立法依据、适用范围、解释机关、主管机关、法案的施行和废止日期等应当在草案具体条文中体现;草案文本的规范性内容——由假定条件、行为模式和法律后果构成的法律规则——在内容上要具备确定性和普遍性,在逻辑上要严谨完整,行为模式和法律责任设定要合法合理,符合公平正义精神。

---

〔1〕"规则说"认为,立法技术就是立法的规则或者细则。

〔2〕"方法和技巧说"认为,立法技术从本质上讲是一种方法或者技巧。

〔3〕"活动或过程说"认为,立法技术是一种特殊活动或者过程。

二、草案文本的语言表述技术

草案文本的语言表述技术是指，草案文本的语言文字应当遵循立法语言的共同标准和表述方式，不仅要满足一般语言表述的要求，也要体现法律语言的特殊要求。

（一）一般语言表述的要求

一般语言表述的要求可以概括为：（1）草案的语言文字必须具体准确，严谨规范。如词语、句式运用准确，条文内容明确肯定，语言逻辑严密、表述周延，使用专业术语等。（2）草案语言文字必须简洁凝练。用语简明扼要，不能重复，不能加以过度修辞，多选择并列句式结构。（3）草案的语言文字必须通俗易懂。使用社会通用语言即汉字，还可以使用地方人民群众普遍熟悉的语言如本地民族文字等，妥善运用专业术语，必要时加以释明。

（二）法律语言的表述要求

草案的语言表述还应当满足作为法律语言的特殊要求，具体包括：（1）草案的语言文字必须严肃朴实。不能用简称，同一事项、事物的用语必须统一，不能在草案条文中带入个人情感色彩等。（2）草案语言文字要妥善运用特殊句型结构。如陈述句、条件句、祈使句等，避免使用疑问句，必要时可以加入但书以及除外条款。

三、起草阶段的活动运筹技术

起草阶段的活动运筹技术是指，草案起草过程中为解决具体问题而采取相应措施的方法和技巧。在发现问题、论证问题以及解决问题的过程中，应当采取必要的活动措施来贯彻科学立法、民主立法的原则。具体包括：涉及人民群众重要利益时举行听证会、座谈会和论证会，聘任立法顾问，深入基层调研，公民或人大代表直接参与起草工作，广泛征求意见，以及相应的信息公开制度和意见反馈机制等。适当运用活动运筹技术，能够有效地结合地方实际，及时发现和掌握第一手资料，并且能够广泛征集社会各方意见和建议，为地方立法起草工作打下坚实基础。

第五节　地方立法起草过程

无论是制定地方性法规还是规章，抑或是自治条例、单行条例，我国现行立法都未作系统的程序规定，但是根据地方立法实践，立法起草过程主要可以分成三个阶段：第一，起草准备阶段，包括作出立法起草决策、明确立法目的、确定起草主体、组建起草班子以及论证研究调查；第二，初步起草阶段，包括拟定草案框架和大纲、正式起草以及征求意见；第三，草案完善阶段，包括草案的修正、审查以及形成草案正式稿。

一、起草准备阶段

起草准备阶段是立法政策转化为地方立法的基础性环节，将立法决策传达给起草主体，才能有针对性地发现、调查问题，为正式起草作准备。

作出立法起草决策，明确立法目的。人大法工委、人大各专门委员会和政府法制办有权提出地方立法立项，作出起草决策，我国地方立法起草者和决策者呈分离状态，这就要求立法主体明确地方立法的目的、精神和原则。在起草过程中，明确立法意图，才能为明确整个立法工作奠定基础。

确定起草主体。地方人大根据草案性质确定不同的起草主体和起草方式，起草主体可能包括地方人大相关专门委员会、地方人大法工委，地方政府相关主管部门、地方政府法制办，专家学者、社会组织，接受委托的其他主体等。起草方式包括地方人大单独起草、地方政府部门单独起草、委托第三方主体起草以及上述多方主体共同起草，在起草过程中，地方人大要充分发挥其主导作用，不仅可以提前介入草案起草程序，还可以实行集中起草制，吸取各方知识、经验和技术，实现科学立法、民主立法。

组建起草班子。起草主体应当及时组建起草班子，并根据草案内容、性质，吸纳各方主体参与起草工作。建立以地方人大、地方政府、专家学者、社会组织、人民群众为核心的起草小组，广泛吸纳各方意见和建议，是实现地方立法科学化、民主化的前提。

论证研究调查。起草班子确定后，应当结合立法目的，针对地方突出问题，深入开展调查研究，反复组织论证，保障起草工作的合理性。通过进入基层实践调研、网上问卷调查等方式掌握第一手资料，在涉及立法必要性、可行性和重大公共利益时，应当组织听证会、座谈会和论证会。

二、初步起草阶段

初步起草是立法决策向法规、规章条文转化过程中最重要的环节，起草准备阶段已经积累了丰富的材料和经验，起草主体应当遵循科学立法、民主立法的原则，本着中立、严谨、负责的精神，进行起草工作。

拟定草案框架和正式起草。起草班子在进行充分调研论证后，明确立法所要解决的问题，结合地方实际，拟定草案框架，并进行正式起草。过程中应当遵循地方立法起草技术，协调不同社会主体代表的利益群体，在形式上满足优良立法的要求，在实质上满足公正立法的要求。

征求意见。在正式起草阶段以及初步形成草案阶段，应当将起草重点或者草案初稿向社会公开，广泛征求社会各方面的意见和建议，并建立相应的意见反馈机制。通过广播、电视、报刊、电话、信件等传统媒体以及微博、微信、邮箱等互联网平台及时公开草案信息，并开放相应的意见收集渠道，以保障社会公众的知情、批评和建议的权利；起草主体可以主动征求相关领域的专家学者、企业法人的知识经验；建立相应的意见反馈机制，争取做到每条合法意见都能得到相应回馈，如果意见最终被采纳，可以给予提出者一定奖励或荣誉。

三、草案完善阶段

草案完善阶段包括草案的审查、审议和修改以及形成草案正式稿。形成草案初稿后，起草主体应当将草案交由相关机关进行审查或审议，针对审查、审议意见对草案初稿作出相应的修改。其中，地方政府规章应当交由地方政府法制机构进行初步审查，地方性法规、单行法规以及自治条例应当交由地方人大进行审议。审查、审议的应遵循全面审查原则，具体包括：第一，地方立法的必要性。地方社会是否出现迫切的现实问题，草案所调整的社会关系是否属于法律关系，上位法中是否在该领域出现空白等。第二，地方立法的合理性。草案中的具体规定是否适应地方社会发展形势，是否符合客观规律，是否体现人民群众利益等。第三，地方立法的合法性。地方立法是否超出地方立法权限范围，草案的原则、精神和具体规定是否与上位法相抵触等。第四，地方立法的技术性。草案是否运用到文本的结构表达技术、语言表达技术。第五，地方立法的可行性。草案是否具备及时性、系统性、针对性、有效性，在内容上要正确反映社会利益需求，满足社会发展规律和客观规律，在形式上草案要逻辑严谨、内容明确。如果审查、审议机关对草案提出意见，起草主体应当充分采纳，在对重大意见有分歧的时候，起草主体和审查、审议主体主体应当举行听证会、论证会以及座谈会等，收集相关政府部门、地方人大、专家学者、社会组织和人民群众的意见。最后根据反馈意见对草案进行修改，形成草案正式稿。

第九章　地方立法程序

地方立法程序的完善与否，直接关系到地方立法工作的效率和地方立法的质量。因而，有必要从理论与实践的角度结合，就地方立法程序中的各个环节作一些研究，使地方立法程序运作得更加合理、民主和科学。

第一节　地方立法程序概述

一、地方立法程序的内涵

对于地方立法程序到底为何，学者们各有观点，有的学者认为“地方立法程序是指地方立法机关制定、认可、修改或者废止地方性法律规范的必经阶段，以及所采取的工作步骤和方法”。〔1〕 本书认为，地方立法程序则是指宪法和法律授予立法权的地方国家权力机关，在制定、修订或者废止地方性法规的活动时，必须遵循的步骤和方法。它包括地方立法议案的提出，法规草案的审议，法规的表决与通过，以及法规的核准、公布等环节。一般来说，立法程序是由法律来予以规范，地方立法程序则是参考《立法法》，依据《地方组织法》，并且还需要依据各地区本省、自治区、直辖市或者较大的市人民代表大会或者常委会制定的地方立法条例或者地方性法规制定条例等。一般来说，地方立法程序主要包括以下几个方面：

（1）地方立法程序的运作主体。地方立法程序的运作主体是行使地方立法权的操作者，如果没有立法程序运作的主体，立法程序就毫无意义，就无法运转。运作主体不仅包括地方性法规、自治条例、单行条例的制定机关，还包括地方法案的提出机关、审议机关、表决人、核准主体、公布人等，虽然主体间会有重复，但是每一项步骤都有其主体，即使重复，所起的作用与地位都是不一样的。

（2）程序的内容。地方立法程序的内容即是地方立法的顺序或者步骤。根据《立法法》《地方组织法》以及地方性法规对于地方立法的相关规定，我国地方

〔1〕 汤唯、毕可志：《地方立法的民主化与科学化构想》，北京大学出版社 2002 年版，第 177 页。

立法必须要有的步骤是提出议案、审议法案、表决法案等，而法案的通过、核准以及法案的公布则是根据具体情况决定。只有表决时赞成的人数达到法定人数，法案才能够通过；而法案的核准则是以地方立法的制定主体为标准——省、自治区的人民政府所在地的市、经济特区所在地的市、国务院已经批准的较大的市和其他设区的市的人民代表大会或其常务委员会制定的地方性法规需要报省、自治区的人民代表大会常务委员会批准；法案的公布则必须是法案经过表决予以通过，并且需要核准的也经过核准才能够由法定机关予以公布。

(3)程序的起止。程序的起止是指地方立法程序从哪个步骤起，终于哪个步骤。立法程序是个有连续行为的过程，地方立法程序同样是一系列连续行为的过程。立法一般要经过立法预测、立法规划、法规起草、提出法规议案、审议法规议案、表决法规案议案、公布法规议案等阶段。立法程序从什么时候开始，法学界有不同的意见。有的学者认为立法程序从立法预测、立法规划开始；有的学者则认为立法程序从法律起草开始；还有学者认为立法程序从提出法律议案开始，到公布法律即终止。每个观点都有其可取之处，但是第一种观点使得立法程序太过繁杂，将会使立法时限过于长久；第二种观点将立法程序从起草开始算，虽然也可取，但是一个立法程序最关键的阶段是将法案转变为法或者法规(自治条例、单行条例)等，因而将起草也列入立法程序并不是最为合适的，因此我们坚持第三种观点。

二、地方立法程序的特征

(一)法定性

地方立法程序不同于一般工作程序，也不同于一般的议事规则。地方立法程序是地方立法主体行使地方立法权限的程序，是规范立法权限行使的程序法。首先，它必须有宪法或组织法授予的法定权限，即有权制定地方性法规或地方人民政府规章或其他规范性文件。其次，必须遵循法定的步骤和方法，这些步骤和方法是宪法、组织法、立法机关或非立法机关议事规则明确规定的，没有通过法定程序制定的法律是无效的，这就说明立法程序是严肃的、法定的、必须被遵循。

(二)地方性

地方立法程序是有立法权的地方国家机关制定、批准、修改、补充、废止本行政区域范围内的法规的法定步骤、方法以及次序的总称。正是因为地方立法限制于本行政区域，所以拥有地方立法权的国家机关通过行使地方立法权制定法规具有其地方性。而地方立法程序的地方性主要是指以下三个方面的地方性：一是地方立法程序的内容应当适用地方立法的实际状况，专门为地方立法而制定；二是地方立法程序的空间效力具有局限性，只可以在本行政区域的辖区内有效，超过本行政区域则立即失去约束力；三是地方立法程序仅规范本行政区域范围内有地方立法权的国家机关。

(三)自主性

我国《立法法》对于地方性法规的制定程序只作了原则性的规定,仅规定地方性法规草案由负责统一审议的机构提出审议结果的报告和草案的修改稿,对于地方性法规、自治条例和单行条例的提出、审议和表决程序,则规定由地方本级人民代表大会根据我国《地方组织法》,参照全国人大的立法程序自主规定。地方在立法程序上之所以有较大的自主权,是由于我国幅员辽阔,人口众多,相对于其他国家,我国的民族也多,使各地的政治、经济、文化等发展不平衡,国家制定包括立法程序在内的法律时,"只能解决最基本的问题,不能规定太细,太细了就难以适用全国"。[1]

(四)时序性

时序性包括两个方面:一是时间性,二是次序性。时间性强调的是地方立法的各个阶段都必须要控制在一定的期限内,不可能无期限地任其发展,而是必须在既定的期限内完成某一步骤。而次序性更多的是强调地方立法的步骤和顺序,地方立法的每一项立法程序都必须按照一定的步骤进行,不可调换顺序,更不可随意地调换顺序。比如,只有经过了草案的提出,才有之后议案的审议、表决与通过以及公布等,不可能在没有草案的情况下就进行审议,也不可能在没有批准通过的前提下就进行公布。

第二节 提出法案

提出法案,也即提出立法议案,是指由法定主体依法向拥有地方立法权的立法机关提出的关于制定、修改或者废止地方性法规的议案。提出法案主要包括提出法案的主体、内容、程序以及时间四部分。

一、提出议案的主体

有权提出地方立法议案的机关、组织以及一定数量的人民代表大会代表或者人民代表大会常委会成员,都是提出地方立法议案的法定主体。《立法法》第第 77 条第 1 款规定,地方性法规案、自治条例和单行条例案的提出、审议和表决程序,根据地方组织法,由本级人民代表大会规定。从该条文可以看出,地方立法是以《地方组织法》为依据,另外以《立法法》相关内容为参照,也即主要依据是《地方组织法》,在《地方组织法》与《立法法》有区别的地方以《地方组织法》

[1] 彭真:《发扬社会主义民主,健全社会主义法制》,法律出版社 1985 年版,第 19 页。

为依据,若《地方组织法》没有作出规定,则依据《立法法》。

根据《地方组织法》,有权制定和颁布地方性法规的有:省、自治区、直辖市的人民代表大会及其常务委员会,省、自治区的人民政府所在地的市和经国务院批准的较大的市的人民代表大会及其常务委员会。而2015年新修改的《立法法》第72条将"较大的市"定义为:省、自治区的人民政府所在地的市,经济特区所在地的市,国务院已经批准的较大的市和其他设区的市,即在旧《立法法》"较大的市"的基础上增加了"其他设区的市"。与此相应的,有权提出地方立法议案的有以下几类主体:(1)有权向人民代表大会提出地方立法议案的主体:主席团、常务委员会、各专门委员会、本级人民政府、人民代表大会代表10人以上联名;[1](2)有权向人民代表大会常务委员会提出地方立法议案的主体:人民代表大会常务委员会主任会议、人民政府、专门委员会以及人民代表大会常务委员会组成人员5人以上联名。[2] 然而,目前我国有一些地区通过制定地方立法条例或者地方人民代表大会及其常务委员会立法条例等,对提出立法议案的主体作出了更为详细的规定,其中有的规定超出了《地方组织法》所规定的范围,主要有三种情况:一是规定人民法院、人民检察院和代表团可以向本级人民代表大会提出立法议案,比如,《贵州省地方立法条例》《河南省地方立法条例》即作出了此规定;二是规定代表团可以向本级人民代表大会提出立法议案,如《安徽省人民代表大会及其常务委员会立法条例》《福建省人民代表大会及其常务委员会立法条例》《广东省地方立法条例》等;三是规定人民法院、人民检察院可以向本

〔1〕《地方组织法》第18条:地方各级人民代表大会举行会议的时候,主席团、常务委员会、各专门委员会、本级人民政府,可以向本级人民代表大会提出属于本级人民代表大会职权范围内的议案,由主席团决定提交人民代表大会会议审议,或者并交有关的专门委员会审议、提出报告,再由主席团审议决定提交大会表决。

县级以上的地方各级人民代表大会代表十人以上联名,乡、民族乡、镇的人民代表大会代表五人以上联名,可以向本级人民代表大会提出属于本级人民代表大会职权范围内的议案,由主席团决定是否列入大会议程,或者先交有关的专门委员会审议,提出是否列入大会议程的意见,再由主席团决定是否列入大会议程。

列入会议议程的议案,在交付大会表决前,提案人要求撤回的,经主席团同意,会议对该项议案的审议即行终止。

〔2〕《地方组织法》第46条:县级以上的地方各级人民代表大会常务委员会主任会议可以向本级人民代表大会常务委员会提出属于常务委员会职权范围内的议案,由常务委员会会议审议。

县级以上的地方各级人民政府、人民代表大会各专门委员会,可以向本级人民代表大会常务委员会提出属于常务委员会职权范围内的议案,由主任会议决定提请常务委员会会议审议,或者先交有关的专门委员会审议、提出报告,再提请常务委员会会议审议。

省、自治区、直辖市、自治州、设区的市的人民代表大会常务委员会组成人员五人以上联名,县级的人民代表大会常务委员会组成人员三人以上联名,可以向本级常务委员会提出属于常务委员会职权范围内的议案,由主任会议决定是否提请常务委员会会议审议,或者先交有关的专门委员会审议、提出报告,再决定是否提请常务委员会会议审议。

级人民代表大会常务委员会提出立法议案，这一情形同样的出现在《贵州省地方立法条例》《河南省地方立法条例》的规定中。

我们认为，将向人民代表大会提出地方立法议案的主体扩大到代表团，既符合实际需要，又与地方组织法的规定不抵触，是完全可行的。但将向人民代表大会及其常务委员会提出立法议案的主体扩大到本级人民法院和人民检察院在实践中的可能性很小。

二、议案的内容

地方立法议案是有提案权的地方国家机关、组织或者人员向地方人民代表大会或地方人民代表大会常务委员会提出的立法议事提案。立法议案必须阐明提案的理由、主要内容和立法依据。正如有学者所言"地方立法议案是有提案权的机关或人员提出的立法动议，可以附带法规草案，也可以只提出立法的主旨和理由"。[1] 也即，提出立法议案并不等于提出法规（或者自治条例、单行条例）草案，议案除了草案之外，还包括提案的理由与依据等，草案仅是议案的一部分内容。

参考《立法法》第 54 条规定的内容，"提出法律案，应当同时提出法律草案文本及其说明，并提供必要的参阅资料"，[2]我们可以发现地方立法议案的内容，一般也应包括法规草案文本、法规草案的说明，以及必要的参阅资料，比如，《江苏省制定和批准地方性法规条例》第 21 条[3]、第 34 条[4]便如此规定，同时《福建省人民代表大会及其常务委员会立法条例》《广东省地方立法条例》等地方性法规都作出了相似规定。

1. 法规（自治条例、单行条例）草案。一般来说，草案应当包括立法目的、立法依据、立法原则、适用范围、调整对象、主体的权利与义务、奖励和处罚、施行日期等。虽然法规（自治条例、单行条例）草案在人民代表大会或者常务委员会正式通过以前没有法律效力，但它是议案的核心文件，是严格依照法定要求格式制定出来的。它的格式是否符合要求，它的内容是否合法，它的依据是否正确，它是否准确地反映了本行政区人民的意志，是否符合本行政区的实际情况，是否协

---

〔1〕 许俊伦：《地方立法论》，中国民主法制出版社 1997 年版，第 125 页。

〔2〕《立法法》第 54 条：提出法律案，应当同时提出法律草案文本及其说明，并提供必要的参阅资料。修改法律的，还应当提交修改前后的对照文本。法律草案的说明应当包括制定或者修改该法律的必要性、可行性和主要内容，以及起草过程中对重要分歧意见的协调情况。

〔3〕《江苏省制定和批准地方性法规条例》第 21 条：常务委员会决定提请省人民代表大会会议审议的地方性法规案，应当在会议举行的 7 日前将法规草案及其说明、必要的参阅资料发给代表。

〔4〕《江苏省制定和批准地方性法规条例》第 34 条第 1 款：列入常务委员会会议议程的地方性法规案，除特殊情况外，应当在会议举行的 7 日前将法规草案及其说明、必要的参阅资料发给常务委员会组成人员。

调好了各方面的利益关系，都要经过法定程序进行审议。

2. 法规（自治条例、单行条例）草案说明。草案说明是由提出立法议案的机关的负责人向地方人民代表大会或地方人民代表大会常务委员会对草案所作的说明，便于人民代表或委员对起草过程、基本内容，以及立法意图的了解。法规（自治条例、单行条例）草案的说明，一般应包括立法的必要性、法规起草的宗旨、法规起草的过程、有关法规依据、协调情况、对主要条款的解释、主要的原则和涉及的重大问题等。法规（自治条例、单行条例）草案说明作为立法议案的辅助性文件，是与法规（自治条例、单行条例）草案同时提出的，并一起报送立法机关。只有法规草案被正式审议表决通过后，法规草案说明才能说是真正地完成了自己的使命。

3. 必要参阅资料。合格的法规草案的起草，只有经过对有关资料进行详细的科学研究，并结合本行政区的实际情况才能完成。这里所说的必要参阅资料是指起草机关在起草法规（自治条例、单行条例）的过程中所用到的参考资料，这些资料纵横国内外，既包括本行政区域内的资料，也包括国内的其他行政区域的资料；既包括国外资料，更包括国内资料；更有利于了解本行政区域情况的历史资料与最新的资料。同时，向立法机关附报必要参阅资料，有助于人民代表或人大常委会委员对法规草案有更深的了解，对于审议和核准有着较大影响。

三、提出议案的程序

立法议案一般要求以书面形式提出，根据提出立法议案的主体不同划分，立法议案的提出程序主要有以下几种：

1. 人民政府提出的立法议案，须经政府常务会议或者全体会议讨论决定，并由省长、自治区主席或市长亲自签署，再以其名义提请本级人民代表大会或者常务委员会审议，并且还需要“由主席团决定列入会议议程”。[1]

2. 人民代表大会各专门委员会提出的立法议案，一般经本委员会讨论通过，直接向人民代表大会或者常务委员会提出。在人民代表大会会议期间，由主席团决定列入会议议程；在人民代表大会闭会期间，由主任会议决定列入常务委员会议程。

3. 人民代表大会代表联名或者常务委员会组成人员联名提出的立法议案，在人民代表大会会议期间，由主席团决定是否列入议程，或者先交有关专门委员会审议，提出是否列入会议议程的意见，再决定是否列入会议议程；在人民代表

〔1〕《江苏省制定和批准地方性法规条例》第18条第2款：常务委员会、省人民政府、省高级人民法院、省人民检察院、专门委员会，可以向省人民代表大会提出地方性法规案，由主席团决定列入会议议程。

《南通市制定地方性法规条例》第18条第2款：常务委员会、市人民政府、专门委员会，可以向市人民代表大会提出地方性法规案，由主席团决定列入会议议程。

大会闭会期间由常务委员会主任会议决定是否提请常务委员会审议，也可以先交有关专门委员会、常务委员会有关工作机构审议或者审查并提出意见，再决定是否列入会议议程。这些联名提出的立法议案，主任会议认为地方性法规案有重大问题需要进一步研究的，可以建议提案人修改完善后再向常务委员会提出。

4. 主席团或者主任会议提出立法议案的，直接提交给人民代表大会或者常务委员会进行审议。

四、提议议案的时间

根据提出立法议案的主体，以及接受议案主体的不同，议案的提出时间也有所区别，而且各地做法也有所不同，具体有以下几类情形：

1. 向人民代表大会、常务委员会会议提出议案的时间相同。此情形下，无论向人民代表大会、常务委员会会议提出议案的主体是主席团、人民政府、还是主任会议，提出立法议案的时间都是一致的，比如，《江苏省制定和批准地方性法规条例》第 14 条即规定："提出地方性法规案，应当在省人民代表大会、常务委员会会议举行的十日前，按照格式和数量要求提交法规草案及其说明、必要的参阅资料……"

2. 向人民代表大会、常务委员会会议提出议案的时间不同。与前一种情形完全不同的是，虽然提出立法议案的主体仍然不影响提交议案的时间，但是因为接收议案的主体不同，而使得议案的提交时间有所区别。比如，《南通市制定地方性法规条例》第 15 条规定："提出地方性法规案，应当在市人民代表大会会议举行的十五日前、常务委员会会议举行的一个月前，按照格式和文本数量要求向常务委员会提交法规草案及其说明和必要的参阅资料。"〔1〕

第三节　审 议 法 案

审议法案是立法程序中的一个重要阶段，更是人民通过人大代表或人大常委会委员当家作主行使地方立法权的重要方面，也是地方性法规（自治条例、单行条例）制定的中心环节。

一、审议法案的含义

一般认为，审议法案是指地方立法机关，对已经列入会议议程的法规（自治

〔1〕 南通市是 2015 年《立法法》修改以来江苏省新增拥有地方立法权的 6 个设区的市之一，其《南通市制定地方性法规条例》与《江苏省制定和批准地方性法规条例》关于立法议案提出时间的规定有所区别，但是南通市规定的时间宽于江苏省人大常委的规定，这并未与上位法抵触，既符合实际需要，也符合法律规定。

条例、单行条例)案的合法性、规范性与可行性等进行审定的一种决策程序。但是,也有学者认为“审议法规案,是由有立法权的地方人大及其常委会对法规案运用审议权,决定其是否应当列入议事日程,是否需要修改以及如何修改的专门活动”。我们认为,根据我国相关法律、法规的规定,审议法案并不指决定是否将议案列入会议议程,而是对已经决定列入会议议程的法案进行正式审议。审议法案的内容有以下三点:(1)审议地方性法规草案的合法性,主要是审查法规草案有无法律依据或政策依据,法规草案是否同法律、行政法规相抵触,是否符合国家的方针、政策,法规草案所涉及的领域是否符合地方立法权限范围;(2)地方性法规草案的规范性,主要是审查法律规范的结构是否完整、严谨,条理是否清楚,语言表达是否准确、文字是否简明,行为规范与法律责任是否照应,与其他法规的有关规定是否一致等;(3)审议地方性法规草案的可行性,主要是审查法规案所规范的内容是否符合本行政区域的具体情况和实际需要,草案是否具备了切实可行的条件,是否能够协调好各方面的关系。

二、审议法案的形式

根据我国相关法律、行政法规的规定,我国地方立法的草案审议,根据主体不同,可以划分为三类:人民代表大会、人民代表大会常务委员会以及专门委员会。而审议主体不同,审议的形式与程序也有所区别。

(一)专门委员会审议

审议法案是法律赋予专门委员会的一项重要职责,也是审议法案必经的第一个程序。《地方组织法》也对专门委员会审议法案作出了原则性的规定,其第30条第3款规定:各专门委员会在本级人民代表大会及其常务委员会领导下,研究、审议和拟订有关议案。专门委员会审议法案有多种形式,其中共有的一个程序是“专门委员会审议地方性法规案时,可以邀请提案人列席会议,发表意见”。[1] 专门委员会审议法案的具体形式为:(1)由专门委员会分别审议与本委员会有关的法规章案,将审议意见提请主任会议讨论以后,直接向常务委员会会议提出审议结果报告;(2)先由代表团、专门委员会进行单独审议,之后再由法制委员会根据各代表团和有关专门委员会的审议意见进行统一审议,向主席团提出审议结果报告和法规草案修改稿。

(二)人民代表大会审议

《地方组织法》第18条规定:地方各级人民代表大会举行会议的时候,主席

---

〔1〕《四川省人民代表大会及其常务委员会立法条例》第18条第2款之规定。同时,《广东省地方立法条例》《福建省人民代表大会及其常务委员会立法条例》《泰州市制定地方性法规条例》等其他省、自治区、直辖市人民代表大会或其人大常委会或设区的市的人民代表大会或人大常委会所制定的地方立法条例也都作了同样规定。

团、常务委员会、各专门委员会、本级人民政府，可以向本级人民代表大会提出属于本级人民代表大会职权范围内的议案，由主席团决定提交人民代表大会会议审议。在实践中，人民代表大会审议法案，一般都是先由人大常委会进行审议，或者由代表团、专门委员会进行审议。代表团进行审议的，“大会全体会议听取提案人的说明后，由各代表团进行审议。各代表团审议地方性法规案时，提案人应当派人到会听取意见，回答询问”。[1]而且，实践中有关机关、组织根据代表团的要求，应当派人介绍情况。代表团审议与专门委员会审议的意见再由法制委员会进行统一审议并提出审议结果报告等。

（三）人大常委会会议审议

常委会审议是地方性立法法案审议最为普遍的情形，《地方组织法》第46条则分别规定了人民代表大会常务委员会主任会议、人民政府、人民代表大会各专门委员会以及常务委员会组成人员5人以上联名向人民代表大会常务委员会提出属于常务委员会职权范围内的议案，由常务委员会会议审议，或者由主任会议决定是否提请常务委员会会议审议，又或者先交有关的专门委员会审议、提出报告，再决定是否提请常务委员会会议审议。同时，常委会会议审议法案较为特殊的是，为保证地方性法规的民主性与科学性，利于人大代表和常委会组成人员能够有较充分的时间针对法规所涉及的内容进行研究和深入的调研，从而就主要的问题提出有针对性、有深度、有价值的具体意见，提高法规的审议质量，一般规定了地方人大及其常委会在审议地方性法规案时采取两审或者三审制。但是，对于列入常务委员会会议议程的地方性法规案，调整事项较为单一或者部分修改的地方性法规案，各方面的意见比较一致的，也可以经一次常务委员会会议审议即交付表决。只是，法规案经一次常务委员会会议审议即交付表决的，由法制委员会提请主任会议决定。一般而言，采取多审制审议的议案，其多次审议的侧重点都不一样：第一次审议主要是对立法议案的原案进行审议，听取关于该项法案的说明，关于该项法案的审议意见报告，对该法规草案提出修改意见。然后，由常务委员会的工作机构进行修改，形成法规草案修改稿。第二次审议主要是审议法规草案修改稿，听取有关工作机构关于修改情况的说明。经过审议，如果认为修改稿基本成熟，在会议期间再作一些修改，就可以交付表决；如果认为草案修改稿还有某些重要问题没有处理好，也可以暂时不付表决，待以后的会议

---

〔1〕《广东省地方立法条例》第25条：列入省人民代表大会会议议程的地方性法规案，大会全体会议听取提案人的说明后，由各代表团进行审议。

各代表团审议地方性法规案时，提案人应当派人到会听取意见，回答询问。

各代表团审议地方性法规案时，根据代表团的要求，有关机关、组织应当派人到会介绍情况。

再次审议通过。[1]

第四节　表决和通过法案

对地方性法规(自治条例、单行条例)案审议结束后,就进入对地方法规草案表决的阶段,这是制定地方性法规的关键阶段。法案的通过是表决法案的结果,当法案表决的结果是得到法定人数的赞成时,法案则予以通过,成为正式的法律渊源。

一、表决法案

(一)表决法案的含义

表决,是指会议上通过一定的方式(如投票、举手等方式)取得多数意见而作出决定。就地方立法法案表决而言,其是人民代表大会代表和常务委员会组成人员通过民主集中的方式,行使民主权利、表达自己意愿的必经法定程序,是一项重要的立法活动。实施这一程序,将会直接产生两种结果,一是赞成法规案的人员达到了法定的人数,也即为通过,法规草案立即变为正式的法规或者使得自治条例草案转变为自治条例,单行条例草案转变为单行条例。二是赞成法规案的人员没有达到法定的人数,即为不通过,这项法规案被立即否定,或者即使不被立即否定掉,那也至少被暂时性地予以否定。所以,表决程序是地方立法程

---

〔1〕《立法法》第29条、30条规定了常委会审议列入常务委员会会议议程的法律案的审议制度,而地方性立法需要参考《立法法》的规定,各省、自治区、直辖市的地方性法规在参考《立法法》的基础上对此作了较为详细的规定,比如《四川省人民代表大会及其常务委员会立法条例》第33条规定:列入常务委员会会议议程的地方性法规案,一般应当经三次常务委员会会议审议后再交付表决。

常务委员会会议第一次审议法规案,在全体会议上听取提案人的说明和有关的专门委员会的审议意见,由分组会议进行审议。新制定的法规案,常务委员会会议在分组审议的基础上就其必要性和可行性进行表决,获常务委员会全体组成人员过半数通过的,该法规案继续审议;未获过半数通过的,交提案人修改后再提请常务委员会进行审议或者依法终止审议。

常务委员会会议第二次审议法规案,在全体会议上听取法制委员会关于法规草案修改情况和主要问题的汇报,由分组会议进一步审议。

常务委员会会议第三次审议法规案,在全体会议上听取法制委员会关于法规草案审议结果的报告,由分组会议对法规草案修改稿进行审议。

常务委员会审议法规案时,根据需要,可以召开联组会议或者全体会议,对法规草案中的主要问题进行讨论。

第34条则规定:列入常务委员会会议议程的地方性法规案,各方面意见比较一致的,可以经两次常务委员会会议审议后交付表决。法规案经两次常务委员会会议审议即交付表决的,由法制委员会提请主任会议在常务委员会会议第一次审议期间决定。

经两次常务委员会会议审议即交付表决的法规案,常务委员会会议第二次审议该法规案时,在全体会议上听取法制委员会关于法规草案审议结果的报告。由分组会议对法规草案修改稿进行审议。

序中的关键阶段，表决的结果决定着这项法规是否能够成为正式的法律渊源。

（二）表决法案的方式

关于地方立法法案的表决方式，《地方组织法》《立法法》都没有作出明确的规定，而仅在《全国人民代表大会组织法》第18条[1]中对立法议案的表决方式进行了规定——由主席团决定采用无记名投票方式，或者举手表决方式，或者其他方式。无记名投票相对于举手投票而言更民主，投票者没有害怕被他人知晓自己态度的压力，使表决结果更加真实；举手投票往往流于形式，出于避免麻烦的心理态度可能违背真实意愿投票；现在的其他方式，一般是有电子器投票等，这种投票方式与无记名投票类似，却比传统的无记名投票方式更为简便，易于统计分析。虽然《立法法》和《地方组织法》中并未规定表决方式，但是我国地方立法法案的表决方式仍然参考了《全国人民代表大会组织法》所规定的方式，这也使得我国各地区表决方式多种多样，有的地区由大会主席团决定人民代表大会会议法规草案的表决方式，而常务委员会表决法规草案，则由主任会议决定表决方式，不过绝大部分地区还是规定由主任会议提请常务委员会全体会议表决，由常务委员会全体组成人员的过半数通过；有的地方则决定，人民代表大会及其常务委员会表决法规草案，一律采取无记名投票表决方式。

另外，表决方式除了是投票的方式，还包括表决内容选择的方式，即对法案进行表决，是就草案全文进行一次性表决，还是分章节、条款进行多次性表决的选择。《立法法》第41条[2]、第43[3]条规定了法律案中个别意见分歧较大的重要条款的单独表决以及对多部法律中涉及同类事项的个别条款进行修改，一并提出法律案的可以合并表决或者个别表决。地方立法参考了《立法法》这两个条文的规定，其所作规定基本与这两条规定一致，如《河南省地方立法条例》第48条、49条，《辽宁省人民代表大会及其常务委员会立法条例》第40条、42条等。

需要注意的是，无论是《立法法》《地方组织法》还是地方立法条例或者常委

---

〔1〕《全国人民代表大会组织法》第18条：全国人民代表大会会议进行选举和通过议案，由主席团决定采用无记名投票方式，或者举手表决方式，或者其它方式。

〔2〕《立法法》第41条：法律草案修改稿经常务委员会会议审议，由法律委员会根据常务委员会组成人员的审议意见进行修改，提出法律草案表决稿，由委员长会议提请常务委员会全体会议表决，由常务委员会全体组成人员的过半数通过。

法律草案表决稿交付常务委员会会议表决前，委员长会议根据常务委员会会议审议的情况，可以决定将个别意见分歧较大的重要条款提请常务委员会会议单独表决。

单独表决的条款经常务委员会会议表决后，委员长会议可以决定将法律草案表决稿交付表决，也可以对法律草案表决稿暂不付表决，交法律委员会和有关的专门委员会进一步审议。

〔3〕《立法法》第43条：对多部法律中涉及同类事项的个别条款进行修改，一并提出法律案的，经委员长会议决定，可以合并表决，也可以逐个表决。

会立法规定等多数都规定常务委员会会议对法案进行表决，只需要达到半数即可。但是，有时候因为未到的组成人员过多，即使赞成票超过了反对票加弃权票，仍然达不到法定的人数，未获通过。针对这种少数人否定多数人意见的情况，应通过做好会议的组织工作，尽量避免这类情况的出现。

二、通过法案

在法学用语中有一个与法案表决非常相似的词语——通过法案。在我国诸多法学著述中将“通过法律”当做立法程序中的一道程序，然而事实上“通过法律”仅仅是“表决程序”的一种结果，并非立法的一道程序，“表决程序”才是一道立法程序。如果我们把“通过法律”当做一道立法程序，就是说所有提交立法机关审议、表决的法案都必须通过而成为法律，这不但在理论上无法成立，而且在立法实践上也是不可能。

从我国法律来看，我国立法议案的表决分为一般立法议案表决和特殊立法议案表决。其中的一般立法议案表决是指法律及其他议案的表决，其根据为《宪法》第 64 条以及《全国人民代表大会组织法》第 31 条（“法律和其他议案由全国人民代表大会以全体代表的过半数通过”“常务委员会审议的法律案和其他议案，由常务委员会以全体组成人员的过半数通过”）。特殊立法议案的表决，特指宪法的修改议案的表决，其根据为《宪法》第 64 条第 1 款的规定，“宪法的修改，由全国人民代表大会常务委员会或者五分之一以上的全国人民代表大会代表提议，并由全国人民代表大会以全体代表的三分之一以上的多数通过”。地方立法法案的表决是属于一般立法议案表决中的其他议案的表决，与一般法律案的表决一样，地方法案经过表决程序要予以通过则需要“由人民代表大会以全体代表的过半数通过”或者“常务委员会审议，由常务委员会以全体组成人员的过半数通过”。得出此结论不仅仅是因为《宪法》和《全国人民代表大会组织法》对其作了规定，更是因为《地方组织法》也对此作了更明确的规定——第 20 条规定，“地方各级人民代表大会进行选举和通过决议，以全体代表的过半数通过”。第 45 条第 2 款规定，“常务委员会的决议，由常务委员会以全体组成人员的过半数通过”。也就是说，只要地方法案在人大会议或者常委会会议上通过表决，达到了法定的人数即予以通过。

第五节　立法的核准

地方法案的批准，是指省、自治区的人民代表大会常务委员会，对省、自治区的人民政府所在地的市、经济特区所在地的市、国务院已经批准的较大的市和其他设区的市的人民代表大会或其常务委员会制定并报批准的地方性法规，经审议后表示正式同意，从而使该项地方性法规发生效力的程序。省、自治区人大常委会对地方性法规的批准，属于事前监督，目的在于防止较大的市制定的地方性法规同宪法、法律、行政法规以及本省、自治区的地方性法规相抵触，以维护国家法制的统一。

一、核准的主体

根据《立法法》第72条第2款的规定，较大的市的地方性法规须报省、自治区的人民代表大会常务委员会批准后施行。而其第4款则补充规定了较大的市的具体含义——本法所称较大的市是指省、自治区的人民政府所在地的市，经济特区所在地的市，国务院已经批准的较大的市和其他设区的市。此外，专门规定地方地方人大及常委会组织及其工作的《地方组织法》第7条第2款〔1〕和第43条第2款〔2〕也对此做了相似的规定。从《立法法》和《地方组织法》的规定，我们可以看出：(1)较大市的地方立法权是隶属于省级立法权的，其制定的地方性法规不能与省、自治区地方性法规相抵触；(2)较大市的地方立法权也称为“半立法权”，较大市制定的地方性法规必须报省、自治区人民代表大会常务委员会批准才有法律效力；(3)较大市报送省、自治区人民代表大会常务委员会批准的地方性法规，在审议过程中，除涉及合法性等原则性问题以外，一般不作修改或提出修改意见。从各省、自治区人民代表大会或其常委会制定的地方立法条例或者地方性法规制定条例来看，各地区也都坚持省级立法机关对报批的地方性法规应尽量简化审批程序，不因一些非原则性的问题，影响及时审批，一般只需未涉及合法性问题，未与法律、行政法规、本省或者自治区地方性法规相抵触的即可予以核准。

二、核准的程序

核准的程序是报批主体提交了相关材料后，核准主体所应当实施的活动的总称，《立法法》与《地方组织法》虽未对此作出规定，但是各地区的地方立法条例或地方性法规制定条例都作了较为详细的规定。一般而言，省、自治区人大常委会对报请批准的地方性法规进行审查的程序主要为以下几个步骤：

---

〔1〕《地方组织法》第7条第2款：设区的市的人民代表大会根据本市的具体情况和实际需要，在不同宪法、法律、行政法规和本省、自治区的地方性法规相抵触的前提下，可以制定地方性法规，报省、自治区的人民代表大会常务委员会批准后施行，并由省、自治区的人民代表大会常务委员会报全国人民代表大会常务委员会和国务院备案。

〔2〕《地方组织法》第43条第2款：设区的市的人民代表大会常务委员会，在本级人民代表大会闭会期间，根据本市的具体情况和实际需要，在不同宪法、法律、行政法规和本省、自治区的地方性法规相抵触的前提下，可以制定地方性法规，报省、自治区的人民代表大会常务委员会批准后施行，并由省、自治区的人民代表大会常务委员会报全国人民代表大会常务委员会和国务院备案。

1. 报请省人民代表大会常务委员批准的地方性法规经主任会议决定提请常务委员会会议审议；

2. 制定机关向省人民代表大会常务委员会全体会议作说明；

3. 常务委员会组成人员提出审议意见；

4. 法制委员会根据常务委员会组成人员的审议意见向常务委员会全体会议作关于该法规审查结果的报告；

5. 由常委会组成人员表决；

6. 常务委员会会议在审议时发现报请批准的法规同宪法、法律、行政法规和本省的地方性法规相抵触的，不予批准，或者提出修改意见，经修改后提请常务委员会全体会议表决；

7. 报请批准的法规经省人民代表大会常务委员会批准后，由制定机关公布施行，并在公告上注明批准机关和批准时间。

三、核准的方式

根据各省、自治区的地方立法条例或者地方性法规制定条例，省、自治区人大常委会批准较大的市的地方性法规主要有以下几种方式：

1. 批准。省、自治区人大常委会对较大的市报请批准的地方性法规所提交的报告、法规文本及其说明和有关参阅资料进行查阅，听取制定机关的说明，并邀请有关专门委员会或者工作委员会参加讨论、研究，对其合法性、合理性、可执行性等方面进行审查后认为不存在问题的，应当在 4 个月内予以批准。

2. 不予批准。不予批准是指常务委员会会议在审议时发现报请批准的法规同宪法、法律、行政法规和本省的地方性法规相抵触。也即报请核准的地方性规范性文件存在合法性问题，存在与其上位法相抵触的情形，而且抵触的情形较为严重，不是个别条款的问题而是存在原则性的问题，修改法规仍不能弥补。

3. 要求修改后另行报请批准。在报请核准的地方性法规存在一定的合法性问题，但是又没有达到不可弥补的程度时，由省人大常委会提出修改意见，由制定机关修改后再另外报请核准。亦即，报请批准的地方性法规同宪法、法律、行政法规和本省的地方性法规相抵触的，省人民代表大会常务委员会没有立即否决，要求修改后另行报请批准的，报请核准的人大常委会法制委员会可以根据修改意见进行审议、修改，提出报告，经主任会议决定，由市人民代表大会或者常务委员会审议通过后，再报请批准。

4. 法制委员会协调后决定。省人民代表大会常务委员会对报请批准的法规进行审查时，发现其同省人民政府的规章相抵触的，可以先交法制委员会协调，提出意见，再由常务委员会作出处理决定。

第六节 立法的公布

立法的公布是指地方立法法案通过或者需要经过核准的法案经过核准后，由法定机关依照法定的形式将法案向社会公众予以公布。

一、公布的机关

《地方组织法》对法案的公布或者公告未作规定，但是各地的地方立法条例等对此都有所规定。从各地的规定以及实践情况来看，一般是谁制定谁公布，可以总结为以下几种情形：(1)省人民代表大会通过的法规，是由大会主席团发布公告，予以公布；(2)常务委员会通过的地方性法规，由常务委员会发布公告予以公布；(3)自治区自治条例、单行条例需要在报经全国人民代表大会常务委员会批准后，再由自治区人民代表大会常务委员会发布公告予以公布；(4)市级人大或其常委会制定的地方性法规报经批准后，由市人民代表大会常务委员会发布公告予以公布。需要注意的是，第(3)、(4)种情形中，在公告时需要在公告上注明批准机关和批准时间。

二、公布与实施的时间

我国法律、法规中并未对法案公布的时间作规定，仅规定是在法案通过之后，由哪个主体发布公告，予以公布，一般都是在核准通过后即予以公布。与公布相关联的是地方性法规(自治条例、单行条例)的实施，因为地方性法规开始施行的时间与通过的时间和公布的时间有着密切的联系。法规开始实施的时间规定，主要有以下三种情况：(1)自通过之日起实施，通过的时间与开始实施的时间一致，这种情况之下公布的时间迟于通过和开始实施的时间；(2)自公布之日起实施，即公布之日即是开始实施的时间，通过的时间在公布和开始实施之前；(3)具体规定从何时开始实施，开始实施的时间必然迟于通过和公布的时间。上述关于开始实施时间的三种情形中，以具体规定开始实施的时间更为合理，《立法法》第57条[1]即是如此规定，《地方组织法》则在第7条、43条规定了要经过批准的法案是经过批准后施行，并未详细规定是采取哪种情形的实施时间。而地方立法是在《地方组织法》没有规定的情形时，参照《立法法》，因此我国各地区的地方立法条例中一般也多是规定具体的实施时间。这样，法规的公布和实施有一定的时间间隙，便于人们了解它们的内容，做好有关实施的准备工作，能够较好地保证法规及时、有效的实施。

---

〔1〕《立法法》第57条："法律应当明确规定施行日期。"

三、公布的形式

目前,各地地方立法条例中对已经通过的法案的公布形式所作的规定基本上是一致的,都是规定刊登在人大常委会的公报、人大网站和官方的地方报纸上。比如,《安徽省人民代表大会及其常务委员会立法条例》第80条规定,“法规于通过之日起十五日内在《安徽日报》上全文公布,并及时在安徽人大网站、《安徽省人民代表大会常务委员会公报》上刊登。在《安徽省人民代表大会常务委员会公报》上刊登的法规文本为标准文本”。市级地方立法条例中也多是如此规定。以《南通市制定地方性法规条例》为例,第49条第3款规定,“地方性法规公布后,应当及时在《南通市人民代表大会常务委员会公报》、南通人大网和《南通日报》上刊载。在常务委员会公报上刊载的法规文本为标准文本”。因此,刊登在人大常委会的公报、人大网站和本级的地方报上已成为公布地方性法规的法定形式。除此以外,有的地方还要求以人大常委会文件的形式,附送地方性法规,正式通知同级人民政府、人民法院、人民检察院,要求他们遵照执行。

第十章　地方立法后评估

第一节　地方立法后评估概述

一、地方立法后评估的概念与特征

（一）地方立法后评估的概念

评估是一项高度专业性的作业，侧重于对评估事物或对象的价值、发展前景和趋势进行分析、评判和预测。其中，“后评估”的类型在工程项目、政策评估等领域被广泛使用。美国评估研究会曾如此界定过它：“后评估又称为混合评估，主要是重新分析过去评估研究所得到的发现，使得研究者可以从过去的公共政策得到一些结论。这种后评估也是一种回溯性的研究，通常混合了一些过去的研究成果，其目的在于借此判断某一项政策领域的计划效能。”[1]

为了实现管理的科学化，推动公共管理制度创新，我国立法后评估实践呈现出蓬勃发展的态势。无论是在中央立法层面，还是在地方立法层面，均先后开展过大量的立法后评估活动。例如，2006 年以来，国务院法制办积极尝试对行政法规进行立法后评估，先后对 33 部行政法规开展了立法后评估并取得了较好的成效。2010 年，全国人大常委会初步选定《科学技术进步法》和《农业机械化促进法》作为立法后评估的对象，在注重现实性和可操作性的基础上，形成了相关法律制度的立法后评估报告。

在我国立法后评估实践中，地方立法后评估不仅数量众多，而且充当了“第一个吃螃蟹”的角色。2000 年，山东省人大常委会率先开展“立法回头看”的工作，由法制委牵头组织并负责对《私营企业和个体工商户权益保护条例》《产品质量法实施办法》《法律援助条例》进行立法回头看，着重于评估法规所设定的权力和责任、权利和义务是否合理，行政部门的权利是否存在相应的限制，法定的公民权利是否获得切实的保障，以及法律规定的执行情况。此后，云南、甘肃、重庆、上海、北京等省市先后开展了各自的地方立法后评估工作，并积累了较为

---

〔1〕 李允杰、丘昌泰：《政策执行与评估》，北京大学出版社 2008 年版，第 172 页。

丰富的实践经验。截至2015年,全国31个省、市、自治区(除台湾地区外),均先后开展了相应的地方立法后评估工作,且随着时间的发展和推移,其数量呈现出“井喷”之势。

尽管地方立法后评估的观念已经深入人心,但无论是当前的立法后评估的操作实践,还是概念指称的表述方面往往存在一定的分歧。例如,浙江省和湖北省人大常委会将相关工作称为“立法质量评估”,山东省和云南省人大常委会曾将其表述为“立法回头看”,而福建省人大常委会则名为“立法效果评估”。尽管概念的使用存在歧义,但不同概念之间除了偏好的差别外,实质上毫无区别,其中“立法后回头看”就是立法后评估的非正式表达形式,在口语中常常互换使用。

在广义上,“立法后评估”是指评估主体按照一定的标准和程序,运用科学的方法和技术对现行有效的法律、法规、规章的文本质量、实施效果作出定性和定量的分析和评价。[1] 来自实务部门的专家则认为,立法后评估是指法律施行一段时间后,在立法部门的支持下,组织执法部门及社会公众、专家学者等,采用社会调查、定量分析、成本效益计算等多种方式,对法律的实施绩效进行分析评价,对法律中所设计的制度进行评判,并针对法律自身的缺陷及时加以矫正和修缮。[2] 与之相似的看法则认为,立法后评估是指法律、法规、规章实施后,由制定机关、实施机关按照规定的程序和标准,运用科学的方法和技术,对法律、法规、规章的制度设计、实施效果、存在问题就等进行跟踪、调查、评价,并提出完善有关法律、法规和规章,改进行政执法等评估意见的活动。[3]

具体到地方立法的领域,考虑到评估主体、评估对象等内涵方面的差别,地方立法后评估主要是指现行有效的地方性法规或政府规章在施行一定时间后,基于立法后评估主体的决定和安排,由特定评估实施主体按照一定的标准和工作流程,运用科学的方法和技术,对地方立法的文本质量、实施效果及其问题进行客观全面的调查研究和综合分析,并提出如何完善相关立法、改进立法和执法工作等评估意见的活动。

(二)地方立法后评估的特征

在我国,地方立法后评估并非单纯的研究性的学术活动,而更多地表现为一种职权性活动。它当然有其研究性的侧面,以客观知识或真理为追求目标,要求不仅应客观地描述法律实施的效果,而且应理性解释影响法律效果的各项条件和因素。但是,在我国,它更常见为一种职权活动,则由地方立法机关决定并组

〔1〕 参见俞荣根主编:《地方立法后评估研究》,中国民主法制出版社2009年版,第11页。

〔2〕 参见丁伟:《从“立法后评估”看民主立法》,载《文汇报》2007年2月9日,第5版。

〔3〕 参见袁曙宏主编:《立法后评估工作指南》,中国法制出版社2013年版,第1页。

织有关部门,采用科学有效的评估方法,通过对地方立法实施效果的分析,以及对立法质量的评价,以发现其存在的问题与缺陷,以便及时启动立法程序以修改或完善之。因此,既可以将其视为一项准立法活动,构成立法清理活动之序幕,以便实现立法的修改或变更,又可将其视为一种地方立法机关的工作机制,以此来查明或发现立法实施过程中的问题和不足,及时提出完善立法或改进执法的建议。

根据上述认识和理解,地方立法后评估具有下述三个典型特征:

1. 职权性。如上所述,在我国,地方立法后评估具有非常典型的职权性,即主要是一种职权性的工作安排或活动。这种职权性表现为如下两个方面:一是评估决策主体或实施主体的职权性。在实践中,它主要表现为,地方立法后评估的决策作出或具体实施,由具有一定立法权限的立法机关或其内设机构、工作部门所担当。它们通常根据自身的工作安排或计划,有针对性地遴选某些重要或关键性的地方立法予以审查或评估,以决定是否需要进一步修改或完善相应的地方立法。二是评估报告的正规性和评估结论的约束性。基于此种准立法性的职权活动,地方立法后评估报告的正式形成,并非一家之言而是集思广益之产物,需要经过多轮的反复商议和意见征集,并经由一定流程获得官方的审定,或获得领导的批示。地方立法后评估报告的正规性,使其评估结论具有一定的权威性和约束性,可以成为地方立法未来修改或变动的基础或出发点。

2. 特定性。地方立法后评估的特定性主要表现为评估主体和评估对象的特定性。首先,评估主体是特定的,与通常认为评估主体的多元性相反。在具体的评估实践中,地方立法后评估的主体往往是特定的,其中评估决策主体和实施主体尤其如此。地方立法后评估的决策主体基本上是拥有地方立法权的国家权力机关,即地方人大的常设机构,或具体负责政府法制事务的办事机构,如政府内设的法制办公室。在评估常态化和制度化的场合下,评估决策主体的范围虽然有所扩张,但多半系由规范性文件所指定的权力机关的办事机构,或具体事务的政府主管部门。其次,评估对象是特定的,限于评估决策主体的职责权限范围之内。就地方立法后评估而言,其评估对象是地方层面的地方性法规或政府规章,超越其层次或范围的其他立法,虽然理论上可以成为立法后评估的对象,但往往不在地方立法后评估的考量之列。此外,这种特定性还表现为,任何具体的评估对象总是深思熟虑的结果,经过了评估必要性和可行性之检讨。一般来说,新制定的地方立法因其施行的时间过短,效果难以彰显而必定会被排除在外。

3. 科学性。地方立法后评估要达成预期的目标和任务,必须以科学性为自身的价值取向。正如科学研究以求真为己任,立法后评估必须贴近现实,接近于真实,才能有利于地方立法的科学化。具体而言,地方立法后评估的科学性可以表现为三个方面的特征：一是客观描述的真实性。地方立法后评估需要了解和调查地方立法的法律效果如何，实施过程中存在什么样的问题和不足，文本质量是否存在合法性、合理性等问题。在此过程中，评估者的任务是从具体实际出发，客观如实地反映和说明立法的文本质量和实际效果。二是主观评价的客观性。作为一种价值评判，地方立法后评估必然涉及评估者的主观印象和人为判断，因此地方立法后评估的标准体系必须是统一的、融贯的，并能够与地方立法的理想与实际相勾连。三是评估方法的科学性。无论是客观描述的真实性，还是主观判断的客观性，均有赖于评估方法来实现。因此，评估方法的科学性是决定地方立法后评估成败与否的关键所在。在具体的评估工作中，评估者必须根据实际情况，有针对性地采用比较分析、文本分析、实地调查、问卷调查、成本效益分析、统计分析等方法，量化分析或质性研究评估的内容，使评估结论趋向于科学和客观。

二、地方立法后评估的功能与意义

（一）地方立法后评估的功能

1. 认知功能。地方立法后评估是一种科学决策和管理的工具，建立在认知性活动的基础之上。因此，它同时也是一个科学认知的研究性活动，其任务和使命在于认识和了解地方立法的文本质量和实际效果。通过立法后评估工作，评估者不仅可以认识到地方立法的合法性、权益配置的合理性、具体制度设计的可操作性、立法技术等状况，而且可以了解地方立法在实施过程中的实际效果。

2. 沟通功能。地方立法后评估作为公共领域的活动，其成效取决于公众参与的程度以及理性沟通的可能性。信息交流与沟通是公众参与地方立法后评估的必要方式，也是民主科学立法的必然要求。只有通过信息的沟通与交流，才能如实地反馈地方立法的实际效果以及问题所在。从实际的工作来看，评估过程中通常会采用立法调研、座谈会、研讨会、问卷调查等形式，充分了解公众或利害关系人对地方立法的认知度和满意度，广泛听取各方面的意见和建议。与此同时，征求和反馈意见和建议的过程，往往也是民众认识、理解和熟知地方立法的过程，从而达到普法宣传和教育的作用。

3. 评价功能。正如其名称所示，地方立法后评估具有重要的评价功能。如同所有其他的政策评估类型一样，地方立法后评估的目的是判断地方立法的质量和效能，为此它需要对评估对象给出一个中肯而适当的结论。这一结论的给出，本身就是一种评价。为了给出科学的评估结论，评估者还需要综合运用不同评价标准，将其细化为兼具科学性和可操作性的评估指标，合理赋予相应的阈值和权重，并最终构建出一个科学合理的评价指标体系。因此，一定程度上可以说，地方立法后评估是一个建构评估指标体系并给出评估结论的评价过程。

4. 监督功能。在我国,立法后评估还是一个有效的监督机制。[1] 作为一种监督机制,它主要体现在三个方面:一是及时发现地方立法所存在的缺陷与不足,查明地方立法实施过程中的问题,并提出相应的修改完善对策和建议;二是根据地方立法后评估报告及其结论,通过进一步的"立、废、改"等活动和立法程序,建立健全相关规定,提高地方立法的质量水平;三是强化地方立法主体的权责意识,约束"滥用立法权"或"立法不作为"等不当行为,以期优化立法的资源配置功能,提高立法机构的科学管理水平。

(二)地方立法后评估的意义

1. 地方立法后评估有助于加强地方立法工作,提高地方立法质量。

作为一种创新地方立法工作的机制和手段,地方立法后评估的出现和引入是加强地方立法工作,提高地方立法质量的有效途径,[2] 同时有助于提高地方立法质量,改变地方立法"部门利益化"的现行格局。

地方立法后评估是地方立法程序的补充和完善机制。立法程序不只包括立项、调研、起草草案、审议、修改、表决、通过等事项和环节,而且还应包括立法后的评估、修订或废止等环节。长期以来,地方立法形成了"重事前、轻程序"的做法与实践,重视法案条文的起草和修改,忽视立法程序对地方立法草案的约束和控制,尤其是修订或修改地方立法的过程中,对地方立法在实践中的操作情况缺乏广泛的调研和评估。引入地方立法后评估,不仅是对立法程序后续环节的重视和强化,而且构成对现有立法程序的完善和补充。

地方立法后评估还可以有效提高地方立法的质量。一般来说,高质量、高水平的地方立法应当有效回应地方经济、社会、文化和生态文明的发展需求,顺应时代的要求和趋势,具备现实可行性和可操作性,能够切实发挥自身的效用。地方立法后评估以"评估"促完善,可以及时诊断地方立法的欠缺与不足,促进其修改和完善,推动地方立法的与时俱进,改善地方立法的实际效果。

2. 地方立法后评估还有助于改善执法工作,推进地方治理能力的现代化。

地方立法后评估还可以对地方性法规和政府规章的实际效果和执行绩效提供客观的评价,并通过相应的对策建议以改善地方立法的实施和执行。实践中,影响地方性法规或规章的实施和执行的因素和原因是多种多样的,既有制度设计本身的可操作性问题,又有执法体制不顺畅、多头执法的困局,更有未充分考虑执法成本、缺乏强有力执法措施等原因。基于对地方立法实际效果的考察,立法后评估可以有针对性地提出改进执法工作的谏言对策,并在理顺执法体制、加

---

〔1〕 参见刘作翔、冉井富主编:《立法后评估的理论与实践》,社会科学文献出版社2013年版,第25页。

〔2〕 参见俞荣根:《立法后评估:提高立法质量的有效途径》,载《公民导刊》2010年第4期。

强执法措施,降低执法成本、提高执法效率等方面有所作为,有助于强化和改善地方立法的执法工作。与此同时,作为改进地方立法与执法的结果,地方立法后评估还有助于达成地方治理能力的现代化,实现“善治”。

3. 地方立法后评估有助于提升地方立法的民主化,促使公民自觉守法。

地方立法后评估是一项公众参与程度较高的民主政治工作。实践中,地方立法后评估往往采用多种形式和途径,如座谈会、问卷调查、听证会等,广泛听取民众的意见和建议,以广开言路,集思广益。很显然,通过引导公众、尤其是利害关系人的参与,调查他们对于地方立法的认知度、认可度,以及对地方立法实施效果的意见和建议,不仅可以使更多的人关注并积极参与地方立法工作,而且有助于开门立法,提高地方立法的民主化水平。

同时,作为民主政治的一部分,通过与公众的信息交流与反馈,事实上起到了普法宣传和教育的功能和作用,有助于提高公民的守法意识,促使他们自觉守法。然而,实践中,由于各种原因和影响因素,地方立法的认知度和熟悉度实际上并不太高,这导致地方立法的实际效果大打折扣。地方立法后评估机制的引入使公民有机会在评估过程中参与其中,通过学习、调查和了解地方立法的背景和过程、对法规规章的制度设计有更深刻的理解,并在互动交流的过程中,把对法规规章的被动接受转化为内在的主动守法意识和外在的积极守法行为。[1]

三、地方立法后评估的类型

根据不同的划分标准,地方立法后评估可以分为不同的类型。例如,根据评估的内容和侧重点的不同,可以分为全面评估和部分评估;根据评估的来源依据的不同,可以分为法定评估和非法定评估。从具体实务的角度来看,相对重要的几种分类主要有:

1. 基于评估主体的不同,可以分为内部评估和外部评估

地方立法后评估的参与者众多,但关键性的角色担当是,作出地方立法后评估决定的决策主体,以及负责组织和实施评估工作的实施主体。根据评估决策主体与实施主体的不同,可以将评估分为内部评估和外部评估的不同类型。

基于评估决策主体的评估决定和安排,主要由相关决策主体的内部机构或办事机构负责组织实施的立法后评估活动,可以称为“内部评估”。当前的地方立法后评估实践中,内部评估具有一定的优势并成为主流形式。鉴于地方立法后评估是有权机关所作出的准立法性质的活动,由相关主体的内部机关、工作机构及其工作人员来负责和组织实施评估工作,可以综合统筹各项工作安排和资源配置,推动评估工作的顺利开展,增强立法后评估的权威性和实效性。

---

〔1〕 参见刘平等:《地方立法后评估制度研究》,载《政府法制研究》2008 年第 4 期。

外部评估是相对于评估实施主体的内在化趋势而言的,存在以下两种具体形式:一是独立第三方的立法后评估活动,其活动安排与开展均由独立的研究机构负责,不受官方机构的约束和影响,其评估的性质等同于独立的学术研究活动;二是受评估决策主体之委托,由中立于评估决策主体的第三方机构或个人负责评估工作的具体实施。第三方主体在接受评估决策主体委托后,独立开展评估工作,不受评估决策主体的干预,并负责向其提交最终的评估报告。

2. 根据评估对象的不同,可以分为单项评估、多项评估和整体评估

地方性法规或政府规章,是地方立法后评估的对象。但是,根据单次立法后评估的具体范围如何,可以将立法后评估分为单项评估、多项评估和整体评估。

单项评估的对象是某一项地方性法规或政府规章,这是最为常见的地方立法后评估的形式之一。通常,评估决策主体会通过对评估对象进行"可评估性"的考量,然后选择某一项特定的地方立法进行立法后评估。评估的内容可以包括对地方性法规或规章的条文进行逐条评估,也可以有选择性地针对关键性的制度设计和权益配置进行考察。

与单项评估不同,多项评估的对象是多个不同的地方立法,又或者是若干个具有一定类型关系的地方立法。前者主要随机或偶然选择多项不同的法规规章,并分别由不同的立法后评估主体负责实施;后者则针对某一种类或类型的法规规章,如上海市人大常委会法工委就曾经对"世博"立法开展过相应的立法后评估。在实务中常见的地方性法规类型,主要是基于部门法划分所作的分类,即将地方立法分为宪政立法类、民商立法类、经济立法类、社会立法类和环境立法类等法规。

比较少见的分类是整体评估,即对特定行政区域内的全部地方立法所进行的立法后评估活动。整体评估是对全部现行有效地方立法的系统考察与评估,其目的是为了修改或废止地方立法,因此可视为法规清理活动的某种变体形式。由于其评估的总体内容较为宽泛,因此多聚焦于立法文本质量的分析和测评,而较少关注立法的实施效果及影响因素。

3. 根据评估安排是否常态化或制度化,可以分为定期评估和不定期评估

定期评估是指由地方性法规、政府规章或规范性文件确定的,由特定的主体对某项具体的立法或具体制度所实施的立法后评估活动。它是制度化或常态化的立法后评估形式。在具体实践中,这种制度化或常态化的安排主要有两种形式:一是某项具体的地方性法规或政府规章明文规定,在实施一段时间后,应对其文本质量或实施效果,以及某项关键的制度设计进行定期评估;二是评估实施主体依据相关规范性文件的要求,形成了日常性的工作机制,并在合理的期限内对遴选出的地方性法规或政府规章予以立法后评估。

不定期评估是评估决策主体在未常态化或制度化的状态下，出于各种动机和需求，临时决定对地方性法规或政府规章进行立法后评估的形式。这种未制度化或常态化的评估形式，具有一定程度的偶然性和随机性，通常与地方立法后评估兴起的背景因素和激励机制有关。不定期评估的出现，与评估决策主体的主观动因紧密相关。评估决策者之所以发起地方立法后评估，其背后往往夹杂着问题驱动和机制创新的考量。作为一种无风险的跟随策略，随着地方立法后评估的兴起，借鉴学习其他地方的先进做法和经验，成为大多数立法主体的普遍共识和趋同选择，这也使不定期评估成为当前运用最为广泛的评估形式之一。[1]

第二节　地方立法后评估的基本要素

地方立法后评估是不同要素和资源协同作业的过程，其基本要素包括评估主体、评估客体、评估标准、评估方法等。

一、评估主体

地方立法后评估的参与者众多，均可视为广义上的评估主体。根据不同参与主体在地方立法后评估工作中的地位和作用，可以分为三大类：一是评估决策主体，或评估责任主体，具体是指依照法律规定，享有地方立法职权，应当承担评估职责并作出评估决定的主体；二是评估实施主体，即具体负责并组织实施地方立法后评估工作和相关事宜的主体；三是评估参与者，即除决策主体和实施主体外、具体参与立法后评估工作的其他主体，其数量最多也最为多元化，且难以准确地界定其范围。由于理论上社会全体成员皆可成为评估参与者，因此实务上的狭义评估主体，则仅指评估决策主体和实施主体。

考虑到评估决策主体必然是具有地方立法权的机构，因此其范围仅限于地方人大及其常委会，以及具有政府规章制定权的地方人民政府。在实际操作上，评估决策主体往往经过一定的程序并作出相应的计划和决定，并就每一项立法后评估明确指定相关的组织或机构具体负责和组织实施。相比于评估决策主体的特定要求，评估实施主体的范围则要宽泛得多，因为它多系接受决策主体之授权或委托的方式而担当实施职责。就此而言，其主体范围包括以下单位或组织：

1. 地方人大各专门委员会。依照地方组织法之规定，县级以上人大可以根据需要设立法制委员会、财经委员会、教科文卫委员会等专门委员会，其职责主

〔1〕　参见刘平等：《地方立法后评估制度研究》，载《政府法制研究》2008 年第 4 期。

要是在本级人大及常委会的领导下，研究、审议或拟定有关议案，并在职权范围内对同本委员会有关的问题，进行调查研究，提出建议。在地方立法后评估的实践中，通常根据不同专门委员会的专业分工，单独由法制委员会或其他专门委员会，或两个以上的专门委员会联合负责特定地方立法的立法后评估工作。

2. 地方人大常委会法制工作机构。地方人大常委会可以根据需要设立办事机构和其他工作机构，其中法制工作机构是常委会领导下的立法综合办事机构。作为立法综合办事机构，法制工作机构通常受人大常委会的工作安排和指示，在法制委员会的指导下或会同其他的专门委员会开展地方立法后评估，从而可以调动各项立法资源、充分利用自身立法技术上的优势。

3. 地方人民政府的法制机构。政府法制机构是一级政府内设的、负责本级政府法制工作的办事机构，主要职责包括承担统筹规划政府立法工作的责任、负责起草或组织起草地方立法草案、审查各部门报送的地方立法草案等。由于政府法制机构在工作职责和专业素养方面的优势，地方政府规章甚或部分地方性法规的立法后评估工作，往往多由政府法制机构具体承办。

4. 地方立法的事务主管部门或执法单位。在当前地方立法体制下，部门主导立法的现状决定了地方立法的执法单位或业务主管部门应当负责实施地方立法后评估的职责。相关部门或单位可以利用自身的执法经验和业务优势，实施相关评估，以进一步推动地方立法的修改完善。当然，这一做法有可能陷入自我评估的陷阱和局限，难以保持客观中立和公正公平。

5. 专门设立的评估机构或评估小组。为了综合利用不同单位或参与主体的各自优势，有效反映不同主体的需求和意见，大多数地方立法后评估倾向于组建或设立专门的评估机构或评估小组来具体实施评估活动。这是一种“混合”的评估主体模式，不仅可以保持相对的独立性，而且可以保证一定的广泛性和代表性，实现专业与知识的互补。

6. 专业性的社会机构或非营利组织。为了避免内部评估的狭隘和偏颇，保证评估的客观性和有效性，评估决策主体有时会委托独立的第三方主体负责评估的实施工作。独立的第三方评估主体，“是指有别于公共组织与私人组织的，对立法实施效果进行评估的非营利组织，它主要包括受立法机关委托的大学研究机构、专业评估组织”。[1]

二、评估客体

评估客体是指地方立法后评估所指向的对象，亦即立法后评估对象。没有明确、具体的评估客体，就不能启动或开始立法后评估工作，因此确定评估客体

〔1〕 汪全胜、金玄武：《论构建我国独立第三方的立法后评估制度》，载《西北师范大学学报》（社会科学版）2009 年第 5 期。

是开展立法后评估工作的前提条件。地方立法后评估的层级范围限于一定行政区域内的地方立法,其具体形式主要是地方性法规、政府规章、自治条例和单行条例等。据统计,我国地方立法的数量繁多,总数已超过八千多件。在数量如此众多的地方立法中,如何选择并确定具体的评估客体,是值得思量的。

评估客体的选择取决于评估决策主体的决断,因此表面上评估客体的选择似乎比较随意,具有一定的任意性。然而,实际上,评估客体的选择都经过了评估决策主体的理性思考。总体上,评估决策主体会考虑下述几个方面的因素:

1. 政治动因和考量。地方立法后评估的主要政治动因是重构地方立法的正当性和合法性。立法后评估作为健全地方立法、提高立法质量的有效途径,有助于改善政府机构的执法工作和水平,培养社会成员的守法意识,重构地方立法的正当性和合法性。此外,地方立法后评估还具有回应地方需求,制度创新的政治考量。例如,评估决策主体往往倾向于选择社会关注度高、社会影响大的地方立法作为评估对象。

2. 评估对象的内容决定性。地方立法本身所具有的某些关键内容,使之成为立法后评估选择的当然对象。例如,以实施性立法为例,如果地方立法的具体内容存在明显有违上位法规定的情形,或者上位法的适时变动导致地方立法内容的滞后和僵化,那么作为相应的变动,地方立法者就有必要启动立法后评估予以修改。而如果是制度创新或先行先试的做法,随着时间的流逝需要总结完善的,或者在实施过程中存在社会反响较大的问题时,亦有必要启动地方立法后评估工作。

3. 时间要素。地方立法后评估所要选择评估的对象,必然是经过一段实施时间之后的地方性法规或政府规章,否则无法体现出"后"评估的真正涵义。这种时间要素的考虑,有两种情形:一是立法实施或存续的时间,其时间的长短是影响立法后评估之对象选择的重要考量。时间太短的地方立法,尚不足以显现其实施效果,因而没有立法后评估的必要性。二是立法规定所设定的时限,其典型形式正是"日落条款"的规定。日落条款是地方性法规或规章所引入的有效期条款,它多半规定"除非获得重新授权或批准,本法将在一定时期后停止生效"。[1] 是否满足日落条款的时限要求,同样是评估客体选择的重要考虑因素。

4. 其他因素和条件。除了上述因素外,还有其他因素会影响评估客体的选择。例如,受立法机关年度立法计划或年度工作要点的安排影响,可以从中优选合适的地方性法规或政府规章进行评估。另外,任何立法后评估活动的开展均需要足够的人力支持和资源经费保障。因此,经费保障是否充足,能否得到有关

〔1〕 John E. Finn, "Sunset Clauses and Democratic Deliberation: Assessing the Significance of Sunset Provisions in Antiterrorism Legislation", *Columbia Journal of Transnational Law* 48, 2010, p. 445.

部门或组织的支持和协调,同样不可忽视。

三、评估标准

在现代汉语中,“标准”是指衡量事物的准则,或本身可供同类事物参照的事物。[1] 地方立法后评估标准,是指衡量地方立法质量或实施效果的具体准则,亦可看成是评估内容的规范性要求和理想化条件。作为一套理想的规范标准,其理想化的规范建构不免会沾染评估主体的主观判断和价值设想,因此地方立法后评估标准的建构可谓是仁者见仁、智者见智。[2] 无论是内在标准和外在标准之分,[3]还是一般标准和特殊标准的界定,[4]抑或是形式标准和实质标准的分类,[5]均反映出不同研究者对不同维度的立法后评估标准的认识和理解。

评估标准的建构,与评估内容高度相关。当前的地方立法后评估的测评内容主要分为两个方面:一是作为公共产品的立法文本质量问题,即地方立法是否具有合法性、合理性以及立法技术是否成熟等;二是作为制度实施的实际效果如何,即地方立法是否发挥了其应有的功能和作用,能够有效地处理地方性事务,回应经济社会发展的需要和民众的现实需求等。与上述测评内容相适应,地方立法后评估至少应满足四个方面的标准要求,即合法性、合理性、技术性和实效性标准。

1. 合法性标准

立法的“合法性”内涵较为丰富,至少存在广义和狭义两个层次的理解:狭义上指形式上合乎已有实在法的规定,特别是制定法的规定,而不问这些规定是否合乎时宜或合理,广义上它还包括是否合乎所在社会的价值观念和社会理想,即内容不悖于公理、理想或所在社会占主导地位的意识形态观念。[6] 狭义上的合法性等同于合法律性(legality),而广义上的合法性则更接近于正当性(legitimacy)。

从合法律性的角度来看,作为下位法的地方立法,不得与作为上位法的宪法、法律、法规等相抵触,因而需要满足形式合法性的要求。这种形式合法性主要强调:首先,地方立法必须具备法定的权力来源依据,否则就构成典型的越权

〔1〕 参见中国社会科学院语言研究所词典编辑室:《现代汉语词典》,商务印书馆1997年版,第82~83页。

〔2〕 参见任尔昕等:《地方立法质量跟踪评估制度研究》,北京大学出版社2011年版,第77页。

〔3〕 参见李长喜:《立法质量检测标准研究》,载周旺生主编:《立法研究》(第2卷),法律出版社2001年版,第113~116页。

〔4〕 参见汪全胜:《法律绩效评估机制论》,北京大学出版社2010年版,第171~176页。

〔5〕 参见朱力宇主编:《地方立法的民主化与科学化问题研究——以北京市为主要例证》,中国人民大学出版社2011年版,第68~83页。

〔6〕 参见严存生:《法的合法性问题研究》,载《法律科学》2003年第3期。

立法；其次，地方立法的规范事项必须符合法定的职权范围，不得超越自身的职权范围行事；最后，地方立法还应通过法定之立法程序，符合程序正义之要求。凡不符合形式合法性要求的地方立法，是无效的地方立法。

除了形式合法性外，在实质内容上，地方性法律文件是否符合社会的主流意识形态和价值观念，是否顺应时代的进步和发展的需求，对于其合法性具有一定的影响。更重要的是，是否与上位法之规定的精神产生重大抵触，严重违反上位法之强行性规定。在此意义上的合法性称为实质合法性。

2. 合理性标准

德国法学家阿列克西认为，一个上位的且更加复杂的"合理性"概念至少应包含三个方面的要求：逻辑或一致性方面的要求，经验方面的真实性或可靠性要求，以及手段—目的的工具理性或效率要求。[1] 根据上述理解，具体到地方立法后评估的语境，合理性标准可以分解为以下几个方面的要求：

其一，逻辑上或一致性方面的要求。地方立法虽然并不必然构成一个完整的体系，但却是国家法律体系的重要组成部分，因此它在逻辑上应与体系内的其他立法保持一致和融洽。正如司法裁判所要求的融贯性要求一样，地方立法也应以融贯性作为自身的原则要求。地方立法既不得与上位法相抵触（合法性的标准要求），还应与其他同层次的地方立法无矛盾或相一致。

其二，比例性的要求。比例性的要求是合理性标准的重要方面，它构成对人民基本权利保障的必要限度。比例性原则的基本要求和任务是，国家机关的权力形式，不可逾越必要的限度，并且，对于所采取的手段与所追求的目的之间应保持一定的合比例性。[2] 在简政放权的时代，地方立法无论是立法精神，还是具体内容规定，都应坚持和贯彻比例性原则的要求。

其三，经济效益的要求。在经济学家的眼中，经济效益就是合理性的代名词。市场的逻辑是，通过经济人的理性计算来实现社会资源的有效配置，每个人都为自身利益最大化为出发点，并追求投入与产出、成本与收益的相对比率。地方立法在推动经济发展、创造就业机会和促进可持续发展方面具有重要作用，并影响到社会资源配置和交易成本分配。在此，对经济效益的促成，构成对地方立

〔1〕 See Robert Alelxy, "The Reasonableness of Law", in Giorgio Bongiovanni, Giovanni Sartor and Chiara Valentini eds., *Reasonableness and Law*, Spinger, 2005, p. 8.

〔2〕 Walter Krebs, *Zur verfassungsrechtlichen Verortung und Anwendung des Uberrnaßverbotes*, in: Jura 2001, Heft 4, S. 228. Eberhard Grabitz, Das Uberrnaßverbot, in: ders., Freiheitund Verfassungsrecht, 1976, S. 87. Walter Krebs, Zur verfassungsrechtlichen Verortung und Anwendung des Uberrnaßverbotes, in: Jura 2001, Heft 4, S. 228. Eberhard Grabitz, Das Uberrnaßverbot, in: ders., Freiheitund Verfassungsrecht, 1976, S. 87. 转引自张志伟：《比例原则与立法形成余地——由法律原则理论出发》，载《国立中正大学法学集刊》2008 年第 21 期。

法合理性的重要评判。

3. 技术性标准

地方立法的立法技术如何，是判断地方立法质量的重要方面。立法技术是“依照一定体例，遵循一定格式、运用妥帖之语词，使立法意志落实为具体条文”的技巧。具体而言，技术性标准又包含三点要求：

(1)体例结构上，地方性法规或政府规章应注重两方面要求：一是地方立法名称是否妥当，不仅应看它是否符合相关立法技术性规范，而且还应从纵向与横向两个关系综合判断立法名称是否准确、适当并符合惯例。二是判定地方立法的篇章结构是否完整、合理。地方立法体例一般沿用章、条、款、项等基本结构形式，并应结合条文数量的多寡来采用或简单，或复杂的结构形式。

(2)在法条格式上，由于法律责任经常独立成篇，因此地方立法多以不完全法条为主。就完整性而言，不完全条文必须辅之以说明性法条、限制性法条、引用性法条或准用性法条，才能构成完整的法律规范。为此，应尽量避免强制性法条缺乏必要的法律后果要件或相应的适用准据，从而导致不必要的规范缝隙。

(3)在立法语言上，首先，应当准确、清晰，避免歧义和模糊不清，应尽量使用明确、肯定的用语表达，使用已获公认的概念和专用名词；其次，应当简明扼要，通俗易懂，应尽量清晰地界定关键性的法律概念和术语；最后，应注重条文语句的语法结构，避免出现语义病句或成分缺失，配合立法意图的逻辑推演而采用相称的句法结构。

4. 实效性标准

法的实效性，又称法的实际有效性，一般是指具有法律效力的制定法在实际社会生活中被执行、使用、遵守的状况。[1] 实效性标准是立法后评估中极为重要的侧面，强调立法是否产生或发挥了实际作用。

实效性标准关注两个方面的要点：一是预期效果与实际效果之间的背离与符合。立法者对立法所欲调整的事项总是抱持一定的乐观预期，期待法律能够实现经济社会发展的政策目标，然而事实上立法者的期望值可能部分地落空，亦可能完全地偏离。通过预期效果与实际效果之间的比较验证，可以衡量地方立法水平的高低，进一步提高和改善地方立法质量。二是正面效果与负面效果的兼容或并蓄。法律的实际效果既有正面的、积极的作用，亦有负面的、消极的后果。立法者在立法后评估过程中，不仅应深刻剖析地方立法的正面效果的成因，而且还得反思和检讨立法负面效果的根源。唯有如此，方能客观全面地呈现出地方立法的总体效果。

---

〔1〕 参见张文显主编：《法理学》，高等教育出版社2004年版，第263页。

四、评估方法

“工欲善其事，必先利其器。”评估方法的合理选择和利用，对于地方立法后评估事工作的成败至关重要。随着地方立法后评估的广泛开展，目前已经初步形成若干行之有效的评估方法。它们对于达成特定的评估目标是卓有成效的，并获得了较为丰硕的成果。这些评估方法包括，包括但不限于下述三种方法：

1. 内容或文本分析法。内容分析，也称“文本分析”，是各国情报部门和研究人员广泛采用的一种分析文本的方法，介入定性分析和定量分析之间，[1]是“社会科学研究中任何系统的计量文本的方法”。[2] 内容分析法在应用于地方立法文本资料的研究方面具有独特的优势和长处。首先，内容分析的投入成本较低，具有极高的收益比。其次，内容分析法不仅包括研究对象的外部特征信息，还涵盖着对其具体内容所包含之信息的挖掘和分析。最后，内容分析法具有一定的弹性，可用于不同分析层次和不同方法的组合。

在地方立法后评估的具体过程中，内容分析经过四个分析步骤：其一是资料确定和收集，应根据地方立法后评估的主旨和目标来确定分析的对象，并运用多种方式和途径收集资料和数据，尤其应注重资料和数据的权威性和有效性。其二是对文本进行量化分析，既可以适用传统的统计分析工具对文本的基本结构进行分析，也可以对文本内容进行频率统计、聚类分析和回归分析等。其三是不同文本的比较分析，主要是对不同立法本文之内容进行异同的辨识和理解。其四是内容分析的最后推论，即在上述分析步骤的基础上，概括地方立法文本分析所取得的结论，并获得地方立法文本质量评估的总体评价。

2. 问卷调查法。它是现代社会研究中最常用的资料收集方法，曾被誉为“社会调查的支柱”。[3] 问卷调查是一种量化研究方法，通常依照标准化的程序，将预先设计的问卷分发，然后通过问卷回收整理及统计分析，进而得出丰富的研究成果。问卷调查法必须结合抽样和统计分析的方法，才能有效地解释和说明客观的社会现象及其成因。因此，完整的问卷调查法，必须包括随机抽样、问卷调查和统计分析等步骤。

首先是抽样。由于社会调查的对象范围和群体非常庞大，因此须以抽样来替代总体，因此需要利用抽样调查的方法。抽象调查是从总体中抽取部分进行调查，并运用概率估计原理，依据样板数据对总体的数据特征进行推断的方法。

---

〔1〕 参见曾忠禄、马尔丹：《文本分析方法在竞争情报中的运用》，载《情报理论与实践》2011 年第 8 期。

〔2〕 Carl W. Roberts ed., *Text Analysis for the Social Sciences: Methods for Drawing Statistical Inferences from Texts and Transcripts*, Lawrence Erlbaum, Inc., 1997, p. 12.

〔3〕 袁方主编：《社会研究方法教程》，北京大学出版社 2000 年版，第 231 页。

抽样有非概率抽样和概率抽样两大类型。在地方立法后评估中，受调查的群体范围和抽样总体的不确定性之影响，经常运用三种典型的非概率抽样方法：（1）偶遇抽样，是按照调查的方便与否，任意抽取适当的样本数量；（2）定额抽样，是根据各层单位在总体中所占比例的多少，依比例从各层中非随机地抽取样本；（3）滚雪球抽样，是随机抽取若干个合适的调查对象，然后通过后者得到更多的受访对象，如此逐步扩大样本范围和数据。

其次是问卷调查。其中，调查问卷的设计往往决定着问卷调查的成败。问卷是一种根据调查者研究课题的内容及要求而制作的，由一组或多组问题构成的较为详细的调查表。问卷设计必须遵守几个原则：（1）目的性原则。[1] 问卷设计时，必须明确调查目的，并围绕目的而科学设计问题和答案。（2）明晰性原则。问题的设计必须是明确、易懂的，避免晦涩难懂和让人费解。（3）以被调查者为中心，充分考虑被调查者的情况和需求，消除各种障碍和疑虑。

最后是统计分析。统计分析之前，先应对收集到的原始调查数据进行检查、分类和简化，并使之系统化和条理化。数据整理完毕后，就可以开始统计分析。统计分析是资料分析中最重要，也是应用最广泛的定量分析方法。地方立法后评估的工作实际中，调查问卷的统计分析主要是描述统计的形式，以及少量的推断统计形式。

3. 德尔菲法。它本质上是一种匿名反馈函询法，利用函询的形式进行集体匿名的思想交流。函询的形式是多样的，可以是调查表，也可是问卷或其他文档形式。德尔菲法具有诸多的优势：（1）它允许匿名化机制，专家们可以畅所欲言，避免信息失真；（2）可以充分发挥专家的功能，集思广益，确保研究结论的科学性；（3）通过反馈控制，方便专家们理性讨论和反思，有助于达成集体共识。

在地方立法后评估的工作中，德尔菲法被广泛用于确定评估指标权重系数、建构地方立法后评估指标体系的环节和步骤，以及最终获得评估分值等方面。例如，在确定评估指标体系方面，可以采用信函的方式进行两轮德尔菲专家咨询。第一轮咨询要求专家根据立法后评估的目的以及初步拟定的评估指标体系，按照其认为的重要程度按百分制进行评判打分，提出修改意见。待第一轮咨询表格回收后，汇总分析数据，按照统计结果和专家提出的意见，制定第二轮专家咨询表。在进一步回收第二轮评议表后，再次进行数据统计分析，确保专家意见趋于一致且较为可靠，进而确定地方立法后评估指标体系。

---

〔1〕 参见谢光辉：《民意问卷调查的方法研究》，载《中国监察》1998 年第 6 期。

第三节 地方立法后评估的基本流程

地方立法后评估的基本流程与立法后评估程序在内容上高度重合，两者都包含着评估实施主体在开展立法后评估工作时应当遵循的步骤、阶段和过程。因此，在多数场合下，两者是互换使用的。然而，更准确地来说，两者之间又存在一定的差别。立法后评估流程，除了包含立法后评估程序的部分内容外，还包括在每个阶段所要完成的基本工作和任务以及所采用的工作方法、机制、组织和保障等内容。[1]

地方立法后评估的基本流程，包括前期准备、评估实施、评估报告形成与应用三个阶段。

一、前期准备

前期准备阶段，是指在任何立法后评估实施之前所发生的各项工作、活动，具体而言，则是指立法后评估的决定和启动，评估主体的职责确定和任务分配，评估方案的草拟和确定等。

1. 立法后评估决策及启动

地方立法后评估工作的启动，始于立法后评估决策或决定的作出。后者的内容，主要关乎评估决策主体的意志表达及其评估对象的选择。因此，不少论者倾向于将立法后评估的启动简化为立法后评估对象的选择。

受是否常态化或制度化之影响，评估决策的作出通常存在两种情形：一是常规性的评估决议，即根据相关规定或工作规范，由特定的业务主管机关向决策主体提出立法后评估的动议，并据此而决定开展相应的评估活动；二是非常规性的评估决策，即根据评估决策主体的事务安排，在综合考虑各方面因素后，有意识地选择某项地方性法规或规章进行立法后评估活动。

2. 预备工作

地方立法后评估一旦启动，评估主体便会着手准备各项预备性的工作安排，以便顺利推进地方立法后评估工作。

首先是确定相关评估实施主体及其职责。立法后评估工作涉及方方面面，涵盖政府与社会、官员和民众等多个因素。在确定立法后评估对象时，必须首先考虑由谁来具体负责和组织立法后评估工作，以及各项工作安排的具体承办人和组织机构。

---

〔1〕 参见袁曙宏主编：《立法后评估工作指南》，中国法制出版社2013年版，第66页。

其次则是由评估实施主体或具体承办单位负责起草或拟定立法后评估实施方案或工作安排表。评估方案是评估实施的基本纲要和依据，也是统筹各项事务的周详计划。一份完整的评估实施方案至少包括下述内容：作为评估工作落脚点的评估目的和目标，基于评估标准而细化的评估项目和内容，评估的基本方式和步骤，评估的组织和保障措施等。

最后是做好相关的组织保障工作。地方立法后评估工作的顺利开展，离不开良好的组织保障，需要在组织机构、人员配置、技术培训、经费保障等方面提供强有力的支持。

二、评估实施阶段

实施阶段的主要任务是，根据评估实施方案的安排，由不同的评估参与者分别利用不同的方法和手段，对所评估的主要内容进行调研和分析，进而得出初步的结论。

在主要以内部评估为主的实施过程中，通常可以采用业务主管部门自查自纠的形式，也可由评估工作小组开展相应的调研，并在有关部门实施相应的问卷调查。不同的评估方式，代表着不同的评估信息收集途径和整理分析方法。

例如，在地方立法后评估中，部门自评的方式是较为常见的，其实施流程主要是：首先，通过部门内部的信息交流平台和渠道，主要是相应的法制工作机构，汇聚并获得相关的执法数据和其他信息资料；其次，通过个人访谈、座谈会或汇报会等形式，掌握并了解执法人员的执法经验及其问题反馈；最后，由专职人员经过信息汇总和处理分析，形成自评报告并交由领导审定。

由于内部评估缺乏客观性和中立性等弊端，评估实施主体经常会借助外部评估的优势。外部评估的实施之初步，是选任合适的第三方作为委托对象，并与之签署相应的委托协议或委托课题研究书。在委托协议或委托书中，除了明定双方之间的权利义务关系，更会根据评估的目的和要求而指明委托的具体课题内容和任务。

如果委托独立第三方来负责实施相关的问卷调查，则应按照问卷调查法的步骤来进行。首先，根据评估方案和委托协议所定的目标和内容，合理设计调查问卷，把握问题设定和答案选项的尺度；其次，基于评估总体的范围，估算问卷调查的样本数量并进行抽样调查，并通过多种途径和渠道实施问卷调查；再次，对回收的问卷进行整理，剔除无效的数据，并对有效问卷进行数据的编码处理和系统录入；最后，对调查数据进行相应的统计分析，形成问卷调查报告并呈交给评估实施主体。

三、评估报告的形成与应用

评估报告是评估结论的最终载体。因此，地方立法后评估流程的最后，必然是立法后评估报告的形成与应用阶段。

1. 评估报告的形成

评估报告一般都经过“初稿—送审稿—定稿(—或审议通过)”的环节。报告初稿,是报告形成的第一步。实践中,初稿一般由评估实施主体的部分或全体成员来负责起草。他们在确定报告提纲、分析整理不同评估结论的基础上,负责撰写评估报告的初稿。

初稿形成后,需要经过多道工序和环节的加工,以形成送交审核的送审稿。一般来说,评估实施主体会在内部召开相应的讨论会和座谈会,讨论初稿的问题与不足,并在修缮之后,交由具体事务的责任领导进行审定。送审稿的形成,不仅需要评估工作机构与评估实施主体的高度重视和通力合作,还需要拓宽公共参与和民主协商,以确保评估结论的公允性和客观性。

最后是评估报告的定稿,以及如果可能的话,并经过评估决策主体的审议通过。其审议通过的具体过程包括:(1)评估实施主体正式向评估决策主体提交评估报告,由后者决定何时召开相关会议予以审议;(2)按照会议的安排和法定程序,送审稿经过全体会议出席人员的正式表决,得到多数的票决通过;(3)闭会后,报告全文交由指定的媒体公开发布。

2. 评估报告的应用

正式的评估报告的基本格式主要由四个部分组成:(1)评估情况介绍。交代和说明地方立法后评估的发生背景、评估目标、评估主体的参与及其评估过程等内容;(2)评估的主体内容。评估报告要对照评估实施方案所设定的目标,分层次、有条理地阐述评估内容,并阐述评估实施过程中的探索与发现;(3)评估结论。结论不仅应总结重要的评估内容和发现,而且应给出总体的评价结论;(4)问题与建议。评估报告最重要的贡献是揭示地方立法所存在的问题与不足,并基于解决问题的逻辑给出若干有针对性和可行性的建议。

评估报告和结论的应用主要有:(1)修改和完善地方立法。既可以在整体上制定新的地方立法,或彻底废止旧的地方立法,也可以从局部对地方立法进行完善。例如,在旧的立法已经没有存续的必要性,或已经为新的立法所覆盖或取代,则可以完全废弃旧的地方立法。(2)改进行政执法工作。评估报告针对行政执法问题所进行的分析和改善建议,可以被行政机关用以改善自身的执法工作。例如,针对滥用行政处罚自由裁量权的问题,可以建议执法机关制定相应的行政处罚裁量基准。

第四编　地方立法技术

第十一章　立法技术总论

第一节　立法技术概述

立法技术，属于技术范畴。据《现代汉语词典》解释："技术是人类在认识自然和改造自然的反复实践中积累起来的有关生产劳动的经验和知识，也泛指其他操作方面的技巧。"立法技术从本质上讲就是方法和技巧。立法技术不是规则。但本身对立法活动有一定的规范性；为此成熟的立法技术可上升为规则，称为立法技术规则。立法技术也不是活动过程。立法是活动，也是一个过程，立法技术不是立法，它是人们在立法实践和立法研究中所产生的一种静态形式智力成果。立法技术与立法政策、立法内容之间同样存在根本区别。正如苏联法学家彼高尔金指出的："立法技术包括准备法的草案的纯技术部分，这些技术部分同草案的内容没有直接的关系。"作为一种方法和手段，立法技术在各个国家、各个地区和各个部门之间具有非常重要的比较研究价值。"同一种立法技术可以为各种性质不同阶级、国家所利用；利用同样的立法技术，可以制定出本质内容上完全不同的法律。"〔1〕

立法技术是指在制定、修改、废止规范性法律文件活动中所遵循的方法和操作技巧的总称。立法技术可以分为立法预测技术，立法规划技术，法律规范表达技术。立法技术对地方立法的质量有着很大影响。如果立法技术运用不当，或运用不好，很可能会使一个很好的立法项目达不到预期的效果，甚至还会造成负面的影响。因此，加强立法工作必须重视立法技术的研究和应用，使地方立法做到科学、严谨、规范。

立法技术是立法实践经验的积累和总结，因此，制定一部好的地方性法规、规章等必须掌握科学的立法技术。马克思曾说："立法者应该把自己看成一个自然科学家。他不是在制造法律，不是在发明法律。而仅仅是在表述法律，他把精神关系的内在规律表现在有意识的现行法律之中。"可见，立法过程实质上是立

---

〔1〕 孙琬钟主编：《立法学教程》，中国法制出版社1990年版，第172页。

法技术的运用过程。只有掌握了立法技术，才能把握立法活动中带有规律性的东西，更好地通过立法记载和反映客观实际情况，提高立法水平。法国思想家孟德斯鸠说过："那些有足够的天赋，可以为自己的国家或他人的国家制定法律的人，应该对制定法律的方式予以一定的注意。"〔1〕因此，重视立法技术是社会对立法者提出的基本要求。在地方立法的过程中，我们必须以科学，严肃的态度对待地方立法技术。首先，要高度重视地方立法技术的理论研究工作，总结古今中外实践的成熟做法，并结合现代社会发展的立法技术规范，以指导我国地方立法实践。其次，我国地方立法机关及立法人员，要深化对立法技术重要性的认识，加强对立法技术的培训和学习，在立法工作中自觉运用和不断完善立法技术。

立法技术规范是指立法技术运用的具体规则和要求，具体指法律法规的结构、形式、文体、修改和废止的方法等方面的规则。实际就是对立法工作中经常遇到的、带有共性和普遍性的有关法案结构、文字表述等技术层面的问题，进行研究、归纳、统一后所形成的规则、制度。规范的核心是内容和文字的表述要统一，并体现法律规范的形式要件，这是在文字和文本形式上保证立法质量的重要环节。准确地运用立法技术规范，对保证立法工作的科学性、规范性、统一性，提高立法质量具有重要意义。〔2〕

立法作为对社会影响最有力、最直接、最深远的社会活动，立法质量必须得到切实保证。这就要求掌握立法技术，做到科学立法。目前，地方性法规立法技术仍有不少问题，主要表现在：一是不善于运用法律规范形式进行立法决策。法律规范必须是非常明确的、可操作性的，规定有法律后果的行为规范，但目前一些地方性法规存在原则性规定过多，可操作性不强，法律规范不完整（如制裁部分薄弱）的问题，使立法决策效力下降。二是与其他法律、法规的协调配合不到位。对上位法，存在"小法抄大法"现象，造成上、下位法的法律效力的混淆。对下位法，特别是对政府规章，未能把握好两者的权限范围。三是在立法的形式结构上，与地方立法执行性、补充性和地方性的特点不相符合，追求不必要的形式完美，贪大求全，自成体系，反而掩盖或冲淡了法规的实质性内容。要解决以上问题，应在严格执行立法法规定的立法权限范围的基础上，努力改进地方立法技术。《立法法》虽然没有对立法技术作出直接要求，但在总则中规定"立法应从实际出发，科学合理地规定公民、法人和其他组织的权利与义务，国家机关的权力与责任"。这是一条重要的立法原则，也应成为立法技术的重要原则。

地方性法规作为执行性、补充性和地方性的立法，在形式结构上应与全国人

---

〔1〕 转引自杨树人：《论我国地方立法技术存在的问题与对策》，载《成都行政学院学报》2009年第3期。

〔2〕 参见李高协：《浅谈地方立法技术及其规范》，载《人大研究》2015年第3期。

大及其常委会制定的法律、国务院制定的行政法规有所区别，力求简明适用。考虑到中央对社会经济各个方面都有原则性、政策性的要求，法律与行政法规也有立法原则的规定，因此地方性法规应尽量减少原则性规定，而强化具有实质内容的法律规范（包括义务性规范、禁止性规范、授权性规范等）的创制。一般认为，一个完整的法律规范应包括假定、处理、制裁三个要素。也就是说，一个完整的法律规范对某一个事项的规定，本身就可以包含调整对象、行为规则、法律责任的内容。对一个地方性法规来说，如果它所要调整规范的社会关系、行为规则，由数个，甚至一个法律规范表述出来了，则立法任务也就完成了。不必一定要有立法依据、调整范围、立法原则，或者总则、分则、附则的形式和条文。这也体现了立法法要求的"从实际出发"和"科学合理"的立法原则。

立法技术之"道"对于提高立法质量有重要意义。举一个不甚恰当的例子，在计划经济体制下，生产出的产品不需太多考虑需求，更不需靠质量去竞争，生产出来便可在市场上大行其道。立法机关制定出来的法就如同企业生产出来的产品。在威权政治的背景下，立法产品不需要靠质量去获得人民的支持和认可，更不需要对人民负责。只有在民主、法治的制度下，政府才需要去重视人民的利益，重视立法的质量，关注立法是否在最大限度上保障了人民的权利，因为只有如此才能达到立法的目的，才能指引国家进步。这就是立法技术背后所折射出的政治和社会价值。

第二节　立法技术的作用

立法是一门科学，人类自从进入了成文法的时代以后，就自觉不自觉地开始了立法技术的研究和使用。应该说，成文法的发展与立法技术的发展始终同步。

目前人们已越来越认识到立法程序对立法工作的重要作用（立法法的主要内容即是有关立法程序的规定），立法技术与立法程序一样，在立法工作中起着不可替代的作用。立法程序是法定的、必须遵循的立法步骤和方法，违反立法程序即是违法。而对立法技术目前没有专门的法律规定，人们对它还没有更多的认识，也没有引起足够的重视。目前地方立法技术还存在一些问题，如可操作性、适用性不强等，此外，贪大求全，自成体系，还可能形成立法主义，造成立法资源的浪费。[1]

概括而言，立法技术作用主要体现为以下几个方面。

---

〔1〕 参见徐向华主编：《立法学教程》，上海交通大学出版社 2011 年版，第 292 页。

一、为公共政策转化为可以实施的法律提供科学创造的方法

立法的基本目的之一是将特定的公共政策转化为法律。判断立法质量高低和立法效果的优劣的基本标准是转化为法律的公共政策能否得以有效的实施，成为人们一体遵行的行为规则并推进社会发展的法治手段。因此，立法起草者的首要任务就是凭借特定的方法和技巧，将经过科学决策的，符合善治和社会发展目标的公共政策技术性地转化为具备有效实施“基因”的法律。

由于政策具有抽象、多变和非规范的特性，而成文法必须具备具体、稳定和确定的基本属性，因而政策向法律的转换绝不是简单的仿效，更不是照样复制，两者之间是需要复制化过渡的。其过程，不仅需要判断某项公共政策调整的一般社会关系能否予以法的特殊调整，而且必须决定某项公共政策转化为法律的各项条件是否具备以及时机是否恰当，更重要的还要在设计法律关系，构思法律内容，安排法律措施的过程中取舍、提炼并规范既定的公共政策。换言之，立法起草者为了确保特定实施要求的法律真正地体现政策的实质，确保法律化的公共政策得以有效地实施，必须运用专门的立法技术，围绕着能否立法、是否立法和如何立法三大问题，直接参与并创造性地完成相关公共政策的实施程度、步骤和方式的设计。

由此，如果说当今的立法起草者已不再是传统意义上的公共政策的传播者，而是“将政府政策要义转换为法律形式和细节的责任者”的话，那么立法设计技术就是公共政策合法化的科学方法，是责任人创造性地将政策转化为可实施法律的最佳“转换器”。

二、为法律规则保持准确清晰的品格提供最佳载体的配置

与社会关系调整系统中的其他手段不同，法的调整是一种特殊调整。首先，法的调整是类的调整而非个别调整。作为具有普遍属性的行为规范，法所设定的内容仅仅是同类社会关系的共性而完全舍弃同类社会关系的个性；法所适用的对象是一般的人及其行为而非特定的人及其行为，“法律的对象永远是普遍性的”。[1] 其次，法的调整是预期调整而非不可预见的调整。作为具有确定属性的行为规范，法在每个规范上不仅事先为人们提供行为的标准尺度，而且同时告知行为的法律后果，并确保特定的行为和后果之间具有稳定的因果联系性。[2] 法在整个体系上保持适度的稳定，“是一种不可朝令夕改的规则体系”，以充分实现并保障其可预见的特性。

“明确”即“准确无误和明白清晰”便是表达法律规则的第一要义。一方面，

---

〔1〕［法］卢梭：《社会契约论》，何兆武译，商务印书馆1980年版，第50页。

〔2〕参见徐国栋：《民法基本原则解释——成文法局限性之克服》，中国政法大学出版社1992年版，第136页。

规则的表述必须准确无误,即忠实吻合于法律“产生”的原意而非偏差或者背离,理解立法原意和语言符号之间的错位,避免语言要素使用不当导致歧义,从而实现法的普遍的类的调整;另一方面,规则的表述必须明白易懂,即便于所有法律“用户”的理解而非含混不清,模棱两可,甚至晦涩难懂,确保法律规范的可读、可懂和可操作性,保障法律条文、法律文件,乃至法律体系的协调一致,从而实现法的确定的预期调整。如果说,立法的设计服务于将公共政策创造性地转化为立法政策的构思,并进而服务于将一般社会关系专业化地抽象为特殊法律关系,那么立法的表述技术就承担起将这些构思设计以文字载体的方式准确缜密,清晰易懂,逻辑彻底,系统协调地表达和传播。

三、为人类社会实现良法善治的文明提供技术基础的通道

良法善治是人类社会的美好憧憬和文明水平的重要标志。法律的应然普遍性和确定性要素并不必然等同于对专断暴政的有效遏制,对自由正义的始终捍卫,法律事实上的必不可少的社会制度角色并不必然产生出具有高度助益和良性的社会效果。毕竟,法有善恶之分,有法制并非就有善治,“没有清晰的证据证明发明法律与发展之间存在必然的相互因果关系”。

因此,提高立法质量,制定良法,便是立法者的永恒追求和神圣使命。这一目标的实现,除了立法理论的进步、立法制度的完善之外,立法技术的优良便是不可或缺,及其重要的基本之道。

一国立法技术的高低直接关系到该国法律质量的优劣。人类法制文明的历史一再表明:落后的立法技术无疑是一部法的致命伤,而卓越的立法技术足以使一部法名垂千古。的确,制定于 200 多年前的《法国民法典》如今依然辉煌瞩目,它不仅依然是法国现行的民法典,而且对不同历史阶段,不同法系,不同国家的民事立法都产生了深刻的影响,甚至是有些国家迄今为止仍直接采用的民法典之一,获得了广泛而深远的世界影响力,这取决于其将罗马私法所孕育的平等民事权利,财产所有权和契约自由的民法精神与原则加以更加明确而系统的升华和发展。其中,独具匠心的精心设计,创造性地法典编纂体例以及娴熟的文字表达无疑是其逻辑严谨,体系完整,内容合理,简明易懂的技术基石。在我国,“法治”早在 1999 年入宪。十多年来,“依法治国,建设社会主义法治国家”已经深入人心,成为中国共产党领导人民治理国家的基本方略,成为建设“富强、民主、文明、和谐”社会主义现代化国家的重要目标。为了实现这一目标,我们必须高度重视立法技术本身的不断完善和在立法活动中的广泛运用,从而使所立之法更具有民主化和科学化,使中国特色社会主义法律体系的建设更趋协调和合理,并进而实现良法善治之盛事。

第三节 立法技术的类型与任务

一、立法技术的类型

立法技术的类型划分取决于具体的分类标准。根据不同的划分标准,立法技术可进行如下的分类:

1. 根据立法技术作用的立法文件制作过程不同,可以分为立法的设计技术和表述技术。

立法的设计技术包括选择立法对象,判断立法时机,决策立法的价值取向、立法政策和立法措施,控制立法的成本等方法和技巧。

法律结构安排中的“同一内容、同一结构、单位集中规定”,法律条文构造中的“定义条文排列于易于发现,便于使用的位置”和法律语言选择中的“多用短句少用长句”等方法和技巧归属立法表述技术之列。

2. 根据立法技术服务的对象不同,可以分为立法文件的制定技术、修改技术和废止技术。

制定技术是指创新立法文件的方法和技巧,诸如立法文件命名以及简称技术,非规范性条文的排列技术,法律责任条文的集中或分散排列技术,立法技术编纂技术。

修改技术和废止技术是指变动现行立法文件或者让现行立法文件失效的方法和技巧,诸如立法文件的清理技术,汇编技术,修改立法文件和修订立法文件的不同生效日期技术,增加或废止法律条文的连贯序数技术,废止立法文件的日落条款技术或“有效期”条款技术。

当然,不少立法技术并非“立”的特有技术,也非“废”“改”旧法的专门技术,而是适用于法的制定和修改的通用方法和技巧,诸如不同法律规范的选择技术,准用性条文的表述技术,列举时的“复杂同位”句法结构技术,字词使用的“一致性”技术。

3. 根据立法技术实现的直接目的的不同,可以分为立法的系统化技术和文本技术。

立法的系统化技术是指对现行规范性文件进行清理、汇编和编纂等整理,使之统一、协调、科学化和完善化的方法和技巧。

立法的文本技术是指制作单个规范性法律文件的内外结构安排,法律语言选择,法律条文构造等处理,使之明确、简练和严谨的方法和技巧。

二、立法技术的任务

立法的目的在于通过实施法律、法规、规章,有效地约束和规范社会生活。

因此,实施效果是检验一部法是否具有科学性、是否被公众普遍遵守和认可、法律文本在制定过程中是否有疏漏、法律本身及实施环境是否存在问题的基本标准。立法效果评估和反馈工作是对已出台的地方性法规和地方政府规章适时进行执行情况的分析,以实证调查的方式更好地掌握第一手资料,发现地方立法中存在的技术性问题,进而为修改、完善地方立法提供实践依据,也为下一步的地方立法工作总结出更好的、行之有效的立法技术。例如,通过开展立法评估,我们发现有的地方性法规、地方政府规章对行政监管特别是行政处罚权的规定还不够细致,实践中存在行政机关滥用自由裁量权的情况;有的地方性法规、地方政府规章的条文不明确而引起歧义、条文不具体而不便于操作、法与法之间不协调造成执法矛盾、有关规定不切合实际难以执行、立法所调整的社会关系发生变化等。[1]

地方立法机关在立法技术上长期受国家立法影响,过于强调立法"宜粗不宜细"。应当说,立法"宜粗不宜细"是特定历史时期的特殊选择。改革开放伊始,面对百业待兴、法制空白的情形,严格要求立法的唯"细"、唯"全",显然不符合改革和发展的迫切需求,更何况当时根本没有能够使立法"细"和"全"的实践基础和技术能力。因此,"有"比"没有"好、"粗"比"细"强成为特定历史发展时期的立法主导思想。立法发展到今天,应当说现代立法是多维的、多功能的,它必须灵活地采用不同的风格适应不同的制度 需求。因此,地方立法应当"粗""细"兼备,并始终以维护社会公正为准则。

立法技术的提高,离不开理论的指导。西方国家在立法制度建设方面,不仅注意立法技术的制度化,而且还重视立法技术的研究,为立法技术制度化提供理论支持。在美国,除了著名大学和研究机构开展立法技术理论研究外,还系统收集当代立法学论文、著作的主要观点,将立法技术的教育系统化和普及化。而我国地方立法技术存在诸多问题,一个重要原因是法学理论界和立法实务界对地方立法的理论,尤其是立法技术理论的研究存在严重缺失。迄今为止,对地方性法规立法技术进行专门研究的很少。虽然近些年来,中国对立法研究给予了一定程度的重视,在一些法学院系开设了立法学和立法技术学的课程,成立了立法研究机构,公开出版了一些立法学和立法技术学的教科书及专著,但从整体情况来看,仍然不能适应现代化立法的需要,有待进一步研究和完善。为此,应创办地方立法技术研究的专业刊物,鼓励出版地方立法技术研究成果。此外,还应当大胆借鉴国外先进的立法技术。地方立法工作人员应注重研究和借鉴国外关于提高立法技术的方法和措施,在理论和实践中不断提高自身素质,使地方立法技

〔1〕 参见杨静媛:《立法技术及其在地方立法中的适用》,吉林大学行政法学系 2009 年硕士学位论文,第 27 页。

术存在的问题得到妥善的解决。

建立统一的地方立法技术规范将立法技术的标准规范化、科学化、制度化，对立法技术的统一和规范，提高立法质量无疑是十分必要的。目前，中央和地方均未建立统一的、具体系统的立法技术的规范标准。虽然一些地方制定了自己的立法技术标准，但各地在立法技术的规范方面有很大差距，特别在内容表述上差别很大，从而影响了地方立法技术整体水平的提升，也阻碍了国家法制发展的统一进程。因此，就目前地方立法技术的运用水平和理论研究程度来看，每个地方出台的立法技术的规定在一定意义上均只是权宜之策，国家全面开展全国统一的地方立法技术的标准，虽然需要一定的时日，尚欠必要的条件，但这是一个必然的发展方向，条件成熟时，国家对地方立法技术的规范应作出特殊的规定。因此，地方立法技术的任务主要包括以下 4 个方面。

1. 实现从重数量立法向重质量立法转变

地方立法不是法律编纂，不是法规汇编，不需要将与此相关的所有法律规定都"装"到地方立法中。地方立法要进一步突出重点，不必太讲究框架、体例，而应该强调有几条就搞几条，需要几条就立几条，然后就这几个关键性条文的内容进行可操作的具体化。立法中要重点强调按照深化行政管理体制改革、转变政府职能等要求，对设定行政审批行为的法规、规章进行严格审查，对通过市场机制和社会中介自律管理能够解决的问题，坚决不能设定行政审批，把政府职能切实转变到经济调节、社会管理、公共服务上来，把社会可以自我调节和管理的职能交给社会中介组织，把群众自治范围内的事交给群众自我依法办理。只有真正做到"立一部管用一部"，才是地方立法的根本所在。

2. 确保地方立法"少而精"

地方立法不仅要注意地方性法规、地方政府规章的稳定性以及与社会发展的适应性，还要保证不抵触、有特色、可操作性、少而精，更要注重针对性和可执行性。在地方立法工作中，应当不照抄照搬上位法，坚持结合本地方实际，对上位法进行细化和补充，增强地方性法规和规章的可操作性。

3. 地方立法行文方式和体例格式的规范化

地方立法在我国立法体系中不规范之处表现得较为突出，对其进行有准备的监督和控制是大势所趋。对地方立法进行监控最有效的是法律手段，从立法源头上控制地方立法行为不仅有效，而且耗费的成本最低。将地方立法的行文方式和体例格式规范化，能够约束地方立法机关在立法中具体适用立法技术的行为。地方立法的行文方式要求严谨、规范。同时，地方立法行文方式的规范化应当十分具体，从名称到章、节的设置，再到具体条、款、项的表述等，都需要严格界定。

地方立法在体例格式上要尽量做到简明扼要、明确具体、备而不繁、切实管用。因为制定地方性法规、地方政府规章的主要目的在于确定各个主体的权利、义务关系,在于明确相应的法律责任。地方性法规、地方政府规章毕竟不是宣传稿,也不是某一方面相关法律、行政法规规定的摘要和汇编。立法中,需要在哪些方面规定就做哪些规定,凡是法律和行政法规已经有了规定而地方无须补充和细化的,就不再引用法律、行政法规原文或作重复规定。同时,地方立法规定的内容,应当在法律、行政法规规定的幅度内作具体规定,而不是变通规定,更不能作超越上位法的规定,否则构成了同法律、行政法规的抵触。

立法技术方面的这些通行做法和考虑说明,立法技术是作为方法和手段服务于立法本身的,通过这些规定的掌握和运用,才能制定出合法、有效、实践性强的地方性法规或者地方政府规章。

4. 地方立法规则设计的科学化

立法的规则设计技术的运用有效地提高了立法的质量。在这一立法技术的实施过程中,应当从以下几个方面入手进一步提高立法的规则设计的科学化水平。

首先,设计立法规则应当充分研究该规则的可行性。要从本地区的实际情况入手,分析这项规范作出后是否能够得到有效执行,而非成为一项空壳规定。其次,设计立法规则时,应当首先进行详尽的技术论证和分析。地方立法过程中,在对某一内容设置特殊规则前,应当进行充分的调研和论证,适当情况下还应当聘请法学和自然科学等方面的专家进行专题论证,以保证规则设计的科学性。最后,设计立法规则应当尽可能的具体化。对于上位法已有规定得地方立法内容,如果上位法规定得不够详细具体,或者不具有可操作性,则在地方立法中就应当对这一内容进行详细规范,增强法规、规章的可操作性和可执行性。

第十二章　立法文本的设计

第一节　立法文本的结构形式

立法文本是国家有关机构颁布的对人们具有普遍约束力和强制力的规范性法律文件。作为公民的行为准则，立法文本规定着人们的权利与义务，同时也规定着对违法行为的制裁。

为系统性体现立法规定的逻辑关联性与一致性，立法文本不能简单地将各个法条罗列拼凑在一起，毫无章法可言。为此，在立法文本的结构设计上，一方面，要科学合理地安排总则、分则和附则的体例结构；另一方面，应借助目录、标题、序言、附录等形式对立法内容进行排列组合，形成一个层次分明、结构清晰的立法文本。

一、总则、分则、附则

（一）总则

总则是立法文本的结构中最核心、最重要的组成部分，对其他部分起着统领作用。在现代成文法国家，总则是绝大多数法应当具备的，总则的设立对于法的结构的完整性和科学性具有十分重要的意义。内容明确、结构严谨、语言规范的总则架构，既可以让人们更加准确地理解立法者的立法目的，也可以方便人们更好地理解法律，规范自身的行为。

总则的内容不能过于简单，这样很难体现总则部分的统领作用，给人一种头轻脚重不协调的感觉。总则的内容也不能过于复杂，不能把非总则性的内容都放入总则，这样会使得总则没有突出重点和规律性。所以，总则的内容首先必须体现立法目的。例如，我国《立法法》第 1 条便规定："为了规范立法活动，健全国家立法制度，提高立法质量，完善中国特色社会主义法律体系，发挥立法的引领和推动作用，保障和发展社会主义民主，全面推进依法治国，建设社会主义法治国家，根据宪法，制定本法。"另外，总则的内容还应当包括立法根据、法的基本原则、法的效力与适用范围等方面的内容，同时要注重这些方面之间的内在联系，使总则更加的科学化、明确化。

总则有明示和非明示两种形式。明示的总则一般出现在有一定规模、设有“章”的法的结构中,也可称为总纲、基本原则或一般规定。非明示的总则无总则的标题,一般出现在简单的体例结构中。[1]

总则的设计必须符合我们的立法原则,体现法律的权威。在设计总则时,要把握总则结构的完整性、形式的科学性、内容的明确性。在结构上,立法目的和根据,基本原则,法的效力和适用等条文顺序以及条文内容之间都必须相互协调。在形式上,应当以明示形式表现的内容,要以总则的形式表现;应当以非明示形式表现的内容,要将非明示的总则内容集中写在一起,明示和非明示的总则一般都要置于整个法的结构的开端。[2] 在内容上,总则的内容必须具有统领全文的作用,使整个法律规范具有一以贯之的精神。在设计总则内容时,必须切实明确,彼此之间不能相互冲突,即“这一法律与另一法律之间、这一条文与另一条文之间,在内容上不能相互矛盾,彼此冲突”。[3] 完整科学的总则设计,可以方便人们更精确地找到所需要的条文,也能更好地体现法的权威。

(二)分则

分则是法的整体中与总则相对应的,使总则内容得以具体化的条文的总称。分则在法的结构中居于重要地位,对有关主体、客体、行为、结果作出分别的规定,它不仅是对总则条文的具体化,也是对总则条文的综合化。[4] 分则在地方性立法中扮演着重要的角色。一些实质性内容的规定都设计在分则之中,它规定不同主体该享有什么样的权利,需要履行什么样的义务,指明法律允许、鼓励、限制或禁止做什么,违反法律规定将带来什么不利后果等。

分则的内容必须结构合理、层次清晰、顺序恰当。分则的内容主要是立法目的、根据、基本原则、基本制度及其他总则内容的具体化。例如,《侵权责任法》总则第 6 条第 1 款规定:“行为人因过错侵害他人民事权益,应当承担侵权责任”。分则就对侵权责任作了具体论述,比如,因产品存在缺陷造成他人损害的,生产者应当承担侵权责任。分则作为具体的行为模式和法的后果,以系统地、具体地规定一定的权利或职权、义务或职责为内容,以系统地、具体地规定行使这些权利或职权、履行这些义务或职责的法的保障为内容,以系统地、具体地规定由于行使或侵犯权利或职权、履行或不履行义务或职责所引出的法的结果为内容。[5] 分则是具体实践中引用最多,最具说服力的具体条款,因此,分则的设计

---

〔1〕 参见周旺生:《立法学教程》,北京大学出版社 2006 年版,第 520 页。

〔2〕 参见朱力宇、张曙光主编:《立法学》,中国人民大学出版社 2006 年版,第 256 页。

〔3〕 李步云:《论法治》,社会科学文献出版社 2008 年版,第 326 页。

〔4〕 参见朱力宇、张曙光主编:《立法学》,中国人民大学出版社 2006 年版,第 257 页。

〔5〕 参见周旺生:《立法学教程》,北京大学出版社 2006 年版,第 526 页。

都必须明确、具体、具有可操作性。

分则的形式一般也有明示和非明示两种，明示的分则一般出现在总则内容较多并且与分则内容在比重上差距不大的法律中，明示的分则通常在内容之前明确标有“分则”的字样，如我国刑法的规定。但是，相对于中央层面的法来说，地方立法的结构一般都相对简单，调整的范围也比较有限的。所以，在地方立法中，明确标明“分则”字样的不多。例如，《湖南省环境保护条例》就有属于分则范畴的内容，但是没有分则这样明示的字眼。

分则的设计要注意：(1)体系和内容要完整。在设计分则时，不仅要对有关主体、客体、行为、事件、结果等作出必要的完整的规定，同时对法的逻辑结构也必须完整地构造，要完整地规定权利与义务，不能偏向任何一方而疏忽另外一方，应保证它们的协调与融洽。(2)规定的内容要明确、具体。分则的内容只有明确具体，才能获得有效的执行和适用，主体是谁，享有哪些权利，需要履行哪些义务，违反规定将会承担什么样的法律后果，这些规定准确明了，法律才能真正做到保护该保护的人的利益。(3)要科学表述分则的各项具体内容。分则的设计要注意避免与总则的内容相抵触、相矛盾，避免出现不严谨不合法理的弊病，避免出现有的规定所立所禁不能恰到好处、宽严失度、过简或过繁、不切实际没有可行性的弊病。[1]

(三)附则

附则是对总则和分则的内容的补充。对于不适合放入总则或分则却是实施法律所必不可少的部分内容，即对总则和分则具有辅助性作用的，则可以将其纳入附则中加以规定。[2] 尽管附则位于地方性法规或规章的最后，但属于地方性法规或规章的组成部分，与其他组成部分具有同等的法律效力。

附则的内容主要包括名词术语的定义、法律文本解释的规定、生效和实施日期、废止条款以及其他不适合在总则和分则中规定的内容。由于我国目前对附则的内容没有统一的规定，因此上述内容并不是每个法律、法规的附则都予以一一规定的，对哪些内容进行规定应当根据实际需要确定。

附则的形式同样有明示与非明示两种。明示附则在形式上的最显著特征是在附则内容标有“附则”二字，有利于明确掌握整个法的结构，便于迅速查找有关属于附则范围的内容。非明示附则即无标题附则，这种附则一般存在于简单的法的结构或不设章的法的结构中，在部分设章的法的结构中，虽然有附则的内

〔1〕 参见汤唯、毕可志等：《地方立法的民主化与科学化构想》，北京大学出版社2006年版，第238页。

〔2〕 参见侯淑雯主编：《新编立法学》，中国社会科学出版社2010年版，第269页。

容,却没有附则的标题。[1] 对于附则的形式,无论是明示或非明示,其内容不仅要有科学的规定性或确定性,而且在形式上要有正确的排列顺序。

附则一般是附在地方性法规或规章的最后部分,它通常规定非规范性内容中的技术部分,包括:(1)关于名词术语的定义。附则一般会对立法中出现的法律名词或专业术语进行专门解释。例如,《湖南省高速公路条例》第58条第1项规定,高速公路附属设施是指为保护、养护高速公路和保障高速公路畅通所设置的公路防护、排水、养护、绿化、管理、通讯、收费、监控、服务等设施、设备,以及专用建筑物和构筑物等;(2)关于法律文本解释权的规定。一般情况下,法律制定机关即法律解释机关,但是在某些情况下,地方立法的制定机关也可以授权其他机关对法律文本进行解释;(3)生效和实施日期。一个新的立法文本通过并公布后,并不一定会立马实施,通常会有一个合理的过渡期,如《湖南省高速公路条例》第59条规定,该条例自2011年10月1日起施行;(4)废止条款。为了避免新旧法律适用相冲突的情况,新的规定公布实施后与之相抵触的旧的规定应予以废止。附则可以明确规定废止的立法名称、内容和范围,如《湖南省消费者权益保护条例》第62条规定:"本条例自2005年10月1日起施行。1997年6月4日湖南省第八届人民代表大会常务委员会第二十八次会议通过的《湖南省消费者权益保护条例》同时废止。"(5)其他规定。地方性立法中,根据各地实际情况,也可以规定其他特殊的和必要的内容。

二、目录、标题、序言、附录

在规范性法律文见的结构中,通常需要借助目录、标题、序言和附录对法的内容加以排列和组合,才能形成一个完整的法律文本。

(一)目录

法律文本的目录是在法的完整的结构中将总则、分则和附则各部分的标题集中排列于序言或正文之前的部分。大多设有章、节的法的结构都需要有目录,它有利于人们从宏观上把握法的基本内容,也有利于人们便捷地查阅法条。我国《刑法》就清晰明确地将总则、分则等标题置于正文之前。在地方立法的实践中,地方性法规和规章设有目录的情况比较少。

设计目录时应当注意以下几点:(1)要以通俗易懂为基本要求。法律不仅仅是给研究法律的人看的,更是给普通民众看的,法律的颁布也是旨在维护普通民众的合法权益,因此我们在设计法律文本的目录时,应该考虑给人们提供便利,使人们能够迅速、便利地找到自己需要用到的条文,维护自己的利益。(2)目录的详略要适当。目录是人们了解法的结构和内容的向导,可以为人们在法中

[1] 参见朱力宇、张曙光主编:《立法学》,中国人民大学出版社2006年版,第259页。

查找某方面或某个规定提供便利的条件，但目录不是一般的索引，不能像索引那样具体、详尽。[1] (3)级别、类别相同且规模大体相似的法，其目录设置应当协调、一致。不应当将这些法的此一部分设置目录，彼一部分不设置目录，也不应当将其中一部分设置详细目录，另一部分设置简略目录。(4)目录中的各层次标题后面，应当统一以括号形式注明从第几条到第几条，并注明在法典或法规汇编中的页码，给查阅的人提供更多的便利。

(二)标题

在篇幅较长、内容较多，单以条文形式不足以组合法的内容，而需设置章、节、甚至卷、编的法中，各卷、编、章、节，应当设立标题，以便人们从宏观上了解、把握和记忆法的基本内容。[2] 标题应当以能反映法的基本内容为要求，使读者通过阅读标题就能准确地把握法的基本内容；标题的文字表达应当科学规范，标题字体与条文字体应该有所不同；同一法中同级标题之间应该保持尽可能的协调。

(三)序言

序言是位于法的正文之前的叙述性或论述性的文字。除个别情况下，序言的内容一般都属于非规范性内容，但是序言也是法的组成部分，同样具有拘束力，违反序言的内容也属于违法。一般而言，只有在没有序言会影响立法目的的时候，才会使用序言，因此在一般的地方性立法中，我们是可以不设置序言的。

(四)附录

附录是附在地方性法规和规章之后，用来说明地方性法规和规章内容的辅助性资料，在我国的立法实践中，附录有引文、图表和图形等。设置附录的目的主要是更好地帮助人们理解地方立法的内容，也可以避免条文中出现不协调的情形。附录不是每一个法都必须设置的，主要看地方立法中是否有需要附加的资料。附录虽然是法的附加部分，它也是法的组成部分，具有法的效力，可以作为法律执行和适用的根据或参考。

第二节 立法文本设计的基本原则

任何法律文本的良好设计，必须实现法律体系内部的协调一致。立法文本的设计也要体现一定的特征，具体而言包括综合性、有序性和明确性并遵循特定的基本原则。

---

[1] 参见汤唯、毕可志：《地方立法的民主化与科学化构想》，北京大学出版社2006年版，第233页。

[2] 参见周旺生：《立法研究》，法律出版社2000年版，第557页。

一、立法文本设计的基本特征

（一）综合性

立法文本的设计通常应当囊括法的基本要素，明确法的概念、法律规则和法律原则等基本要素的全局作用，清晰明确权利义务的规定，保证法律适用的统一性。具体的文本设计则应当避免法律规范的重复与矛盾，减少模糊与累赘，确保法律文本本身的内在逻辑，保证法律的科学性与民主性。

（二）有序性

立法文本的设计要保证结构的有序与统一，避免混乱与杂糅，文本中的法律概念应当具有统一性和唯一性，规则的诸要素之间也应当具备严密的逻辑结构，避免规则的重叠与前后冲突。同时还要确保上下级法律规范之间的一致性，避免超越权限和错误的立法，保证法律的统一性。

（三）明确性

良好的立法文本设计有利于人们正确地引用法律规范，也有利于法官作出正确的判决，所以在法律文本设计的时候，应当确保各规范适用的明确性，避免各规范在适用上的冲突以及解释上的多样化。

二、立法文本设计的基本原则

（一）合宪性原则

法的制定必须遵循合宪性原则。宪法是一切法的活动的基准，任何政党、国家政权机关都没有凌驾于宪法之上的特权。实现立法权的正当行使，又必须设置相应的控制机制来约束立法者行使立法权的行为。而宪法的首要任务是要控制立法权的正当行使，因此有权立法机关必须将自身的立法活动置于宪法的约束之下，〔1〕不仅所有的立法不得在精神和内容上与宪法相违背，而且任何法律文本的设计主体都不能超越宪法及宪法相关法设定的制定权限。〔2〕

（二）明确性原则

立法文本要将法律内容按照一定的顺序编排起来，以便利于人们清晰明确地查阅法条，便捷地找到应该适用的裁判规范。法律文本所具有的明确性和确定性，既可以使人们知道自己的权利义务与责任，也可以使法律具有体系化，便于人们对它的研究。

（三）体系化原则

法律通过和颁布之后，法官应当依据法律文本的明确规定，基于自己的逻辑推理，作出公正无私的法律裁决。因此立法文本在设计之初，就必须有自己的体系，避免在文本中出现明显的漏洞或者瑕疵，要确保法律的权威，避免法官的恣

---

〔1〕 参见易有禄：《立法权的宪法维度》，知识产权出版社 2010 年版，第 13 页。

〔2〕 参见徐向华主编：《立法学教程》，上海交通大学出版社 2011 年版，第 304 页。

意判决。

（四）实效性原则

法律制定后，只有最后转化为人们交往行为中对其权利和义务的实际操守，才能使其从纸面的规则转变成人们行动中的法律。法律的生命力在于它具有实效性，即对于立法者、司法者、执法者都具有约束力和强制力。在设计立法文本时，要以能够使人遵守和服从为基本目标，只有这样，法律才能成为人们所期望的社会秩序的构造者和主体自由的保障者。

（五）细节性原则

法的良好在于细节。我们应该注意立法文本的设计细节，避免出现冲突或歧义的措辞和语句，造成法律适用的困难以及法律漏洞的可能性。任何法的设计，无论其立法政策有多正确，细节上存在瑕疵或者偏差就不易施行。因此，我们在设计立法文本的时候，应该避免笼统的设计和相互矛盾的法律权利义务，避免法律的苍白无力，我们应该要保证法律条文内部逻辑关系的周全、法律程序的流畅、法律权利义务的清晰明确。法律必须细化、具体化，原则性只能是例外。[1]

第三节　立法文本设计的具体方法

一、立法文本设计的若干方法

法律文本的科学合理设计是我们良好法治的基础。典型分析法、抽样统计法、因果分析法和经济分析法是我们设计法律文本常用的方法。

（一）典型分析法

典型分析法是指根据典型调查结果分析来推测对象发展趋势的方法。在设计法律文本时，对相关的重点法律文本进行调查分析，根据这些典型的法律文本所反映出来的真实状况，推测出法律文本设计的基本趋势。

（二）抽样统计法

抽样统计法是指按照随机原则从样本总体中抽取一部分个体进行统计调查，用调查的个体推断总体状况的一种非全面调查的方法。抽样统计法与典型分析法具有一定的类似的地方，都是从部分的文本中分析出预测趋势，从而使即将要设计的法律文本符合这个预测的趋势。只是抽样统计法并不是对典型的文本进行分析，而是随机地在所有文本的总体中抽取个体来判断。

（三）因果分析法

因果分析法是指按照事物之间的因果关系，知因测果或倒果查因。立法目

---

〔1〕 参见徐向华主编：《立法学教程》，上海交通大学出版社 2011 年版，第 305 页。

的、立法调整范围、立法条件都影响着法律文本的设计，所以我们在设计立法文本的时候首先要考虑这些主要变量对文本结构的影响，然后才能根据这些变量对文本结构进行编排。

（四）经济分析法

经济分析法是指为实现特定目标而进行的分析行为，通过最佳途径、手段来合理选择和实现目标。立法通常是为了尽可能地保护人们的合法利益，法律文本设计要考虑通过最合理的措辞、最完美的结构，实现立法的目的，文本要避免繁杂以及过多的、抽象的、无法适用的条文，要用最精练的语言来实现我们设计该文本的初衷。

二、立法文本设计的具体表现

立法者想要构造出法，必须将规范性内容和非规范性内容组成具有内在联系的、层次分明的有机整体。我国《立法法》第 61 条第 1、2 款规定："法律根据内容需要，可以分编、章、节、条、款、项、目。编、章、节、条的序号用中文数字依次表述，款不编序号，项的序号用中文数字加括号依次表述，目的序号用阿拉伯数字依次表述。"立法文本的设计应当严格按照此规定。

"编"一般设置在特别重大、篇幅很长的法典之中，一般的地方性立法都是根据各地实际状况作出的一些规定，无须长篇大论，也就没有设置编的需要。例如，《湖南省环境保护条例》《湖南省消费者权益保护条例》等地方性法律都没有设置编。

"章"在法的整体中有重要作用，在设章的法中，章是法的结构中连接法的整体的最主要的因素之一，是使人们了解这些法的结构、整体、主要内容和风格的尤为重要的要件。在我国立法实践中，中等篇幅的法由于内容较多且需要划分层次，一般按照相对独立的内容分章设置。整个法中的所有的章均应当按照统一序数连贯排列，同一个法中各章的长短应当根据各章的内容确定，可以大体一致，也可以有一定差别。章的设置是否妥当，宏观上关系到法的整体框架是否科学，微观上关系到各个具体条文、规范是否能得以妥善安排。[1]

"条"是构成法的整体的最重要、最常用的单位。[2] 绝大多数的法就是由法条构成的，条在法中应当用中文数字依次表示其顺序，并且明确标为"第 × 条"。每个条文的内容在法的整体中都应当有相对独立性和完整性，一个条文只能规定一项内容，同一项内容只能规定在同一个条文中，这是现代立法技术的一个基本要求。因此我们应该注意，条文的内在顺序安排应当以由一般到具体的逻辑顺序排列，条文的长短和它包含的内容多少有关，立法者应当尽量使条文包含的

---

〔1〕 参见魏海军主编：《立法概述》，东北大学出版社 2013 年版，第 491 页。

〔2〕 参见曾粤兴主编：《立法学》，清华大学出版社 2014 年版，第 236 页。

内容适当。[1]

“款”是法的结构中在重要性和使用频率上仅次于条的要件，款是条文之下、隶属于条文的一种法的结构要件，在我国立法实践中，款不用数码表明顺序，以自然段的形式出现，即每款只要另起一行就可以。款的内容在法的整体中应当具有相对独立性和完整性，一款只能规定条文中的一层意思，同一层意思的内容亦只能规定在同一款中。

“项”是法的结构中包含于款之中，隶属于款的一种要件。“目”则是包含于项之中、隶属于项的一种要件。项通常在款的内容有两个以上层次时出现，目则出现于项的内容有两个以上层次的情况下。[2] “项”前冠以数字对列举的内容进行排列，例如，已废止的《治安处罚条例》第 6 条曾如此规定：“对违反治安管理行为的处罚分为下列三种：(一)警告。(二)罚款：一元以上，二百元以下。本条例第三十条、第三十一条、第三十二条另有规定的，依照规定。(三)拘留：一日以上，十五日以下。”“目”的前面则冠以阿拉伯数字，并在阿拉伯数字后加点，例如，《行政复议法》第 28 条第 1 款第 3 项，“(三)具体行政行为有下列情形之一的，决定撤销、变更或者确认该具体行政行为违法；决定撤销或者确认该具体行政行为违法的，可以责令被申请人在一定期限内重新作出具体行政行为：1. 主要事实不清、证据不足的；2. 适用依据错误的；3. 违反法定程序的；4. 超越或者滥用职权的；5. 具体行政行为明显不当的”。由此可见，“项”和“目”一般出现在对条的内容和形式有多层次划分的时候，在实践中，项和目在法的结构中比较少见，但是作为要件之一，立法者可以运用，也应善于运用。

三、西方各国经典立法文本的主要设计

由于历史传统、思维习惯、语言表述等差异的影响，不同国家的法律呈现出不同的编纂风格，如《法国民法典》文风简洁凝练、充满激情，《德国民法典》术语抽象晦涩、清晰明确。[3] 各国的立法文本具有不同的风格，在世界潮流中都能经久不衰，发挥它们的先导作用。

(一)法国民法典

法国民法典采用的是总分结构，总则仅仅包含 6 条，包括法律效力、裁判规则、基本原则等，形式简单，却概括了该法律文本所有精练之处。承《法学阶梯》将分则分为三编，第一编“人编”，包括民事权利的享有和丧失、结婚、离婚、住所、收养、监护等；第二编“财产和与财产有关的权利”，包括财产分类、所有权、

〔1〕 参见周旺生：《立法学教程》，北京大学出版社 2006 年版，第 511 页。

〔2〕 参见周旺生：《立法学教程》，北京大学出版社 2006 年版，第 512 页。

〔3〕 参见廖中洪主编：《民事诉讼立法体例及法典编纂比较研究》，中国检察出版社 2010 年版，第 326 页。

用益权等;第三编“取得财产的方法”,包括继承、契约、婚姻关系等。

(二)德国民法典

德国民法典采用的也是总分结构,承《学说汇纂》将法典分为五编,第一编“总则”,涵盖的是抽象的共通的一般性事项,主要包括对自然人和法人、物、法律行为的一般规定,也包括对追溯时效、紧急避险、保证等规定;第二编“债法”,包括债务关系的形成、变更、消灭等规定;第三编“物权法”,包括所有权、抵押权、动产质权等规定;第四编“亲属编”,包括婚姻、监护等规定;第五编“继承编”,主要解决死亡后财产的归属及分配问题。

《法国民法典》和《德国民法典》在体系结构和语言规范两个方面为立法文本的设计带来了巨大贡献。在结构方面,《德国民法典》与《法国民法典》两者都采用总分的结构体例,体系上具有层次性与完整性。《德国民法典》打破了传统的罗马法系民法典的模式,首创了五编制,即从抽象、概括的原则出发,逐步走向具体、细致。先是总则,这里面都是较为具体的法律关系。编以下分章、由章而节,也遵循了一般到个别、抽象到具体的排列原则。这种编排不仅条理清楚,而且体系周密、避免重复。[1] 对这两部法典的某些具体内容,世人持褒贬不一的态度,但对它们的体系结构却赞赏有加。实践中,我们设计法律文本应该学习这种从抽象原则到具体条款的结构体系,避免出现法律的僵硬化。另外,在语言规范方面,两部法典都有各自的风格,《法国民法典》在语言方面堪称杰作,其表述生动明朗、浅显易懂,司法技术和术语都颇受称赞;与《法国民法典》的通俗易懂不同,《德国民法典》更多地使用一些抽象的概念,并对这些抽象概念进行严格界定,使概念之间的逻辑关系清晰明确。两部法典在语言方面给我们的启示是,在设计法律文本的时候,应该要避免措辞晦涩难懂,力求通俗易懂,简洁精练。

(三)美国联邦民事诉讼规则

美国《联邦民事诉讼规则》没有像法国民法典、德国民法典那样,采取总分的结构模式,这在很大程度上是因为英美法系的国家更多的是采用判例法,以法院以前的判决结果作为审理裁判案件的依据,所以在成文法的制定过程中,没有那么的注重体系的完备和内容的完整。

在条文设置方面,《联邦民事诉讼规则》的条文不多,但具体条文包括的内容却很多,也有每个条文具备的中心内容。为了方便读者阅读法条,法条在设计之初都有自己的标题,不仅是各章设置标题,甚至具体到每一款都有自己的标题。同时,《联邦民事诉讼规则》运用章、条、款、项、目来区分层次分明的法律规范体系,法律条文内容的引用可以通过简洁的编号直至法律条文内容的最小单

〔1〕 参见封丽霞:《法典编纂论——一个比较法的视角》,清华大学出版社2002年版,第103页。

位,这使法律的查找和引用都非常的准确快捷。[1]《联邦民事诉讼规则》的条文设置方式,是十分值得借鉴的一项立法技术。简单明了的标题设置,可以使阅读法律文本的读者通过阅读标题便能从宏观上把握法的基本内容,方便读者迅速准确地找到需要的法律条文。正如我国大多数法律一样,使用章、条、款、项、目等,也可以为具体而简洁地引用法律提供了方便。

〔1〕 参见刘秀明:《解读美国民事诉讼的立法体例和立法技术》,载《湖南科技学院学报》2009 年第 10 期。

第十三章　立法的法条表达

在立法文本设计之后，立法工作进入具体规则制定的环节，主要针对需要调整的特定事务或问题，表达出立法者对法律关系、行为模式及法律后果的具体构想。实现文本走向实践必须借助法律规则的科学架构与逻辑体例，为此法条的表达应注意以下3点要求：(1)在法条的内容表达上，各个法条的内容不是孤立的，而是要由若干个法条共同构成完整的法律规则，这就要求地方立法的法条内容要遵循与国家立法相同的表达技术要求；(2)更为重要的是，与中央立法在目的、定位等方面的不同，地方立法在表达法条的内容时要与其立法权限相匹配，处理好它与上位法的关系；(3)地方立法中的法条表达具有明显的特殊性，根据中央立法为其营造的制度空间，相关领域的地方立法所包括的法要素也彼此不同，必须明确法条内容因立法的权限基础不同也应当有所差异。

第一节　地方立法的法条结构与分类

法条是与法律规则、法律规范相近的概念，后二者的定义和分类可为理解法条提供参考。法条多指成文法典的构成因子，内容上体现法律规范的基本要素，但在形式上却要符合语言和语法规则、成文法典的逻辑结构、上位法与下位法之间的体系要求，其本身表达的语言逻辑也就会呈现多种样态。

法条在中央立法和地方立法中具有许多相同之处，都要讲逻辑、符合立法宗旨、遵守语言规则，但如果地方立法只是简单地复述中央立法的内容，照搬其法条形式，则会失去地方立法的存在价值。所以，必须对地方立法的法条结构进行专门的分析，当前关于立法法条的著作中对法律文本和立法语言的研究较多，但对介于二者之间的法条研究还是比较缺乏的，仅仅在许多法理学教材中作为与法律规则相区分的概念而出现，这是远远不够的。根据地方立法与中央立法的共性与个性差异，地方立法的法条结构应当从内容结构与形式结构两个方面来把握。

一、立法法条的内容结构

地方立法法条的内容必须以该地方的立法权限为依据，而在我国的立法体制中"地方"又包括"省级"和"设区的市"两个层级,各自在决定本级地方立法与上位法、下位法的内容衔接时,就形成了国家立法、省级、设区的市三级立法之间的内容分工、互补、增益的关系,甚至在处理不当时也可存在消极冲突与积极冲突的现象,构成了地方立法内容的基本结构。根据《立法法》在特定事项上国家立法对地方立法权设定模式的不同,地方立法与国家立法、省级与设区的市地方立法间形成了排除、交叉、互补的多重关系。为了保障法条间既完整覆盖需要调整的内容,又要解决地方立法抄袭国家立法法条的情形,应当依立法权限的不同情形,理清各级立法法条形成的多样性内容结构。

(一)地方立法与国家立法间的内容结构

第一,针对部分事项法律规定只能由全国人大及其常委会制定法律,而不能由地方立法进行创设,即《立法法》第 8 条规定的 11 项必须制定法律的情形。对此,地方立法只能对在本地方内如何实施国家法律的问题进行规定,其法条内容必须以国家立法为直接依据,宜在特定立法文本的总论或具体法条中,指明其上位法,甚至是具体指出特定条文的法律依据,以便使国家机关和公民明确其所执行的国家立法条文,既不能减少内容而削弱国家立法的条文效力,也不能超越国家立法设定的行为限度造成执法、司法和守法的混乱。

第二,对于有的事项国家法律明确地方可以进行积极主动的立法,甚至特定事项主要依靠地方立法权的积极行使来进行。针对此类事项,地方立法的条文无须指明与其对应的国家立法内容,也可在总论等合适之处概括地交代其立法的主要依据。具体而言包括三类情形:(1)有明确法律依据的地方性事项,包括《民族区域自治法》规定的专属于特定民族地区的自治性事务,全国关于经济特区建立与运行的授权性文件和依其制定的特区条例规定的,专属于特区内相应的管理事务,由于此类特定事项和特定区域有宪法性文件和国家立法机关的专门授权,故而应当在地方立法的内容中加以体现,国家立法一般不进行过度干预。(2)针对特定领域内宜由地方在国家总体立法基础上进行扩展性立法的事项,主要指《立法法》中明确规定的"城乡建设与管理、环境保护、历史文化保护"等事项。对此,国家立法已进行了大量的规定,如针对环境保护事项国家已形成以《环境保护法》为主体的各类自然资源保护、污染物防治的法律规则,在其中规定了地方可制定严于国家立法的规则。例如,《环境保护法》第 15 条第 2 款规定:"省、自治区、直辖市人民政府对国家环境质量标准中未作规定的项目,可以制定地方环境质量标准;对国家环境质量标准中已作规定的项目,可以制定严于国家环境质量标准的地方环境质量标准。地方环境质量标准应当报国务院环境保护主管部门备案",如国家针对特定水污染物规定了最高的排放浓度要求,地方立法可在此基础上规定更低的浓度限值。(3)国家立法针对特定事项规定了时间、空间、行为限度的波动范围,授权地方根据本地方具体需要加以细化的事项。这是由于各地的经济社会水平不一,具体事务应当适用的法定要求因地制宜更合理,例如,《工伤保险条例》第 40 条规定:"伤残津贴、供养亲属抚恤金、生活护理费由统筹地区社会保险行政部门根据职工平均工资和生活费用变化等情况适时调整。调整办法由省、自治区、直辖市人民政府规定",各省级地方可通过立法加以规范,例如,《湖南省实施〈工伤保险条例〉办法》据此第 29 条规定:"伤残津贴、供养亲属抚恤金、生活护理费由统筹地区社会保险行政部门会同财政部门根据职工平均工资和生活费用变化等情况,与养老保险待遇同步调整",相关的待遇就按照本地方的养老金发放情况加以调整。

第三,国家法律未进行规定,或者有相应规定但内容不明确不具体而在实践中可操作性不足,但地方法律实践确实需要的事项,属于地方立法补充国家立法空白或者地方试行特定制度的情形,在地方立法的条文中应当对其立法任务、法律依据进行交代。具体包括有三种情形:(1)国家立法中只有原则性、宣示性规定,缺乏明确、具有可操作性的规则,但在实践中地方需要明确的事项,或者在国家立法层面有所体现但难以落实的事项,地方立法主要承担延伸国家立法的功能。其次,地方立法的条文内容应将国家立法中的原则具体化为明确的法律规则,例如,《环境保护法》第 11 条规定:"对保护和改善环境有显著成绩的单位和个人,由人民政府给予奖励",各地方即可以此为据在地方环境立法中规定具体的奖励规则;或者对国家立法中只有前提和行为模式的不完整规则,补充法律后果这一要素,使其在具体实践产生法律效力。(2)国家立法中只对地方进行了概括性授权的事项,因其本属于应由国家立法的范围,但由于时机不成熟或需要在地方立法试行基础上总结才能形成国家立法的情形,与上文在国家划定限度范围的情形不同,例如,《环境保护法》第 6 条第 2 款规定:"地方各级人民政府应当对本行政区域的环境质量负责",但在该法的"法律责任"一章对地方党政领导并非设置明确的法律责任,地方立法中即可针对不同的环境事故、环保决策事项制定对领导人员、直接或具体责任人员的法律责任条款。(3)国家立法无规定但在地方实践中确有立法必要的事项,此时需要通过地方立法弥补国家立法中的空白。由于时代进度、国家立法立改废上的稳定性特征,特别是互联网时代中法律实践发展迅捷,国家立法对特定新兴事务、部分地区出现的新现象无法及时加以调整,例如,《环境保护法》第 29 条第 1 款规定:"国家在重点生态功能区、生态环境敏感区和脆弱区等区域划定生态保护红线,实行严格保护",但地方生态保护中的实践要求在更大的地域范围内划定红线,例如,《天津市永久性保护生态区域管理规定》第 3 条在规定划定对象中将"盐田、郊野公园"等区域也作为划线基础区,且在红线区外还增设了"黄线区",作为生态保护红线的辅助性制度。

(二)省级与“设区的市”地方立法的内容结构

在国家与地方立法间的法条内容结构之外,由于地方立法包括省级、设区的市两个层次,还应当理清两级地方的立法间的内容结构问题,决定二者条文间的内容关系的核心问题是:“设区的市”地方立法之依据是直接来自国家立法(自上而下式),还是直接来自本市地方法律实践的经验总结(自下而上式)。具体而言,地方立法内部的内容结构可分为两种情形:

1. 平行式结构。

根据《立法法》及特定事项的国家立法,两级地方立法需要同时加以规定的事项,且二者的内容属于同一领域但适用范围各一。例如,自然保护区的地方立法,根据《森林法》《自然保护区条例》的规定,省、设区的市均可以自行划定属于本级管辖的自然保护区,实践中已经形成了国家、省、市、县四级自然保护区体系,而对此进行地方立法的两级人大、政府均具有就本级、本区域内的相关事项进行地方立法的权力,且各自立法的调整对象相互平行。

2. 分工式结构。

对于特定事项,设区的市级地方立法要视省级立法的情形而进行执行、补充、具化,或根据省级立法的授权进行本级地方立法活动。这又可具体分为三种情形:(1)两级地方立法的调整对象存在重合交叉之处,当然如果国家立法明确授权由省级立法进行,则设区的市级的地方立法只能就执行问题进行相应的立法,例如,《环境保护法》第15条第2款规定,省、自治区、直辖市人民政府“对国家环境质量标准中已作规定的项目,可以制定严于国家环境质量标准的地方环境质量标准”,设区的市无权制定地方环境质量标准。(2)国家立法概括地规定地方法规的立法事项,而未细化省市各自的内容,则设区的市只能在与省级立法不冲突之处方可进行立法。例如,《行政许可法》第15条第1款规定:“本法第十二条所列事项,尚未制定法律、行政法规的,地方性法规可以设定行政许可。”如果省级立法已经就特定事项进行了地方立法,则排除了设区的市就相同事项而享有的立法权,即使国家立法也赋予其理论上的立法资格。(3)针对省市两级共享的立法事项除省级排除性立法外,还可能存在设区的市在省级立法之外进行增益性立法,在本级、本区域内扩充国家和省级立法内容的情形,例如,《环境保护法》第59条第3款规定:“地方性法规可以根据环境保护的实际需要,增加第一款规定的按日连续处罚的违法行为的种类。”因此,在省级立法规定广于国家的按日计罚行为类型外,设区的市地方立法还可以进行进一步地扩充。

二、立法法条的形式结构

地方立法法条的形式结构问题,是就法条在表述“前提”、“行为模式”和“法律后果”三大规则要素时的组合方式而言的。由于地方立法在法条的内容结构方面存在如上所述的复杂性，就使地方立法的法条在形式上呈现出完全、半完全、不完全的特征。由于地方立法必须有上位法的基础，即使对地方立法给予最大程度的授权（如民族地方立法、经济特区立法），国家立法也就“前提”要素给予了大致规定，以便明确哪些事项属于授权范围。也就是说，就特定事项而言，地方立法不可能完全地独立具备三大要素，根据这样的认识，可以从三大要素在国家、地方立法间的配比关系来认识地方立法法条的形式结构。

（一）单要素分层的形式结构

第一，“前提”要素由国家、地方立法共同规定，后两个要素由国家立法规定。此时地方立法法条只是拓展国家特定立法的适用范围，在国家立法规定的适用情形之外根据地方实践增加新的适用前提，但对由此纳入地方立法调整的行为依照国家立法规定的行为模式和法律后果来规制。从法条的形式上看，此时的地方立法只会指明适用特定国家立法规则的相应情形，只有其适用的“前提”，另两个要素则直接引用国家立法的规定，这是地方立法法条较普遍采用的方式，例如，《环境保护法》第 59 条第 3 款规定：“地方性法规可以根据环境保护的实际需要，增加第一款规定的按日连续处罚的违法行为的种类”，就按日计罚的构成要件和处罚方式，地方立法没有权力进行规定，只能规定国家立法之外的适用情形，即增加按日计罚规则的“前提”。

第二，“行为模式”要素由国家、地方立法共同规定，或者由地方立法单独规定，“前提”“法律后果”要素由国家立法确立。此时地方立法主要明确通过哪些法律行为来细化国家立法对特定适用情形的总体要求，法条形式上只明确谁应当或怎样为/不为特定行为，该行为存续的前提以及违反行为模式的后果则又由国家立法来规定。例如，《城乡规划法》第 41 条第 2 款规定：“在乡、村庄规划区内使用原有宅基地进行农村村民住宅建设的规划管理办法，由省、自治区、直辖市制定”，此时“前提”要素由国家立法限定于“乡、村庄规划区内使用原有宅基地进行农村村民住宅建设”，省级地方立法不可扩展；同时，该法第 65 条规定：“在乡、村庄规划区内未依法取得乡村建设规划许可证或者未按照乡村建设规划许可证的规定进行建设的，由乡、镇人民政府责令停止建设、限期改正；逾期不改正的，可以拆除”，违反的法律后果已在国家立法中明确，地方立法条文中只能体现管理过程中的若干行为模式。

第三，“前提”“行为模式”两个要素由国家立法确立，“法律后果”要素由国家、地方立法共同规定。此时地方立法条文处于法律责任追究的部分，直接适用国家立法规定的“前提”“行为模式”要素，对违反国家立法规定的后果进行规定。例如，《草原法》第 73 条规定：“对违反本法有关草畜平衡制度的规定，牲畜饲养量超过县级以上地方人民政府草原行政主管部门核定的草原载畜量标准的纠正或者处罚措施，由省、自治区、直辖市人民代表大会或者其常务委员会规定”，地方立法适用的“前提”是“草畜平衡”等草原保护要求，“行为模式”是《草原法》中规定的若干违反情形，法律后果则由省级地方法规来规定，且国家立法只授权而起指引作用，省级立法直接规定法律后果的内容，“法律后果”要素由国家立法与地方立法共同规定。立法实践也可能出现国家立法只规定前提和行为模式，特别是宣示性规范的情形，地方立法也可以在不违反《立法法》强制性规定的前提下，补充规定法律后果而赋予国家立法以实施的效力，此时“法律后果”要素由地方立法单独规定。

（二）多要素分层的形式结构

在单要素分层形式基础上，国家与地方立法也可能就其中两个或全部三个规则要素进行共同规定，地方立法的法条中会包括更加丰富的要素。

第一，“前提”和“行为模式”两个要素由国家、地方立法共同规定，或由地方立法单独规定，“法律后果”要素则由国家立法规定。地方立法条文对两个要素均会涉及，而对相应的法律后果则指向国家立法，此时国家立法主要规定法律责任内容，而对适用范围、行为模式明确授权地方立法进行，或者国家立法不作涉及而由地方根据《立法法》进行补充性立法，也可理解为“默示授权”。一方面，明确授权地方立法的情形，如《大气污染防治法》第 36 条规定：“地方各级人民政府应当采取措施，加强民用散煤的管理，禁止销售不符合民用散煤质量标准的煤炭，鼓励居民燃用优质煤炭和洁净型煤，推广节能环保型炉灶”，而该法第 103 条规定了“销售”、第 104 条规定了“进口”、第 105 条规定了“燃用”的法律责任，针对散煤管理的“前提”“行为模式”都应由地方立法来进行，而违反地方立法的法律后果（责任）应直接适用《大气污染防治法》中“法律责任”一章的规定。另一方面，默示授权的情形，如《固体废物污染环境防治法》第 22 条规定：“在国务院和国务院有关主管部门及省、自治区、直辖市人民政府划定的自然保护区、风景名胜区、饮用水水源保护区、基本农田保护区和其他需要特别保护的区域内，禁止建设工业固体废物集中贮存、处置的设施、场所和生活垃圾填埋场”，该法第 68 条第 5 项规定了违反时的法律责任。但是，根据《自然保护区条例》的规定，除国家、省级外还有市（自治州）、区县级自然保护区，后两者受固体废物污染时也应理解第 68 条广义上的“违反本法规定”，第 22 条指向国家、省级保护区的规定并未排除罚则对市县级自然保护区破坏的适用。经过这样的体系化解释，就市县两级自然保护区受固体废物污染的防治问题，《固体废物污染环境防治法》已默示地授权地方立法，而在法律责任环节应适用国家立法设定的罚则，前提和行为模式两个要素均纳入地方立法条文，法律后果则引用国家立法的规定。

第二,“行为模式”和“法律后果”两个要素由国家、地方立法共同规定,“前提”要素由国家或地方立法规定。这是针对国家与地方存在分工的特定事项所作出的法条的形式,在既定的适用范围下地方立法规定有别于国家立法的行为模式,且在国家立法规定的法律责任之外,又根据本地方的实践增加规定了新的法律后果。此类情形多见于鼓励、促进性立法领域中,例如,《循环经济促进法》第43条第1款规定“国务院和省、自治区、直辖市人民政府及其有关部门应当将循环经济重大科技攻关项目的自主创新研究、应用示范和产业化发展列入国家或者省级科技发展规划和高技术产业发展规划,并安排财政性资金予以支持”,对哪些行为可以纳入激励范围(“行为模式”要素)、地方怎样利用财税金融等措施(“法律后果”要素)加以实现,则由地方立法自行规定,而确定行为性质的前提性因素在该条中已有明确的规定。

第三,三个要素均由国家、地方立法共同规定,此情形体现为国家与地方立法存在较明确的分工,地方在调整范围、对象及奖惩措施方面,均具有较充分的立法空间。例如,《环境保护法》第15条第2款规定:“省、自治区、直辖市人民政府对国家环境质量标准中未作规定的项目,可以制定地方环境质量标准;对国家环境质量标准中已作规定的项目,可以制定严于国家环境质量标准的地方环境质量标准。”由于强制性环境标准具有法律效力,地方可据此将国家标准中未纳入的污染物类型(该条中规定的“项目”)在地方立法中规定,增加了法条的“前提”因素,此外还可在总量、浓度控制上制定严于国家的标准,增加了地方立法适用的“行为模式”。并且,在该法第60条对超标法律责任的规定中,未区分被超过的是“国家标准”还是“地方标准”,应理解为二者皆在其中,而地方立法也可对超过国家的增益部分设定相应的奖促、惩罚措施,例如,2007年《重庆市环境保护条例》在国家立法之外规定了“按日计罚”的措施,丰富了地方立法实践的内容。

三、立法法条的类型

根据地方立法权限在形式结构上的体现,结合法条的内容结构,可将地方立法的法条分为如下三种类型。

一是完全性法条。此类法条具备规则的三大要素,可以直接用于指导地方法治实践,在个案中无需借助于国家立法设定的前提,在其所规定的行为模式上也设定了明确的法律后果。完全性法条存在于两种情形下:(1)由《宪法》和法律授权完全由地方立法的事项,如民族自治、经济特区等的地方立法;或者由国家就特定事项授权地方立法的事项,如自由贸易区、国家新区内先行先试的事项,以及在此类区域内暂停实施国家统一立法而由地方自行决定的事项。由于地方对此类立法事项具有完全的地方立法权,其相应的立法条文应当就前提、行为模式和法律后果进行全面的设定，其内容也就构成对此类事项完全适用的立法设定。(2)国家、地方共享立法权的事项中，地方补充国家立法时，对全国性立法未规定、规定不详的部分，以及在国家划定幅度范围内由地方自行决定的部分，地方立法的法条会呈现出要素完整的样态。

二是参照性法条。实践中地方享有完全立法权限是特殊情形，其普遍情形是，地方对国家立法进行补充、具化，因此就必然出现"借用"国家立法的法条。但是，地方立法不能完全抄袭、重复国家立法中的法条内容，故而其在设计法条时必须根据特定事项上立法权限决定的内容结构，确定参照国家立法的"前提"、"行为模式"或"法律后果"要素。首先，地方立法在适用前提上可以参照国家立法，说明该法条所调整的对象与国家立法重合，但在行为模式设定、法律后果确立上有增益的内容；其次，地方立法可以补充国家立法中未设定的行为模式，弥补国家立法中未加以调整的事项，或者为国家立法所规定的特定行为设定更为严格的地方性法律后果，如环保按日计罚中，地方可设定较国家立法更严的责任条款；最后，地方立法的法律责任可参照国家立法规定的法律后果，就国家、地方共享立法权的事宜，地方立法条文可自行设定责任条款，也可直接指明违反地方立法参照国家立法中的特定责任条款处理。

三是辅助性法条。此类法条并无实质的规范内容，而是明确支撑地方立法实体与程序规则的辅助内容，多见于立法的附则中，主要包括：(1)说明法律适用时空、主体范围效力事项的法条，确认地方立法生效、失效及适用范围的法条，其对所归属的地方立法效力问题进行了明确的交代；(2)协调先法与后法、地方立法间冲突的法条，包括已有的相关地方立法是否全部、部分失效，不同地方立法之间存在规定不一时如何处理等。

第二节 地方立法的法条设计原则

"原则是一种要求某事在事实上和法律上可能的范围内尽最大可能被实现的规范。因此，原则是最佳化命令"(optimization commands)。〔1〕法条设计原则是贯穿于地方立法始终的基本准则，发挥其"最佳化命令"作用，即平衡地方立法活动中设计法条的诸种矛盾，使特定地方立法事项获得最佳立法的效果。在地方立法法条的设计中需要原则平衡的矛盾主要有：(1)地方立法与国家立法、设区的市立法与省级立法在内容与形式上的关系，即是说地方立法的法条要

〔1〕［德］罗伯特·阿列克西：《法：作为理性的制度化》，中国法制出版社2012年版，第132页。

以本级立法权限为依据；(2)法条的语用明确性与法律普遍适用性的关系，法条的设计与表达不能含混，但也要关注语言限定过严对实施过程的不利影响；(3)地方立法间的冲突与竞合关系，包括本地方的既有立法与新法间的全部、部分重合、取代、交叉等关系，也包括与其他地方的立法在适用于同一调整对象时的冲突与竞合问题，特别是环保等领域中，特定地方立法在调整范围、约束力上超越国家立法而与其他地方对该特定事务的规定出现不一致的情形。

一、地方性原则

地方立法是以法言法语表达地方实践需要的活动，其首先面临的问题就是从地方实践中提炼法律需求，厘清国家立法、既有地方立法与政策未能解决的部分，作为法条设计的基本考量。因此，地方立法的法条应遵循地方性原则，具体包括如下两个方面：

一方面，地方立法的法条要与其立法权限相匹配，用语要符合地方定位，不得越权、越界进行法条的设计与表达。这是从否定性角度对地方立法法条进行的规约，由于制定法具有语言性限制和时滞性，实践中上位法往往可能无法及时地更新，这并不意味着其就能成为地方立法的调整对象。在我国立法体系逐步科学的情势下，明确违反立法权限的可能性较小，通过法条用语的模糊性、制造新的法条用语、用相同用语表达不同规范内容等方法，间接地达到越俎代庖效果的可能性较大。因此，地方性原则要求其法条的用语、句式、文义等要与立法权限相匹配。当然，针对不同立法事项的地方权限有所差异，对概括授权的事项其法条设计的空间较大，而就专属于国家立法事项范围的，地方立法的法条要严格遵守权限的“红线”，不得采取变相扩权的方式进行法条设计。

另一方面，地方立法的法条设计要注重从地方特色用语与习惯规则中汲取语用性养分。地方立法的生命力在于其承担了国家立法与具体实践间桥梁的作用，作为中间性立法形态，其法条既有遵循立法权限与法言法语的规定性，也要正视地方实践中丰富的特色性、习惯性的法律现象，[1]法条的表达要接地气，要与特定立法事项上的既有实践、公众期待相对应，否则会出现书面的法条与行动中的法“两张皮”现象。因此，地方立法的法条设计要立基于丰富的地方素材，特别是城建、环保、文保等地方立法权限较宽的地带，尽量沿用地方特色性称谓、概念、句式，如与通常用语存在差异的或者不易为公众理解的，可在“附则”中进行阐释和说明。对地方实践中存在的习惯性规则，要尽力转译为规范性的法条表达，对暂时不能、不宜吸收入法条的，要科学设定冲突处理的规则，避免对地方立法落地造成障碍。

---

〔1〕 参见冯袁冰：《当前地方立法技术存在的问题与几点建议》，载《当代法学论坛》2009年第3辑。

二、效率原则

效率原则适用于诸多法律领域，但在地方立法的法条设计与表达的语境内有其特殊性，由于地方立法资源有限，且过于繁冗的地方立法可能降低上位法的直接适用性，不利于地方执法、司法活动及群众守法。因而，地方立法的法条设计必须要在立法规模与实际需要、内容表达与上位法现状间进行平衡，保证以最小的立法成本获取最大的立法效果，是为效率原则。具体说来，效率原则可分解为以下两方面：

一方面，地方立法的法条在内容、效力等要素方面应对上位法中的对应部分形成制度增量。在法条设计时要注重体现地方立法的特殊性，在符合本级立法权限的前提下，专注于国家立法、上位地方立法未调整的内容，或者虽已纳入调整但在表达上存在模糊不清、多歧性、需进一步细化与说明等情形。这就要求在立法规划时，应当解决特定地方立法的创设目的与主要内容，回答本立法及其文本内容相对于上位法、先行法而言，形成了什么新的内容，在哪些方面细化、明晰了相关内容，在上位法未规定或国家授权地方立法的范围内，对既有法律制度体系增加了新的规范内容，做到无增量则不立法，节约地方立法成本。

另一方面，地方立法的法条在具体表达时应尽量不重复、不抄袭上位法，防止低水平立法重复建设浪费地方资源。“我国地方立法抄袭现象较为普遍。据从事立法工作的人估测，地方立法重复中央立法者，约占地方立法的70%～90%”，“概括为三种情形，即直接照抄、简单拼凑其他立法条款、套用其他法律文件的结构形式”，[1]如果简单地重复、抄袭上位法的法条，地方立法文本则无存在的必要性。因此，在进行地方立法的法条设计与表达时应当是连接上位法与本地区的实践，将上位法中过于抽象的内容结合实践加以明确，如上位法中有“其他情形”的兜底性条款时，地方立法法条可进一步言明在本地方的具体情形。对地方立法的法条而言，要么依上位法设定的“前提”而规定新的“行为模式”与“法律后果”，要么增设“前提”要素，而要摒弃为完成上位法中“具体办法由地方规定”而敷衍立法、抛弃以立法数量为衡量标准的立法政绩观的做法，重视法条在立法权限范围内与上位法间的非重复性、创新性。

三、协调原则

地方立法只是我国立法体系中的一个部分，其与国家立法、国家与地方的政策，以及国家治理中的“软法”应形成各司其职、互相补充的关系，地方立法应当与其他制度渊源相协调，具体实现这一协调任务的是法条设计过程。因此，地方立法的法条既要在立法语言的使用上与其他制度用语相区分，又要联结于立法

[1] 杨树人：《论我国地方立法技术存在的问题与对策》，载《成都行政学院学报》2009年第3期。

所欲实现的调整对象和范围，是为协调原则。

其一，地方立法的法条设计中应重视与国家立法、上位地方立法相协调。从立法权限划分上看，我国虽然赋予省、设区的市若干地方立法权，但远未形成严格的中央与地方立法权限的法治化分工，而是中央主导下有限下放立法权限的模式，除明确授予地方外均属于中央立法权，且地方立法权限范围内也不排除中央的立法。因此，地方立法在具体的法条设计时，应当仔细研读国家立法对应条款上的表达，并运用体系化解释、目的解释等方法确定国家立法具体条款的原意，从而确立本级地方立法特定法条应当具备的实质内容，在条款规划上首先实现内容的协调。中央立法与地方立法的法条具有语歧性，且随社会经济发展会出现不适应现实需要的情形，二者间原有的协调关系可能随之发生形变，所以地方立法在法条设计时还应当注重时易事移后如何与中央立法协调的问题，应设定一定的程序性协调条款加以应对。

其二，地方立法的法条设计中应重视与同级地方立法相协调。由于各地方法律实践情形各有特色，且各地方对立法权限的实施方式与力度也有所差异，但在经济社会发展过程中会出现大量的跨地方性事务，在适用中央立法之外可能同时适用多个地方立法的相关内容。特别是《立法法》规定了特定事项地方可制定严于国家的立法，势必出现各地方立法间就相同事项作出宽严不一的立法，对此如不进行科学的法条设计则会破坏法律体系及其实施的稳定性、可预测性。因此，地方立法的法条设计应当关注区际制度的协调问题，对区际协调需求较稳定的事项（如流域水污染固定地需要沿岸地区）可考虑进行地方联合性的立法，或者设计常设性区际协调机制（如京津唐协调机制），地方立法的法条可进行统一性协调。对更多的非固定性区际协调事项，则需要设定程序性协调规则加以应对。

其三，地方立法的法条设计中应重视与民间规范、政策等非正式法渊源相协调。市民公约、乡规民约、行业规章、团体章程等社会规范在社会治理中的作用已为《中共中央关于全面推进依法治国若干重大问题的决定》确认，在地方实践中，特别是地方专属立法权限内的事项，大量涉及正式法与非正式法的合作，地方立法的法条应当为这些规范留有空间，在法条设计上，可以 考虑由非正式规范设定“前提”“行为模式”要素，而在正式的地方立法上仅仅设定“法律后果”要素，使非正式规范引导下实施的行为获得正式法地位。同时，在地方实践中党与行政部门甚至地方司法机关的政策性文件也发挥着重要的作用，对此类公权机关制定的非法律性行为规范，地方立法应当区别性对待，其中的决策性政策应当经地方立法转化而使其获得正式法的地位，如各地的经济与社会发展五年规划中设定的相关事项；而对国家、地方立法的实施性政策应当严格按法条的限定进行，如地方政府及其部门在具体执行法律过程中发布的“红头文件”。在地方立法的法条设计中应将前一类政策融入立法目的和条文内容中，将政治性决策纳入法治化语境，在此过程中对不符合法治精神的部分应加以拒斥；对后一类政策应当设定禁止性、排除适用性法条，避免“红头文件”取代立法的局面，从而实现地方立法与民间规范、政策规范的整体性协调。

四、可实施性原则

由于我国地区间发展差异巨大，中央立法中对所有事项作出统一的制度设计盖无可能，因此存在大量的宣示性、原则性规定，这是由我国法治国情所决定的。这些领域正是地方立法功能发挥之处，其法条设计应当指向执法、司法、守法的实践需要，即必须体现可实施性原则，将“书本上的法”落实为“行为中的法”提供充分的动力。我国当前的地方立法存在立法抄袭现象严重、立法体例的内部结构贪大求全、立法内容过于原则等不足，[1]应当在今后的地方立法工作中力求避免，就此，法条设计应当关注实践需要并遵循可实施性原则，可从以下三个方面加以践行：

第一，地方立法的法条内容应当具备可读性和可理解性。具体可分为两个层次来解析：一是法条的设计与表达在语法上应清晰表达立法意图，术语应使用通用性语词，在一词多义情形下应当使用该词的通用意思。如使用了理解有难度的词汇时，应当在立法文本中加以适当阐释。法条句式的组合要尽量避免歧义，特别是在一个适用前提囊括多种行为模式，一种行为模式囊括多重法律后果时，应使用清晰的法条结构加以表述，避免引起理解困难与越权解释的可能。条款间调整对象、效力范围关系应当清晰明了，“前提”“行为模式”“法律后果”的对应关系应当周延，避免对相同情形作出相异甚至前后冲突的规定，同时也要与上位法、同级地方立法等其他渊源相协调，尽量确保实施者能以文义解释即可直接运用法条。二是法条在法律意涵及效力所指上应当清晰明确，对法条能否适用于特定情形、是可以适用还是应当适用有明确的界定，对法条是授权性、义务性还是禁止性要求要明确交代，避免语义含糊而造成实施困难。对义务性、禁止性条款应当在法律责任章节要有所回应，减少地方立法的法条说空话、套话，尽量避免过多地设计宣示性、原则性、政策性条款。对特定主体的权利、义务设计要明确，特别是地方立法中对公权力机关职责、职权分工应根据各地政府部门设置实际明确到层级、部门，避免“相关部门”“有关方面”等表达方式，使法条中设计的权利(力)义务能落地。

第二，地方立法的法条在效果上应当具备可执行性和可司法性。除了公众守法外，立法多为行政、司法部门加以实施，而这些公权力机构是在工作程序中

---

〔1〕 参见杨树人：《论我国地方立法技术存在的问题与对策》，载《成都行政学院学报》2009 年第 3 期。

运用法条的，因此地方立法的法条除在语义和法效上清晰外，还要具备行政、司法程序的融贯性。也就是说，地方立法的法条在表达立法意图时要注重其实施的语境多为行政、司法工作程序，在设计法条时要科学设定时间、空间、实施步骤等程序性因素，并与特定主体的职责相衔接。其中，至为重要的是客观事实与法律事实间的差异，在表达“前提”要素时明确对现实经验进行法律定性时的条件、程度、程序，在阐述“行为模式”要素时明确行为主体（如环境保护中所涉政府部门的具体职责）、主体权利（力）范围（如主体间请求与被请求事项的范围）、行为程序与渠道（如政府信息公开、公众参与的网络平台等具体场域）等内容，在设定“法律责任”时注重行政监督权设计方式（如调查取证的职权限度、查封扣押的对象类型），并与诉讼程序中的证据规则（如司法中的举证责任、释明规则）相对应。否则，实体层面设计科学的法条无法纳入行政、司法程序中，造成事实上的无效现象。

第三，地方立法的法条应当注重责任条款和问责机制的完善。当前，我国法律制度体系中大量存在抽象条款过多的问题，地方立法在着力减少此类条款的同时，也应当着力减少规则缺乏可实施性的弊端。除地方立法自身设定规则要明确的法律责任条款外，也应当对上位法缺乏“法律后果”的条款适当设置法律责任，使党和国家所倡导的问责机制在地方层面获取制度生命力。《立法法》明确规定了减损公民基本权利的事项由中央立法，而对权力系统的内部分工和行使方式，则可在《宪法》及各级组织法概括授权前提下，由各地方进行一定程度的裁量性调整，在原属于全国性立法事项内制定地方立法制度实施性规则时，各地方可积极利用行政权力内部调节的制度空间，以地方立法的形式加强对权力内部的分工和权力者的规制，完善权力者的责任追究和问责机制，使各级立法在本地方具有更强的可实施性。

第三节　地方立法的法条内容表达技术

与以语言技术为主的立法语言不同，法条内容的表达主要用于解决立法价值、规则构成要素、法条间结构之间协调的问题。同时地方立法需体现地方属性。“立法技术其实是服务于法的质量的。法包括内容和形式两部分，立法技术更多的是直接作用于法的形式，但鉴于法的形式本身就是服务于法的内容这一点，我们就可以确定，立法技术最终服务于法的内容。”[1]地方立法的法条内容

〔1〕　吴秋菊：《立法技术探讨》，载《时代法学》2004 年第 4 期。

并不限于词法、句式，在语言技术之外更要通过法条内容的科学表达来凸显其地方特性，以及特定的地方立法价值、调整范围、效力机制等。因此，本书将地方立法的法条内容表达技术归纳为四种：地方属性表达技术、立法价值表达技术、法条实体内容表达技术、法条结构营造技术，并与立法语言技术相区分。

一、地方属性的表达技术

地方立法的特殊性在于，它是在中央立法之外因存在特定的地方事项需要运用立法资源而必要的。地方立法机关在立法时应遵循立法制度规定的立法权限及地方性原则，地方立法的法条应当明确立法文本所具备的立法权来源，表明相对于国家立法而言其增加的内容何在，如与上位法形成特殊法与一般法、与同级地方立法矛盾时如何化解等问题。这些都需研究特定法条制定、实施的制度环境而加以正确、科学地表达，地方属性的表达技术可从权限与竞合技术两方面来理解：

一方面，地方立法的法条中要清晰明确立法的权限。地方立法权限是非常复杂的问题，地方权力机关既可以在国家专属立法事项上进行实施性立法，即设定具体法条时对应性地交代其所实施的上位法法条，也可以在国家立法明确规定的范围内确认在本地方的适用细节，此时的地方立法法条宜直接明确交代其所细化的上位法内容。同时，在国家与地方立法权限边界不清等情形下，需要地方立法在法条设计与内容确定时，研究特定立法文本的上位法依据，特别是根据多个上位法、国家概括授权、国家未明确授权也未排除地方立法、国家明确地方可制定更严立法等情形，法条更应表达清楚自身的正当性，设置权限申明法条来处理与上位法的对接问题。

另一方面，地方立法要科学设定与上位法、同位阶法条竞合处理的方法。依法理而言，一般同位阶法才会存在冲突与竞合问题，但国家立法与地方立法间可能出现立法空隙的情形，因为更多的时候国家立法只有抽象的原则性规定。对此，地方权力机关立法时应设定专门的法条表明地方性法规与上位法之间的关系，是完全还是部分取代、是交叉还是互补。同时，法条竞合来自同级别地方立法之间，为了避免违反法治精神的地方恶性竞争，从技术手段维护法治精神的角度，地方立法应当设定专门的法条处理与其他地方立法间的关系。例如，可考虑适用区际联合立法或统一立法标准（如流域保护、重点大气污染区域内）技术，也可以考虑适用竞合中选取规定较严的规则，并明确出现竞合问题时有权处理的机关。这些具体技术与程序设计需要地方立法的法条加以表述，才能避免出现此类问题时无法可依的局面。

二、立法价值的表达技术

地方立法的价值除具备所有立法活动的普遍属性外，还与具体事项上的地方立法权限密切相连，它决定着特定地方立法与上位法间的勾连关系，以及在立法文本内主要术语的定义、原则的确立、法条内容的逻辑、责任机制与行为模式的关联性等重大内容。因此，地方立法中应当明确表达其据以展开的价值依据，综合体现出与上位法分工、法律文本的指导思想与立法目的、调整范围及基本调整手段等内涵。具体说来包括如下环节：

第一，法条要明确交代特定地方立法的调整对象，体现与上位法、既有立法的可区分性。地方立法当前存在的抄袭上位法法条、内容表达抽象、可实施性差等缺点，折射出的对特定文本的立法价值认识不清、表述不明，根本上是受“宜粗不宜细”“成熟一项制定一项”等传统立法思想的影响，因而对关键问题语焉不详、表态含糊。地方立法质量的改善需要法律文本中对立法价值加以准确的表达，究竟是实施国家立法专属事项，还是行使地方立法专属事项，抑或在国家、地方共享立法事项上补充、完善国家立法内容。通常情况下，多种立法价值并存，因而需要在法条中加以排序，依先后排序体现本文本的价值位阶。这样才能使本立法的调整对象清晰明白，实施者能从中识别其立法导向，有利于在实践中出现需解释情形时还原“立法者本意”。

第二，法条要用凝练的语言交代特定地方立法的立法目的、文本展开的逻辑顺序等，能提纲挈领地体现法条的制定思路，也能对立法内容未涉及但应为本立法调整事项设定解释时的总纲。从立法质量上讲，宜形成价值表达条款中特定语句与上下文权利、义务、责任条款的对应关系，明确表达其属于权利本位还是义务本位，属于细化上位法还是拓展上位法，体现所有条款之间价值顺位与相互补充的关系和内容的逻辑关联。总之，立法文本内容要清楚地交代条文构造的价值转承与内容逻辑，形成法律文本的点睛之笔。

三、法条实体内容的表达技术

地方立法法条在表达法律规范的实体内容时，除要满足与国家立法相同的清晰性、明确性等要求外，还要突出其规制对象与调整方式的地方属性，其内容的特色需要在立法技术上加以体现。

一是法条的构成要素要使术语含义、行为方式描述、效力设定等内容与国家立法相衔接，又进行区分。地方立法所及之范围与国家立法往往存在重合，即国家与地方共享立法权的情形是主流，在我国当前的政体之内，即便是在概括授权、地方专属立法领域国家立法也可以进行相当干预。因此，首先，地方立法在选取法条的术语时，要避免重复性地规定国家已经规定的内容，要避免与国家立法形成“同词不同义”“同情形不同适用”等内容错位。在国家立法对特定术语有明确定义时地方立法应当沿用，在国家立法上特定术语有多重含义或者可在多种语境中使用，而本地方的实践只适用其中一种或数种时，地方立法在表达时宜进行特别地说明和交代。其次，法条内容中主体与行为的对应性应当周延，在内容逻辑的对应性上，调整范围内所涉及的法律主体要有相应的行为模式设定，避免出现有主体提及而未为其规定相应的法定行为模式，否则会造成实施时主体权利、义务不明的情形。最后，法条内容中所提及的行为均应有法律后果的设定，从法律技术上要周延地考虑到所有主体、所有行为可能产生的所有后果，如有不宜在地方立法中设定法律后果的行为模式、主体类型，应当在法条内容中加以排除，避免实践主体对法条调整范围的争议。

二是要结合地方实践需要，科学合理地使用概括与例示结合的表达技术。地方立法在细化上位法时，会面临上位法法条对调整对象采取概括性规定的情形，也可能出现上位法中采取例示主义立法的技术，更多的是将二者结合使用，采用设置兜底性条款的技术处理方式。这是平衡成文法的稳定性与时代动态发展所必要的，却不可避免会造成地方立法技术的选择困难，对此，地方立法的法条应当根据上位法的技术特征，结合地方立法实践的需要和具体立法内容的权限范围，有针对性地对上位法进行技术分解。如何对上位法中特定例示内容进行细化，如对上位法中的兜底性条款进行延伸，则应在上位法已经例示的情形之外确立相关内容，根据具体情形确定在地方立法中是否再次设定兜底条款。在地方专属性立法领域，当法条能以定性、概括的方法表述立法者所欲调整之内容时，应当避免例示性技术，否则可能出现“画蛇添足”的情形；当必须列明特定法条所调整的典型内容时，应当尽量以穷尽式的技术方案进行例示，此时所例示的例证应成为确定法条内容的主干，而概括内容则成为补充，同时要避免法条前言性内容的概括与兜底条款并用而造成的冗余。

四、法条结构的营造技术

法条结构不同于法律文本的结构，其关注的重点不是篇章布局和体例问题，而是法条间在调整范围与效力上的比例协调，以及各法条内部的结构安排与所欲表达的立法意图相匹配。地方立法的法条结构对于体现其立法权限、精确表达规制内容、合理协调与上位法和同级地方立法关系具有重要作用，营造科学的法条间、法条内结构很大程度上成为地方立法工作的重头戏。当前，我国的地方立法存在“立法结构上追求‘大而全’”的倾向，但在法条结构上存在“条件设定不明确，授权性和处罚性条款过于原则、行为模式与法律后果的配置失衡、行为模式缺乏法律后果”的问题。〔1〕这既包括内容也包括形式，而前者是内容表达技术的任务所在，本书所言之结构营造技术主要针对形式结构而言，可从法条间、法条内两个方面加以分析：

---

〔1〕参见朱文杰：《立法技术在地方立法中的运用研究》，载《北京人大》2012年第6期。

在法条间结构营造技术方面，由于法条是规则的构成单元，特定法律规则的要素多数情况下需要多个法条的共同表达，而规则之间还存在结构呼应的需求。因此，特定法条既处于规则体系中，也处于特定规则的若干单元之中。对地方立法而言，法条间结构营造技术还要处理好与国家立法、上位地方立法、同级地方立法间的关系问题，其核心是与构成特定规则的其他单元间的关系。首先，法条应当根据其所表达的规则要素选择术语、句式等语用方式，如其所表达的属于前提则应体现时空、效力范围的明确要求，如其表达的是行为模式则应对行为主体、行为方式与过程有周延且清晰的交代，并区分法律主体的公私属性，为私人设定权利时宜采取排除法技术以满足“法不禁止即自由”的要求，对国家机构设定权力时宜采取肯定法技术以满足“法有规定即授权，法无规定即禁止”的逻辑，如其表达的是法律后果则应对文本中提及的所有前提、行为模式加以回应，从逻辑上明确未规定的情形是排除还是准用特定法律后果的条文。总之，作为构成特定规则单元的法条间应当具备首尾相连、周延完备的逻辑结构。其次，表述特定规则的法条也要与相关规则的法条进行技术性协调。由于立法文本对不同规则所欲达成的规制功能有所分工，各规则所涵摄的法条间不应僭越这一分工的界限，例如，环保立法中既有事前预防规则，也有事后处罚、救济的规则，地方立法在制定了严于国家立法的事后处罚范围与力度的法条时，就不能因“重典治污”思路侵蚀原属事前预防规则应当表述的内容。最后，与规则间协调相同地方立法与其他立法文本的法条间应有协调的技术性安排，相关细节与规则间法条的结构营造情形大体相似，此处不复赘述。

在法条内结构营造技术方面，不限于立法语言的风格与使用规则，更多地关注法条形成的主谓宾、动状补句式与其所欲达成的调整效果间的匹配度。在立法实践中往往是从规则目的到法条目的，再决定特定法条应当采取怎样的内部结构。如法条设定的目的为宣示性、促进性功能，则法条可采取相应宽松的结构设计，术语、句式的表述可保持一定的弹性，动词使用可采取非强制性、非约束性的表达技术，如其目的为禁止性、限制性功能时，则应当审视地方立法权限可能的最大立法空间，在上位法未表达的内容基础上依法予以限制或禁止，特别是通过定语、状语的恰当使用，准确表达该法条适用的范围，补足上位法的漏洞或空白，如其目的为授权性功能时，则应区分公私主体的属性而采取排除法、肯定法技术加以构造，使公权力的授权更加规范有据，明确可靠，而私权利的保障则保留最大的余地和空间。

第十四章　立 法 语 言

第一节　立法语言概述

对立法语言的研究关涉到两个方面的问题:立法语言表述的内容是法律,应用于立法活动;立法语言源于民族共同语,应符合语言学的一般规律。这两方面包含了立法语言的外延和内涵:其外延涉及整个立法活动,其内涵是民族共同语的一种社会变体。因此,我们定义立法语言为:立法语言是一种语言社会变体,它贯穿于制定、认可、修改、补充和废止法律的整个立法活动中,表达了立法的原则和意图。

一、立法语言的本质属性及其特点

(一)权威性

立法语言贯穿于整个立法活动中,研究立法语言不能离开立法活动。立法活动本身的严肃性、权威性决定了其所使用的立法语言的权威性:立法活动的成果——法律的实施是以国家强制力为保障的,它具有广泛的约束力;立法活动的主体是特定的,只有享有立法权的主体依据其职权才可以进行立法活动;立法活动具有一定的程序,特定时期、国家的立法活动都有不可随意更改的一定程序。因此,虽然立法语言所使用的"材料"来自民族共同语,其规律并不能独立于共同语的一般规则,但立法语言应用于立法活动,因而第一个本质特征是权威性,与之相关的特性还有专用性、特定性、稳固性等。

(二)指令性

对立法语言的指令性的理解需要参照言语行为理论。该理论是在 19 世纪末 20 世纪初语言哲学兴起的哲学背景下产生的,最早由"牛津日常语言分析哲学"学派的代表人物奥斯丁(Austin)在 20 世纪 50 年代提出,后经其学生、美国语言学家塞尔(Searle)的进一步发展完善。此学说的活跃期是 20 世纪 60 到 80 年代,90 年代随着语用学的兴起,言语行为作为其一个重要研究对象已不仅是"言语行为学派"语言学家的关注焦点了。言语行为理论的产生、完善与发展经过了不同语言学家的努力,他们的观点虽然会有差异,但总的原则是,言语行为是一种特殊人类行为，人们在说出话语的同时也实施了一定的行为，仅研究语言或言语的意义和真值是不够的。该理论的启示是，立法者在使用立法语言表述法律规则、法治理念的同时，也实施了某种行为——规范了人们的行为及社会关系，进而“指令”人们如何作为及不作为。它通过使用包含“必须、应当、可以”等词语的句子来指令人们的行为（《宪法》第 53 条：中华人民共和国公民必须遵守宪法和法律，保守国家秘密，爱护公共财产，遵守劳动纪律，遵守公共秩序，尊重社会公德），或通过对权利或义务进行陈述间接指令人们可以如何行为或必须如何行为（《宪法》第 42 条第 1 款：中华人民共和国公民有劳动的权利和义务），也可以通过陈述对某种行为的处理间接指令人们作为或不作为（《刑法》第 108 条：投敌叛变的，处 3 年以上 10 年以下有期徒刑）。

（三）技术性

立法语言研究的跨学科性决定了应从技术层面认识立法语言，民族共同语言为立法语言提供了“原始材料”，但如何结合法学原理、法治理念在这些材料中选择恰当语言表述具有极高的技术性。周旺生教授曾说过：“立法主体的立法观念要得以反映、得以为人所知，单有作为观念载体的语言文字是不够的，还必须有能够有效地、充分地反映、传播这些立法观念的特殊的语言文字。”法律的主要功能是规范人的行为及社会关系，人的行为及社会关系关乎社会生活的方方面面。面对模糊、复杂、变化的社会生活，我们很难想象不从技术的高度选择恰当的表述语言对这些中心明确、边缘模糊的概念进行定义区分，处理未来可能产生的各种纷繁现象。

立法语言技术性体现为准确与庄重两个特性。准确是运用恰当的词语精确地表述立法者的意图，确保司法者及民众阅读法律条文时不会产生误解。但准确性与模糊性并不冲突：模糊性是在所难免的，它来源于客观世界及语言材料的模糊，模糊性的存在也为法律的普适提供了可能。庄重则是在准确基础之上更高的要求，“法律语言不仅是经过斟酌权衡的最准确的语言，也应该是经过筛选净化的最庄重肃穆的能显示法律权威性的语言”。

（四）表象性

表象性关注的是语言表达立法意图的功能。语言学界的研究多关注立法语言的语体特征及规范，法学界的研究者则十分重视立法语言的表述功能，立法语言的表象性包含以下三个方面：

1. 我们所能看见的立法语言的形式只是“冰山一角”，其表达的意义以及通过意义表达所达到的功用是我们不可直见的。

2. 立法者可以主动选择恰切的形式直接表达或间接传递其立法原则或意图，譬如“在专制主义时代，统治者在法律中有意使用晦涩、模糊、弹性的语言，人为地增加法律的神秘性,以达到垄断社会权利的目的”。例如,在中世纪的英国法律中大量使用贵族阶级中所流行的法语和拉丁语,并有许多修饰性的赘语,通过这种方式,诺曼人把法律变为政治神秘物。这种艰深、冗繁甚至是矫揉造作的语言风格一直保留到今天英美国家的法律中,这使这些国家的非专业人士几乎难以读懂法律。又如,1997 年修订《刑法》时将原来“反革命罪”改为“危害国家安全罪”,用词的改变直接表达了对于罪行本质认识的转变(“危害国家安全罪”比“反革命罪”词汇意义更明晰而感情色彩或曰政治色彩则淡化了许多)。

3. 立法语言特定形式蕴含的意义对于阅读者具有暗示与引导的功用,“所交流的东西并非完全通过所说出的话来传递的;其中很大一部分内容是被蕴涵的”。立法语言的暗示及引导功用应得到足够重视的原因是,当立法语言的暗示及引导与立法者的立法原则或意图一致的时候,法的精神得到更好的体现,法的功用得到更好的实施;而当立法语言的暗示及引导不能被阅读者很好理解,或者立法语言的暗示及引导对不同阅读者存在差异,甚或立法语言的暗示及引导与立法者的本意相冲突的时候,立法原则及意图将变得难以琢磨,法的实效也将大打折扣。譬如《宪法》第 76 条规定:“全国人民代表大会代表必须模范地遵守宪法和法律,保守国家秘密,并且在自己参加的生产、工作和社会活动中,协助宪法和法律的实施。全国人民代表大会代表应当同原选举单位和人民保持密切的联系,听取和反映人民的意见和要求,努力为人民服务。”此条中的两个条款分别使用了两个不同词语“必须”“应当”,如果从目前的法学理论来看,两者都可以用来表达义务性规则或强行性规则,然而如果两者含义完全相同,遵循立法语言的简洁、明确原则,岂非使用同一个词语更经济、明晰。而从语言实用主义的角度来看,形式的差异必定蕴涵着意义或功用的差异,“‘差别必须使差别成其为差别’尽可以解释成为两个句子字面上的差别一定要造成经验蕴涵上的差别,假使它能反映出意义上的差别的话”。两者之间的形式差异是否暗示了以下的意义差别:前款规定的“模范地遵守宪法和法律,保守国家秘密,并且在自己参加的生产、工作和社会活动中,协助宪法和法律的实施”是被选举为全国人大代表的前提也即必要条件;而后款规定的“同原选举单位和人民保持密切的联系,听取和反映人民的意见和要求,努力为人民服务”却并不一定是前提或必要条件。这种意义差别是否暗示并引导我们应该将“必须”理解为用来表达义务或强制,而“应当”理解为表达倡导。但推之于其他法律,上述对于两者意义差异的解释并不具有普遍性,进而立法者区别使用这两个词语的目的变得模糊不清。立法语言是立法意图、法治理念的表象,它有意无意地传达了其背后的价值观念:“法律不是文字集合,是规范系统,它的各种概念和原则,渗透着与人类社会生活密切相关的观念;人类法律活动的意义与目的包含在这个规范系统中,构成规范的语言只是我们进入这一系统的密码，解码的关键在于这些符号背后的观念意义”。

二、立法语言的现状

随着我国法治建设的推进和民众法律意识的提高，立法文本的语言现状越来越多地受到广泛关注，已有学者就现行法律文本中的用词不当、搭配不当、标点符号错误、逻辑不通或风格不当等语言失范问题提出批评及修改建议。为了实现立法意图、达到调节和规范社会行为的目的，立法语言必须具有易读性、易懂性。要做到这一点就必须做到避免晦涩、避免歧义、语言简练、条理清楚。考察目前立法文本用语现状，笔者认为，为了更好地实现立法意图，立法语言应在以下四个方面有所改善和提高。

（一）歧义问题

著名语言学家陆俭明先生多次强调法律语言的单一性和准确性，认为立法语言不能有二义性。孙懿华认为“准确严谨”是法律语言的第一个特质。要求进入法律语言的一词、一句乃至一个标点，都必须使任何人的理解与认知是同一的非歧义性的。这是法律语言的灵魂之所在，也是法律语言的生命线。[1] 过去的司法实践中因歧义引起的官司不在少数，如“张三还借款 5000 元”，是张三还欠 5000 元还是张三已还 5000 元借款，意指并不明确。

目前立法语言表述中，还有不少立法规定或条款存在歧义问题。例如，《担保法》第 39 条规定，抵押合同一般包括下列条款：

1. 被担保债权的种类和数额；
2. 债务人履行债务的期限；
3. 抵押财产的名称、数量、质量、状况、所在地、所有权归属或者使用权归属；
4. 担保的范围。

该款说的是“抵押合同”所包括的内容，而第 3 项为“抵押财产的名称、数量、质量、状况、所在地、所有权归属或者使用权归属”。该项是说合同上必须写明所有七个项目，还是写明其中任何一项就可以？按照立法者的本意，应为七项事项皆包含在抵押合同中，而根据文字表述，前几项事项用顿号相接，后两项用“或者”相连，七项事项之间应为“选择”关系，即根据表述，抵押合同中包含七项中的一项就符合法律规定。因此，这是有歧义的，是“或者”使用的不准确造成的歧义。“或者”应改为“和”。而用词准确，是指概念明确，表述清晰，使法律规范一目了然，没有模棱两可的地方，也没有理解上的歧义现象。这主要表现在用词准确。[2] 因此，锤炼词语，准确用词可以避免歧义。

---

〔1〕 参见孙懿华：《法律语言学》，湖南人民出版社 2006 年版，第 19 页。
〔2〕 参见王洁：《法律语言学教程》，法律出版社 1997 年版，第 44 页。

（二）晦涩问题

目前立法语言中还不同程度地存在语言晦涩难懂的现象。以《物权法》为例，中央电视台在北京市一小区所做的调查表明，即使是有相当文化程度的市民也难以看懂全文。一个从事过22年高校民法学和法理学教学工作的法学教师对许多条款也看不太懂。法律语言晦涩难懂的原因主要是法律术语使用太多。《物权法》中就使用了大量的法律术语。例如，物权，是指权利人依法对特定的物享有直接支配和排他的权利，包括所有权、用益物权和担保物权（《物权法》第2条第3款）。该款是一个句子，但却使用了"物权""物""直接支配的权利""排他的权利""所有权""用益物权""担保物权"七个法律术语。《法制早报》的调查结果表明，72.5%的民众不知道《物权法》为何物，对物权涉及的五个名词（用益物权、天然孳息、建筑物区分所有权、地役权、权利质权）同样一无所知。

立法语言的晦涩、难懂，还表现为句子太长、结构太过复杂。例如，所有权人或者其他权利人有权追回遗失物。该遗失物通过转让被他人占有的，权利人有权向无处分权人请求损害赔偿，或者自知道或者应当知道受让人之日起2年内向受让人请求返还原物，但受让人通过拍卖或者向具有经营资格的经营者购得该遗失物的，权利人请求返还原物时应当支付受让人所付的费用。权利人向受让人支付所付费用后，有权向无处分权人追偿。（《物权法》第107条）此条是由三个句子构成的句群，共152个字，其中第一句"所有权人或者其他权利人有权追回遗失物"和第三句"权利人请求返还原物时应当支付受让人所付的费用"都是单句，但是第二句却是一个结构复杂的复句。此复句是由两个具有选择关系的句子"该遗失物通过转让被他人占有的，权利人有权向无处分权人请求损害赔偿"和"或者自知道或者应当知道受让人之日起2年内向受让人请求返还原物，但受让人通过拍卖或者向具有经营资格的经营者购得该遗失物的，权利人请求返还原物时应当支付受让人所付的费用"构成，前者是一个由"的"字结构充当主语的主谓语句（"该遗失物通过转让被他人占有的"为主语，"权利人有权向无处分权人请求损害赔偿"为谓语），后者结构与此相同，但是更为复杂。"自知道或者应当知道受让人之日起2年内向受让人请求返还原物，但受让人通过拍卖或者向具有经营资格的经营者购得该遗失物的"是一个由56个字构成的"的"字结构，其中又包含一个具有转折关系的小句"自知道或者应当知道受让人之日起2年内向受让人请求返还原物，但受让人通过拍卖或者向具有经营资格的经营者购得该遗失物"，每一小句又各包含一复杂状语，前者为"自知道或者应当知道受让人之日起2年内"，后者为"通过拍卖或者向具有经营资格的经营者"，由此可见此句叠床架屋，结构复杂不堪。此类句子在立法语言中随处可见。汉语的句子本来就重意合而不重形合，再加上重叠复杂的结构，难于理解就在所难免了。

（三）不够简练

孙懿华认为，“简明凝练”是法律语言的第二个“特质”。法律语言要言尽意止，切忌苟简冗长。[1] 目前立法语言还存在不够简练的地方。例如，业主对建筑物专有部分以外的共有部分，享有权利，承担义务；不得以放弃权利不履行义务。（《物权法》第72条第1款）建筑物除了专有部分之外，就是“共有部分”，因此前一分句“共有部分”再用“专有部分以外”来修饰就易使人产生误解，以为还有其他共有部分。

（四）不够条理

“不够条理”也是目前立法语言值得注意的问题。例如，不动产登记，由不动产所在地的登记机构办理。国家对不动产实行统一登记制度。统一登记的范围、登记机构和登记办法，由法律、行政法规规定。（《物权法》第10条）该条规定了不动产登记制度和登记管辖（由不动产所在地的登记机构办理）两项内容。登记管辖产生的依据，是登记制度的建立和实行，先有“登记制度”，后有“登记管辖”，前者是后者产生的依据。因此，将“登记制度”置于“登记管辖”之后，顺序颠倒，不够条理。正常应为“国家对不动产实行统一登记制度，登记由不动产所在地登记机构办理”。除了逻辑顺序颠倒造成的不够条理外，语言形式的不统一也是一个重要原因。立法语言的语言形式不统一现象主要是术语的使用不统一和其他语言形式不统一。应该说，不管是同一法律文本还是不同法律文本，凡指称同一事物、行为，就必须运用同一词语；反之，不同的概念绝不能以同一词语笼而统之。

三、对立法语言运用的思考

从法律的本质和目的出发，立法学者必须加强“人本”意识，“人本”的核心思想是“法律面前人人平等”，人们不仅要享有国家法律所赋予的平等权利和义务，而且还要平等地享有对法律权利和义务的知情权、了解权，这也是人的一项基本权利。“法律的公开性是公正的法律不可缺失的一部分。”因为法律是人们普遍意志的表达，既然是普遍意志，就应该能为人们所知，让群众直接感知法律的公正性。同时，确保群众的知情权，也是对法律执行的监督，有利于法律的不断发展与完善。[2] 因此，立法学者必须树立为社会和公众服务的观念。只让少数人理解的法律是愚民之法，正如梁启超所指出的：“若用艰深之文，非妇孺所能

---

〔1〕 参见孙懿华：《法律语言学》，湖南人民出版社2006年版，第21页。

〔2〕 参见陈尚坤、蔡艺生：《论和谐侦查之法律话语》，载《东北师范大学学报》（社会科学版）2008年第4期。

晓解者,是曰不明。此在古代以法愚民者恒用之,今世不取之。”[1]法律的权威性应该在于让公民在理解和接受法律的基础上养成遵守法律的习惯,而不在于神秘。立法语言必须抛弃晦涩难懂的术语和佶屈聱牙的长句。立法学者必须加强汉语言文字修养,提高汉语言文字表达能力,立法者要把国家立法意图变成简明易读的具有调节社会行为的卓有成效的立法条文,必须具有内化于己的汉语言文字功底。我国立法语言表述吸收了很多有益的大陆法系和英美法系的术语和语言表述特点,但是汉语有不同于外语的独特的特点,目前汉语立法文本对外语的模仿痕迹较重,这也说明立法学者的汉语言文字修养需要进一步加强。立法工作者要克服轻视立法语言规范化的意识,法律语言规范化是法律发展的重要标志。中国是立法大国,然而对立法语言重视不够,立法语言往往认为是语言学者的技术工作。即使就技术谈技术,立法技术在立法实践中也被看做修辞工作而已。法律为国之重器,立法是运用严格的立法技术进行的重大国事活动。现代的明智立法者都比较重视立法技术,不重视立法技术的法律必然缺少科学性,更不具有现实性。

为了保证立法语言规范化水平的提高,立法语言的审查必须制度化,把语言审查作为立法程序的最后一道关口,唯有如此,咨询委员会的作用才能得到很好的发挥。目前我国语言学界及法律语言学界对立法语言的研究还很不够,远远不能满足我国立法工作的需要。法律语言学界对于法律草案存在的问题经常有不一致的看法,甚至对同一问题经常有相反的意见,这是由于研究得不够造成的;立法语言的规范应该与一般语言文字规范是不同的,我们不能用一般语言文字规范的标准来衡量立法语言,法律语言具有自身的特点。学界应该加强立法语言研究,国家应该关注立法语言研究,加大立法语言研究资金投入。为此,全国人大常委会法工委设立了立法用语规范化专家咨询委员会,为了加大审读工作的深度和力度,咨询委员会中增加专攻法律语言研究的学者,审读方式也将由已往的文件对文件改为专家对草案起草人的面对面的审读方式,法工委还制定了立法用语规范化专家咨询委员会工作细则等,将法律草案的审读工作进一步制度化。相信在不远的将来,立法语言的质量将会有大的提高。

第二节　立法语言的风格

立法语言风格,是指在立法领域因表达法律规范的需要而形成的语言气氛、

[1] 范忠信选编:《梁启超法学文集·中国成文法编制之沿革得失》,中国政法大学出版社 2004 年版,第 182 页。

风貌和格调。尽管从20世纪80年代以来,国内一些学者对法律语言的风格特征作过研究,但不够深入,而且也不是针对立法语言的。笔者认为,立法语言的主要风格特征是,庄重、典雅、严谨、简明。在探讨这个问题时,要强调两点:首先,应重视立法语言功能域[1]对言语运用的影响与制约。这既包含着功能域对言语运用的影响与制约,也包含着功能域内那些体现立法语言本质的集中而稳定的言语因素的互动。其次,话语一经产生就有概念层、结构层、审美层三个层面,分别承载信息义、语体义和风格义。据此,要注意从审美层面考察立法语言的风格特征。

一、庄重——立法语言的权威性

立法语言区别于政论、科技、文艺等语言的一个显著风格特征是它的庄重性,这是由立法语言的交际功能所决定的。在法律文本中,立法语言是法律条文的外壳,是法律规范的载体。法律规范是由国家制定并认可的,并以国家强制力保证其实施的一种行为规范,全体公民必须遵守。这就决定了立法语言具有庄重的色彩与格调。例如,勾结外国,危害中华人民共和国的主权、领土完整和安全的,处无期徒刑或10年以上有期徒刑(《刑法》第102条)。潘庆云说,法律语言不仅是经过斟酌权衡的最准确的语言,也应该是经过筛选净化的最庄重肃穆的,能显示法律权威性的语言。唯其如此,才能保证诉讼活动及各项法律事务的顺利进行;唯其如此,法律语言才能在加强群众的法制观念、提高群众的道德修养,建设社会主义精神文明等方面发挥更大的作用。[2] 潘氏的话是有道理的,在法律语言中,立法语言比司法语言更为庄重。形成立法语言庄重风格的主要语言因素有以下三个因素。

(一)词语因素

1. 大量法律术语的使用

例如,(1)以暴力、胁迫或者其他方法抢劫公私财物的,处3年以上10年以下有期徒刑,并处罚金;(《刑法》第263条)(2)审判人员有贪污受贿,徇私舞弊,枉法裁判行为的,应当追究法律责任;构成犯罪的,依法追究刑事责任(《民事诉讼法》第44条)。(1)、(2)中使用"暴力""胁迫""抢劫""公私财物""有期徒刑""罚金""贪污受贿"等大量法律术语,形成了庄重风格。

2. 体现立法语体色彩的惯用词语

一类是与立法文句逻辑结构密切关联的动词、助动词,如"处""禁止""应(应该)""须(必须)""可(可以)"等。例如,父母或者其他监护人必须使适龄的子女或者被监护人按时入学,接受规定年限的义务教育。(《义务教育法》第11

---

[1] 参见陈炯:《论立法语言功能域》,载《毕节师专学报》2004年第3期。
[2] 参见潘庆云:《跨世纪的中国法律语言》,华东理工大学出版社1997年版,第110页。

条)此条由"必须"构成"须"字句,表述义务性规范,强调法律上和事理上的必要,加强了命令语气,体现了法律的严肃与权威。另一类惯用词语虽与立法文句逻辑结构无关,但体现了立法语言庄重风格。例如,县级的人民代表大会常务委员会应当将罢免要求和被提出罢免的代表的书面申辩意见印发原选区选民。(《选举法》第44条)此条中用"将"比用"把"要庄重得多。

3. 文言词语的选用

立法表述时,往往选用一些至今仍有生命力的词语。例如,本条例自发布之日起施行。(《烟草专卖法实施条例》第70条)此条中"之"属文言词语。文言词语的恰当选用,可增强立法语言的庄重性。此外,有两点值得引起我们注意:一是立法语言中形容词很少。常用的形容词主要是区别性形容词(如"共同""相同")以及词义比较抽象的,常用某种法律意义、表示性质的形容词(如"平等""合法""正当")而非具有描绘性的状态形容词(如"雪白""笔直")或表示不定数量的形容词(如"许多""好些")。二是立法词语在语义上有鲜明的褒贬性,如赃物、窃取、抢劫、犯罪、爆炸、投毒、剥夺、追究、管制、紧急避险、正当防卫等,而且词语凝练,如累犯、受理、叛逃、资敌、策动。

(二)文句因素

形成立法语言庄重风格的文句因素主要有:

1. 表达法律规范的几种特殊句式及其他特殊句式的运用。表达法律规范的特殊句式有"处"字句、"禁止"字句、"应"字句、"须"字句等,其他特殊句式有"为"字句、"由"字句等。

2. 动词谓语句的使用。在法律文本中,一般使用动词谓语句名词谓语句、形容词谓语句和主谓谓语句数量极少。

3. 紧句的使用。紧句是李振宇在谈法律修辞风格时提出来的概念。他说:"紧句中,几个意思集中在一起说。这样,句子有长定语、长状语,句子成分结合得紧,停顿较少或者不停顿,语势紧迫。法律语言要求准确、严谨、庄重,因此多用紧句。"[1] 例如,中央人民政府派驻香港特别行政区负责防务的军队不干预香港特别行政区的地方事务。香港特别行政区在必要时,可向中央人民政府请求驻军协助维持社会治安和救助灾害(《香港特别行政区基本法》第14条)。

(三)修辞因素

影响立法语言庄重风格的修辞因素很多,这里仅谈几点:(1)立法表述用词质朴,不讲藻饰,不求华丽。因立法语言是用来表达法律规范的,而不是用来抒发情感、塑造艺术形象的。(2)以消极修辞为主。立法语言是一种表达法律规

---

〔1〕 李振宇:《法律语言学初探》,法律出版社1998年版,第54页。

范的理性语言，重视词语的锤炼和句式的调整，一般不用比喻、夸张、拟人等手法。(3)排斥方言土语、谚语和歇后语等。

二、典雅——立法语言的典据性和高雅性

对立法语言典雅风格的理解是：其一，立法表述有典据性，亦即理据性。所谓理据性，即学理化。无论是法律术语的命名或选用，还是立法文句对法律信息的传递和法律规范的表述，都应有科学的法学理论根据。其二，立法语言有高雅性，属阳刚之美。我国古代立法语言注重典雅。古代语言尤其是立法语言，讲究典雅率雍容，排斥俚俗古奥；讲究老辣持重，排斥游移虚浮。[1] 提倡立法语言的典雅，一是可继承古代法律文化中的优良传统；二是可使立法表述学理化；三是从立法技术看，使立法语言文本趋向法典型。立法语言的典雅性，应是立法机关和立法工作者所追求的、更高层的目标。一方面立法语言表述高度学理化，使法律成为科学严密的体系；另一方面，立法语言要有刘愫贞所说的那种摄人心魄的神韵和那沛然旺盛的气势，即立法领域内语言表达中那特有的阳刚之美和浩然之气。内容与形式高度、完美的结合，这是法典型应有的语言风格。立法语言的高雅性，并不是指语言的雅致，因为立法表述中排斥华丽的辞藻。我们认为，形成立法语言高雅性的主要因素有：

1. 阳刚美。

立法表述要形成一股阳刚、凛然之气势。例如，"《吕刑》与《唐律疏义》在语言特质是以意统形，读来有一股凛然之气贯于其中"。[2] 刘愫贞提出立法语言追求法律特有的阳刚、凛然之气势，是相当有见地的。

2. 言简意赅、音节铿锵有力、语流抑扬顿挫的音乐美。

古代《吕刑》的一大特色是四字语，极富音乐性："墨辟疑赦，其罚百锾，阅实其罪。劓辟疑赦，其罚惟倍，阅实其罪。非辟疑赦，其罚倍差，阅实其罪。宫辟疑赦，其罚六百锾，阅实其罪。大辟疑赦，其罚千锾，阅实其罪"。"四字语短促明快，灵活多变，表现力强，且朗朗上口，有益于法之布众；四字语音界限分明，声调高低起伏，语流抑扬顿挫，这和谐优美的旋律，不仅具有极高的音乐审美价值，而

---

〔1〕 参见刘愫贞：《中国法律语言史论纲》，应用语言学：法律语言与修辞国际研讨会会议论文，上海，2000 年 7 月。转引自陈炯：《略论中国法律语言史——兼与刘愫贞教授商榷》，载《无锡轻工大学学报》(社会科学版)2001 年第 1 期。

〔2〕 参见刘愫贞：《中国法律语言史论纲》，应用语言学：法律语言与修辞国际研讨会会议论文，上海，2000 年 7 月。转引自陈炯：《略论中国法律语言史——兼与刘愫贞教授商榷》，载《无锡轻工大学学报》(社会科学版)2001 年第 1 期。

且还显示了法律语言典雅的风格。"[1]《吕刑》的立法语言显示了我国上古立法语言的风采，属于我国立法语言的最初形态。尽管它并不适合于表达严密的法律规范，但给我们的启示是立法语言应有音乐性和典雅的风格。

我国在制定社会主义法律过程中，一方面要严密地表述法律规则，另一方面力求言简意赅、音节铿锵有力、语流抑扬顿挫。例如，对聚众哄闹、冲击法庭或者侮辱、诽谤、威胁、殴打司法工作人员或者诉讼参与人，严重扰乱法庭秩序，构成犯罪的，依法追究刑事责任。(《刑事诉讼法》第161条)因我国社会主义立法才进行几十年，法制的完善和健全有一个历史过程。《宪法》《刑法》等经多次修改，已逐渐形成典雅的风格。

三、严谨——立法语言的科学性

严谨，即立法语言准确、严密地表达法律规则，这是讲究立法语言的科学性，也是立法语言主要的风格特征。潘庆云认为："由于法律语言以准确为生命，要严格按照法律科学、逻辑事理和其他相关科学原理认定事实、推溯理由和作出处理决定，因此表述时必须'咬文嚼字'，力求做到周密严谨、天衣无缝，以体现法律语言的科学性，从而形成了比较显著的严谨周密风格。"[2]法律语言的准确性，要求每个概念和判断极度精确严密。这种准确性是与内容的科学性和思维的逻辑性密切相关的。[3]

立法语言的准确性，要求准确地反映法律事务现象，表达概念用词准确，并对许多法律概念加以明确的解释，对有关事项作明确规定，以免概念模糊或者产生歧义，影响法律的实施。例如，"本法所称首要分子，是指在犯罪集团或者聚众犯罪中起组织、策划和指挥作用的犯罪分子"(《刑法》第97条)。"要求做到严谨……必须使用经得起实践检验的、确实与客观事实相符的概念[4]。"又如，1997年修订《刑法》时，把原来的"反革命罪"改为"危害国家安全罪"。原《刑法》第160条把"流氓罪"的外延规定为："聚众斗殴，寻衅滋事，侮辱妇女或者进行其他流氓活动。"显然，这种立法表述，范围过大，司法实践也难于掌握。《刑法》修订时，将这一条分别纳入第237条"以暴力、胁迫或者其他方法强制猥亵妇女或者侮辱妇女""侵犯公民人身权利"类的罪名，第292条"聚众斗殴"和第293条"寻衅，滋事""破坏社会秩序"类的罪名。可见，《刑法》修订后，这些拟定的罪名更能体现其本质特征，更符合这些犯罪客观方面的行为，便于司法机关掌

---

[1] 参见刘愫贞：《中国法律语言史论纲》，应用语言学：法律语言与修辞国际研讨会会议论文，上海，2000年7月。转引自陈炯：《略论中国法律语言史——兼与刘愫贞教授商榷》，载《无锡轻工大学学报》(社会科学版)2001年第1期。

[2] 潘庆云：《跨世纪的中国法律语言》，华东理工大学出版社1997年版，第103页。

[3] 参见陈炯：《法律语言学概论》，陕西教育出版社1998年版，第5页。

[4] 胡和平：《当代司法时艺术》，载《船山学刊》2005年第2期。

握。立法文句的准确、严密，首先要符合文句的逻辑结构。如禁令句、允许句、要求句都有其特殊语言表达形式。立法语言中力戒词不达意，概念模糊，力求语言表达准确。此外，立法语言在表达法律规则时，要周密客观，注意区别一般情况和特殊情况，如通常用定语、状语等对陈述的事项加以限定。立法语言的严谨，除了“咬文嚼字，严于炼句”外，还要在宏观层面重视立法文本结构的布局，做到疏密有致，表述周密。

四、简明——立法语言的便民性

立法语言要简洁明了，以便使公民理解立法语言表述的法律规则，也便于司法机关对法律的实施。晋代杜预在《奏上律令注》中说：“法者，盖绳墨之断例，非穷理尽性之书也。故文约而例直，听省而禁简。”刘勰在《文心雕龙》中指出：“随事立体，贵乎精要；意少一字则义阙，句长一言则辞妨。”那么，如何可以使立法语言简洁明了呢？

（一）以简驭繁

立法语言要具有概括性，就要以简（语言形式）驭繁（法律信息量），以简括语言表达法律规则。例如，“人民检察院对刑事案件的判决、裁定的执行和监狱、看守所、劳动改造机关的活动是否合法，实行监督”（《刑事诉讼法》第164四条）。在1996年《刑事诉讼法》修订时，该条被改写为第224条之规定：“人民检察院对执行和机关执行刑罚的活动是否合法实行监督”。显然，修订后的条文简洁明快，化繁为简。

（二）避免冗辞

立法语言在表达法律规则时，要竭力删去不能提供有用法律信息的冗辞，做到言简意赅。例如，“夫妻在家庭中地位平等”（《婚姻法》第9条）。这个立法文句简洁明快。新中国成立初期的《婚姻法》的表述则是：“妻为共同生活的伴侣，在家庭中地位平等。”当时对“夫妻”进行解释性的条文规定，是考虑到解放初期男尊女卑思想仍然严重，故有必要强调夫妻是“共同生活的伴侣”。如今，男女平等的思想已经深入人心，故对“夫妻”的解释性说明就再无必要了。

（三）平易通俗

列宁指出：“法典应写得通俗一些。立法表达时要用语平易通俗，避免生僻、深奥的词语，以保证公民对法典的理解。”例如，“国家保障未成年人的人身、财产和其他合法权益不受侵犯。”（《未成年人保护法》第5条）“本法适用于中华人民共和国境内的电力建设、生产、供应和使用活动。”（《电力法》第2条）这两个例子用词平易、质朴、通俗。这里要注意的是：第一，立法语言的通俗化并不等于口语化，要排斥方言土语。第二，要正确处理立法语言通俗化与学理化之间的关系。通俗化是社会主义法律的本质特点，便于人们对法律的理解和执行。学理化是立法表述追求的目标。故在立法时,既要注意用语平易通俗,又要防止过于直白,影响法律的学理化,损害法律的权威性。

(四)慎用模糊词语

有条件地、适当地选用模糊词语,可使立法表述简洁明了。在法律法规中,当客观事物无法列举时,为了使立法表述简括,可用模糊词语来概括。例如,“放火、决水、爆炸、投毒或者以其他危险方式致人重伤、死亡或者使公私财物遭受重大损失的,处10年以上有期徒刑、无期徒刑或者死刑”(《刑法》第115条)。此条文中,如列举其他危险方法,则条文表述就会显得冗长、啰唆;如不写,则会失之疏漏,故以“其他”概括之。当然,为了使人们准确理解法律,还必须采用使模糊词语确切化的一些手段,如随文注释、法律互参、语流制约、法律解释等。为了使立法表述简洁明了,还可采用其他一些语言手段,如“的”字短语,有生命力、人们熟知的文言词语等。

第三节 立法语言的使用规则

立法语言是立法主体按照一定的规则表述立法意图、设定法律规范、形成规范性文件的一种特殊语言文字。它是某种利益或意志得以表现为法律规范或成文法的特殊载体,是伴随着立法的发展而逐渐形成和发展起来的与其他语言文字相区别的一种语言文字。立法语言作为语言文字的一种,是立法活动与语言文字长期融合积淀的产物和成果,它与其他语言文字具有共同的属性,都是作为人类传递信息的符号。但作为一种特殊的语言文字,立法语言与其他语言文字有着明显的区别。它是立法者在立法过程中使用的,相比其他语言文字更为严谨、简洁、明确、通用。在立法过程中,立法语言的使用必须秉承统一的规则方能使其规范一致。我国当前的法律、法规和其他规范性文件中存在大量立法语言失范的问题,都与立法语言规则缺失有关,因此,我们必须明确界定立法语言的规则。

一、明确立法语言规则的必要性

明确立法语言规则的必要性和迫切性已经在当前社会成为共识,全国人民代表大会法制工作委员会立法用语规范化专家咨询委员会的成立就是明证,其主要任务是针对立法语言制定明确的规则,以促进立法语言规范化的进程。

(一)立法语言规则的地位

立法语言规则的地位表现为立法语言行使与运用的前提与基础,亦即它是掌握与运用立法语言最根本的“规矩”,是形成和发展立法语言进步性与科学性的核心要素。考察我国封建时代的立法思想，就会发现，历代政治家、思想家们对立法语言规则格外关注。例如，法家思想代表人物商鞅强调“圣人为法，必使之明白易知”。西晋著名的律学家杜预也主张：“法者，盖绳墨之断例，非穷理尽性之书也。故文约而例直，听省而禁简。”[1]由此可见，无论是商鞅强调立法语言的“明白易知”，还是杜预主张的立法语言坚持“文约”“禁简”，都是强调立法语言使用规则的重要地位。只有明确了立法语言规则方能科学合理地运用立法语言，使其达到规范人们行为的根本目的，避免由于立法语言问题制造的混乱和冲突。立法语言规则一旦明确，会使国家整个成文法体系的语言表达规范统一，便于公民知法、懂法、守法。反之，如果一国未能建立明确的立法语言规则，则往往难以避免立法中使用一些晦涩深奥、含混不清的语言表述，致使法律适用中出现部门法冲突或因对法律内容认识不清而错误适用法律，进而损害法律的权威性。由书面文字以及由这些文字组成的语言排列组合是成文法独具特色的外在表现特征之一。而作为构成成文法基本要件的语言文字，必定需要按照一定的规则和标准进行操作与运用，尤其是在当前成文法占绝对优势的情况下，立法语言规则是保证成文法规范统一的前提，也是保证立法语言适应成文法不断产生和变动过程的基础。因而，立法语言规则的确立在成文法的立法技术尤其是微观立法技术中居于重要的地位。

考察立法史可知，在成文法的历史发展过程中，如果说法案起草技术、法的结构框架设计技术，都是不可缺少、十分重要的话，立法语言规则的确立则更是不可或缺且意义重大的立法技术。语言文字伴随中国历史的发展与沉积逐渐形成了自己的重要地位与传统，尤其在立法方面的语言文字技术源远流长，立法语言规则的确立更是其中的核心与关键，研究中国立法技术，不可不注重研究中国立法语言的规则。一部法律、法规、规章或其他规范性法文件能否发挥效果、能否体现其科学性与进步性，固然与立法者思想认识、专业知识及其对法律规范所需调整的社会关系掌握的深度相关，也与立法条件的成熟与否直接相关，但更与立法者对立法语言技术的掌握和运用水平关系密切。为了使立法水平的科学性与先进性获得保障，多数国家在立法时往往在立法语言规则上规定必要措施来确保立法语言文字的规范和统一。

（二）立法语言规则的作用

立法语言规则的作用，首先表现在它的确立能够使立法主体在对立法目的、立法意图以及立法政策表述时用语准确，标准统一。换言之，立法主体要实现其立法目的、立法意图以及立法政策，前提就是要将作为观念形态的目的、意图、政

〔1〕 刘新：《中国法律思想史》，中国人民大学出版社2005年版，第148页。

策转化为物质形态表现出来,而立法语言文字恰是表现这些意图、目的、政策必不可少的物质载体。立法语言规则的作用就是使这些立法语言在掌握和运用方面能够整齐划一,既符合立法目的又避免立法语言彼此之间产生冲突和混淆不清的概念与内容。其次,立法语言规则是确保立法语言能够精准表述立法目的、立法意图并体现立法政策的基础,也是形成立法语言独具特色风格的前提。要使立法主体的立法观念得以反映,并使成文法广为人知,只能通过使作为立法观念载体的语言文字准确、有效、充分地反映出来。因此,立法语言采取的规则必然不同于一般的语言文字,有其特殊性。在长期的立法实践中,不断调整完善的立法语言规则促进了立法语言文字独特风格的产生、形成和发展。换言之,立法语言的独特性是建立在立法语言规则的明确规制下,唯有在立法语言规则规范下形成的立法语言才会使立法主体的立法目的、立法意图和立法政策,准确、有效、充分地反映出来。最后,立法语言规则是提高立法质量的根本保障,立法质量的高低是衡量法治质量的标准之一。

亚里士多德认为,法治的本质就是"良法之治",可见高质量的成文法是法治的关键因素。1804 年制定的《法国民法典》就是在明晰易懂的立法语言规则下制定出来的,因而其文体结构非常严谨。而 1874 年起草的《德国民法典》却因缺失立法语言规则的指引,立法语言不够精练明白,表述也不够严谨通达,受到德国法学家奥托·格尔凯、汉斯·通列等人的批评、抨击。[1] 西方各国对立法语言规则的研究和探讨,正是在此种背景下起步的。由此可见,立法语言规则的确立与明确,能保障成文法的质量,避免给立法实践、司法活动、普法工作和法学教育带来不必要的问题与困难,损害成文法的权威性和庄严性。立法语言规则的确立不仅可使立法主体实现自己的立法观念,而且执法者、守法者和司法者也可以凭借立法语言规则,准确地理解各种规范性法律文件,从而正确、有效地加以执行、遵守和适用。立法语言规则的确立可使立法语言不受公民性别、文化程度、经历、职业等条件限制,易于被社会上各类群体或社会主体认同、理解和接受。科学先进的立法语言规则,是保证立法质量必不可少的因素,也是保证成文法有效实施的重要工具。

二、立法语言规则的确立

毋庸置疑,立法语言规则相比一般语言规则具有特殊性是,但是它应当符合国家通用语言的表达规则。同时,由于立法语言的相对独立性,其语言规则特殊性如何在规则中体现,是值得关注探讨的重要课题。法律语言学家约翰·吉本斯在谈到立法语言规则时说:"在有些方面,法律语域的语法似乎遵循着稍稍有

---

〔1〕 参见董晓波:《我国立法语言规范化的法社会学分析》,载《甘肃理论学刊》2013 年第 3 期。

别于那些日常语言规则的规则。"[1]是故,我们必须明确立法语言规则确立的标准和具体的内容,才能更好地使立法语言既遵循语言学发展规律又充分发挥其独特作用。

（一）立法语言规则确立的标准

任何一项规则的确立必须遵循一定的标准,而立法语言规则在符合国家通用语言的表达规则基础上,还需考虑立法活动具有的广泛性、适用性和权威性等特点。它不仅仅体现为对立法主体运用立法语言产生的规范作用,也是规范成文法之间协调一致、整齐划一的有力保障,因此,立法语言规则确立的标准应当包括以下几个方面:

首先,立法语言规则的确立,应区分不同层次和不同层面的规范要求,即具有多样性特点。立法语言规则包含的内容丰富,针对的事项纷繁复杂,导致确立立法语言规则的标准要遵循一定的多样性和层次性。例如,立法语言规则应包括在语言层面的标准、法律专业角度的标准以及外来用语的标准等。当前我国现行的法律、法规以及其他规范性文件已超过4000部。伴随着我国法治进程的加快,新颁布的法律、法规以及其他规范性文件更呈现出几何级数的增长趋势。但是在已颁布实施的法律、法规以及其他规范性文件中的立法语言文字存在相当多的问题与缺陷,部分原因就在于相关层面立法语言规则的缺失。这与长期以来学界对立法语言规则标准层次性研究不够重视、对立法语言规则的研究始终停留在粗浅阶段有直接的关系。[2]

其次,立法语言规则的确立要体现科学性和开放性。立法语言不是一种独立的语言种类,它体现的是最基本的一般共同语的词汇和语法规则,但它的使用必须经过立法主体在现实实践中创新、演进并被公众认可进而固定下来。持续发展的法律是与社会文化发展同步演进的一个变量。换言之,立法语言也是不断变化发展的,这就要求立法语言规则必须体现一定开放性,不能造成立法语言故步自封,脱离文化和现实环境。此外,为促进立法语言的发展进步,立法语言规则必须体现科学性。立法语言是促使成文法得以成为规范公众言行举止的重要工具,因此作为工具的它必然会随着服务对象的演进而不断地发展完善。故立法语言规则必须保障立法语言在适用和运行过程中能够真实准确地反映立法的实质和精髓,能够使成文法既表现出较强的普适性,又具有一定的针对性。

最后,立法语言规则的确立要遵循区域性和民族性。立法语言运用的基本原则之一就是从实践出发,与社会发展和地方现实相结合。不同国家不同区域的历史背景和法治现实都有所区别,因此各国立法所遵循的立法语言规则也不

---

〔1〕［美］约翰·吉本斯:《法律语言学导论》,程朝阳等译,法律出版社2007年版,第65页。

〔2〕参见邹玉华:《立法语言规范化的语言哲学思考》,载《中国政法大学学报》2012年第1期。

尽相同，往往具有鲜明的区域特色。我国是一个多民族国家，各民族都有不同的语言。根据宪法规定的少数民族自治区的自治权，它享有依照民族特点制定自治条例和单行条例的立法权。而单行条例和自治条例的立法语言都采用当地通用的民族语言，且其所调整对象和社会关系都具有典型的民族性。因此在涉及少数民族立法语言技术方面，立法语言规则的民族性也是必须强调的。

（二）立法语言规则的具体内容

立法语言规则应包含各种层面的标准与规则，如法律专业角度层面的、语言层面的以及外来角度层面的，等等。由于它在语言层面和外来用语方面遵循普遍的语言学规则要求，与一般语言规则区别不大，因此，笔者在此仅讨论法律专业角度层面的立法规则应当包含的内容。需强调的是，法律专业层面的立法语言规则涉及横向关系与纵向关系两个层面的适用。具体而言，横向关系的立法语言规则涉及成文法内部的语言组织和运用体系，是法律文本的立法语言表述和组织时所应遵循的规则与标准，纵向关系的立法语言规则涉及规范新法与旧法之间的衔接与协调关系，是不同成文法之立法语言的借用、跨越、兼容时所应遵循的规则和标准。但并非说两个层面的规则是彼此独立、自成一家的，而是既有联系又有区别的，一些规则既适用于横向关系又适用于纵向关系，如一致性规则、明确性规则；而一些规则则只能单独适用于横向关系或纵向关系，例如，模糊性规则只用于横向关系，而稳定性规则只适用于纵向关系。综上所述，笔者认为立法语言规则的具体内容包括以下几个方面：

1. 明确性与模糊性的辩证统一规则

立法语言的根本特点在于其明确性。所谓明确，是指词语的意义与其试图传递的特定的思想、感情、信息的高度吻合。[1] 明确性一直以来都是立法语言所遵循的规则之一，盖因其是实现保障成文法指引、评价和预测功能得以发挥的前提。亦即，明确的立法语言可使公民能够认知自身行为并预测行为可能产生的法律后果，从而实现成文法在现实社会的有效运作。具言之，立法语言的明确性规则要求立法主体在立法活动遣词造句时，必须凸显立法语言简洁、准确和庄重的特点与风格，使其能够超越存在于各类公众之间的差别和界限，成为大众所理解的语言文字。但是立法语言的明确性规则不是绝对的，而是相对的。因为模糊性也是立法语言与生俱来的属性，立法主体受认识能力所限，在立法过程中考虑到成文法的适度超前性与稳定性就必须使用一些较为模糊的语言表述，因此现实中任何成文法都不存在完全用精确词语来表述，更多的是以明确简洁的词语为主，适当辅以模糊词语。模糊性规则可增强立法语言的概括性，从而促进

〔1〕 参见吴亚芝、林大津：《法律语言准确性的再认识》，载《福建师范大学学报》（哲学社会科学版）2004 年第 2 期。

立法语言更加凝练、简洁,实现明确性与模糊性的辩证统一。立法者只有放弃对确定性的至上追求,恰当运用模糊语言才是通向法律规范预见性的稳定与公正性变动的理想路径。[1] 所以,明确性与模糊性辩证统一规则下的立法语言可以有效地解决成文法与社会现实发展所产生的冲突和矛盾,缓和事实与规范之间的紧张关系。

2. 普适性与专业性的平衡发展规则

一方面,基于成文法普遍适用的特点,在立法语言上也需强调普适性的规则。普适性规则基于立法主体在制定成文法过程中有大量的立法语言存在交叉、重复和借用的现象,因此就必须强调某些基础性的用语、用词能够在各个成文法中普遍适用而不致产生歧义,既能将立法主体的立法意图表述清楚,又能使公众了然于心,明白易懂。另一方面,法律、法规及其他规范性文件因其作用的独特性又有别于一般文件,在行文和表述上就具有自己独特的方式和特点,在立法语言上表现出其相对独立性特点。为使立法主体的立法目的与立法意图得以实现,必须使用一些专业术语表述,必然体现出立法语言的专业性规则。这与普适性规则并行不悖,它是强调成文法中某些特定语境下专业术语的使用,并不影响其基本的普适性规则,因而可以认为普适性与专业性的平衡发展也是立法语言的规则之一。

3. 稳定性与一致性的综合保障规则

稳定性规则是指立法语言本身应具有的科学性和不可替代性,往往不能被同义或近义词随意替代。实践中被选择作为成文法内容的立法语言,法律内在的某些特性,使其具有了先天的稳定性。这就要求立法语言一旦由成文法固定下来,就可成为固定的用语搭配,在现实运作中也可以被固定地重复使用。一致性规则是基于法律条文高度的体系性形成的。就立法语言的表述体系而言,这种体系性就表现为立法语词的一致性。在各种成文法的法律文本中,同一法律概念、法律行为及行为情节都应该用相同的立法语词表述,这是法律的严谨性的根本要求。[2] 因此,具体到实践中就要求立法语言必须词性单一,语义中性。某些需重复、交叉使用的立法语言应只有一个义项,不能同时有两种或者两种以上的含义,避免出现引申或者隐性的含义,这样就从根本上保证了成文法的稳定性和一致性。

三、规范立法语言规则的路径

经历了 20 世纪 90 年代以来的立法高峰期,当前我国法治建设面临的一项

[1] 参见徐凤:《法律语言的模糊性及其利用》,载《首都师范大学学报》2013 年第 1 期。

[2] 参见何家弘:《论法律语言的统一和规范——以证据法学为语料》,载《中国人民大学学报》2009 年第 1 期。

重要任务是发展与完善当前中国特色社会主义法律体系。对已经颁布的法律、法规及其他规范性文件修改完善过程中,立法语言的研究是重点之一。而其中的关键一环是立法语言规则的确立,只有形成了严格规范的立法语言规则才能对过去立法中存在的问题进行改正,并保证今后的立法更加科学,质量过关。综观我国当前法律法规以及其他规范性文件中存在的立法语言问题,往往与立法语言规则的缺失有关。因此,为了加强我国立法语言规则的规范作用,提高立法质量,我们应当从以下几个方面入手。

首先,应加强对立法语言规则的重视与研究,正确对待和运用立法语言规则。立法语言规则的明确性与模糊性,普适性与专业性等内容存在难以界分和辨别的难题,在学术领域,学者们的看法也不尽相同,这导致立法过程中立法语言的把握和运用存在诸多困扰。笔者认为,在此方面,应当注重语言专家学者与法律专家学者的沟通交流,在尊重基本语言规则的前提下以明确性、普适性规则为主,辅之以必要的模糊性和专业性规则,扬长避短,使立法语言能够既简洁明了,又概括独特。具言之,在把握运用立法语言时,不应苛求实现语言的绝对精确,而应尽量减少立法语言的被动模糊,增加其主动模糊,从而实现立法语言精确与模糊之间的平衡;在追求立法语言普适性的同时,不能损害了长期发展中形成的专业术语的独特性,应保证其专业性和权威性。唯其如此,才能使立法语言的表述更为周密严谨,使成文法的内容更客观、全面、深入。其次,应在明确立法语言规则后加强对已颁布实施的法律、法规和其他规范性文件进行清理、修改和完善,将规则的作用真正发挥出来。当前我国已颁布实施的法律、法规和其他规范性文件中存在诸如语言冲突、逻辑关系不明晰、不顺畅、语言结构不合理等语言失范的问题。在完善中国特色社会主义法律体系过程中必须充分发挥立法语言规则的规范作用,对不符合立法语言规则的内容进行系统清理、修改和完善,以保证整个法律体系的一致性和连贯性。同时还要在今后立法程序中加强语言审查机制的建设,这是立法语言规则发挥作用的一个重要途径。立法语言审查的成员应当由法律专家、语言专家、逻辑学专家组成,经各种专家沟通复合审查后确定的立法语言才会更加科学规范,也只有这样才能从各个层面保证立法语言规则的准确适用。最后,应当建立科学的立法语言质量评价体系,根据社会现实和法治进程的发展不断完善立法语言规则,使其保持科学性和进步性。作为上层建筑构成要素的法律必然随着经济基础的发展和科技的进步不断发展变化,立法语言也必然随之发生改变,因此,适时地调整立法语言规则就成为必然。但需注意的是,作为规则的一种,它的调整不能过于频繁和随意,否则会影响其权威性和稳定性,因而在何时调整、如何调整都需要依靠科学的立法语言质量评价体系决定。需说明的是,在这里,立法语言质量评价体系与立法语言审查机制是相互呼应、并行不悖的关系，立法语言审查机制的主要任务是审查立法过程中立法语言的把握和运用是否符合立法语言规则，是否与其存在冲突和背离，而立法语言质量评价体系的主要任务是评测立法语言规则指引下制定的成文法是否能够很好地契合社会现实的发展需要，是否能够发挥法治的作用，侧重审查立法规则的科学性。因此，二者的相互配合是促进立法语言规则发挥作用的重要途径。

综上所述，法律的表述、确立、修改与解释都离不开语言，而语言游离于法律规则之外，其自身具有独特的构造规则与表述功能。而法律追求明确、完整，语言却具有模糊与不规则的特点。两者的矛盾有时给我们带来了很多麻烦，在使用立法语言的过程中，应充分了解立法语言的内涵和风格特点，根据我国的使用现状，适当地完善立法语言，使立法语言成为具有独立系统的规则体系。

后　记

作为国家法律体系中的重要组成部分,根据"木桶理论"之原理,地方立法的质量和水平一定程度上关乎中国特色社会主义法治体系的成败。而且,随着2015年《立法法》的修改与完善,地方立法扩权已成为普遍的潮流,地方立法的数量即将呈现"井喷"之势。在这一背景和趋势下,如何为地方培养职业化的专门立法人才、促进地方立法机关的立法能力建设、进一步提高地方立法质量,不仅具有重要的研究价值,而且富含重大的现实意义。

为了顺应这一新形势的需要,2016年,由湘潭大学法学院牵头负责并经过学校相关机构的批准,湘潭大学成立了一个以法学院资深教授领衔、青年骨干教师为主体的校级研究机构——湘潭大学地方立法研究中心。随着地方立法研究中心的设立,为进一步推动地方立法理论研究和地方立法人才培养的需要,中心决定编写一本可供法学专业高年级本科生、研究生学习使用的《地方立法学》教材。

在教材的编写过程中,我们吸收了当前法学界关于立法理论研究的最新成果,在结构体例上精心设计、科学谋划,不仅力求简明、准确阐述地方立法学的基本原理、立法程序以及立法技术等内容,而且致力于理论联系地方立法实际,力求为地方立法工作提供理论和实务指导。

虽然我们在编写过程中尽了最大努力,但同时也深知,本教材还存在各种缺漏、遗憾与不足,甚至于错误亦不可免,因此还需要在后续的使用过程中不断充实、完善,亦恳请读者不吝指教,以期更加完美。

本教材的具体分工如下:

谢勇:全书的结构和内容审订,代序;

李锦:第一、二、三、十章;

吴勇:第四章;

尹华容:第五章;

张义清、曾林翊晨:第六章;

周青山:第七章;

刘友华:第八章;

欧爱民:第九章;

邓春梅:第十一、十四章;

程波:第十二章;

肖峰:第十三章;

最后,本教材由谢勇和李锦负责全书的统稿和定稿工作。在此,还要特别感谢湘潭大学法学院研究生李志颖、刘普霞、伍晋贤等同学的协助,他们为本书的勘正、校稿作出了重要的贡献。

图书在版编目(CIP)数据

地方立法学／谢勇主编. -- 北京：法律出版社，2019(2023.1 重印)
ISBN 978-7-5197-3169-4

Ⅰ. ①地… Ⅱ. ①谢… Ⅲ. ①地方法规－立法－中国－教材 Ⅳ. ①D927

中国版本图书馆 CIP 数据核字(2019)第 034984 号

地方立法学
DIFANG LIFAXUE

谢 勇 主 编
李 锦 欧爱民 副主编

策划编辑 周丽君
责任编辑 周丽君
装帧设计 汪奇峰

出版发行 法律出版社
编辑统筹 法律应用出版分社
责任校对 晁明慧
责任印制 刘晓伟
经　　销 新华书店

开本 710 毫米×1000 毫米 1/16
印张 17.25　**字数** 321 千
版本 2019 年 3 月第 1 版
印次 2023 年 1 月第 2 次印刷
印刷 天津嘉恒印务有限公司

地址:北京市丰台区莲花池西里 7 号(100073)
网址:www. lawpress. com. cn
投稿邮箱:info@ lawpress. com. cn
举报盗版邮箱:jbwq@ lawpress. com. cn

销售电话:010-83938349
客服电话:010-83938350
咨询电话:010-63939796

书号:ISBN 978-7-5197-3169-4　**定价**:69.00 元

凡购买本社图书,如有印装错误,我社负责退换。电话:010-83938349